北方工业大学
法学优势建设学科精品文库

QINGSUANJIGOU
CHANGWAI JINRONGYANSHENGCHANPIN
JIZHONGQINGSUANFENGXIAN
JIANGUANZHIDU YANJIU

清算机构场外金融衍生产品集中清算风险监管制度研究

陈兰兰 ◎ 著

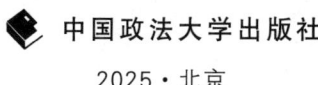

2025·北京

声　明　　1. 版权所有，侵权必究。

　　　　　2. 如有缺页、倒装问题，由出版社负责退换。

图书在版编目（CIP）数据

清算机构场外金融衍生产品集中清算风险监管制度研究/陈兰兰著. -- 北京：中国政法大学出版社, 2025.1. -- ISBN 978-7-5764-1966-5

Ⅰ.F832.1

中国国家版本馆 CIP 数据核字第 20257VR390 号

出 版 者	中国政法大学出版社
地　　址	北京市海淀区西土城路 25 号
邮寄地址	北京 100088 信箱 8034 分箱　邮编 100088
网　　址	http://www.cuplpress.com（网络实名：中国政法大学出版社）
电　　话	010-58908586（编辑部）58908334（邮购部）
编辑邮箱	zhengfadch@126.com
承　　印	固安华明印业有限公司
开　　本	880mm×1230mm　1/32
印　　张	9.25
字　　数	270 千字
版　　次	2025 年 1 月第 1 版
印　　次	2025 年 1 月第 1 次印刷
定　　价	59.00 元

目 录

导论：问题的提出 ………………………………………… 001
  一、国际金融危机后场外金融衍生品清算法律规制变革 …… 001
  二、清算机构场外金融衍生品集中清算的利弊 …………… 013

第一章　上海清算所集中清算场外金融衍生品的风险与我国清算机构场外金融衍生品集中清算风险监管立法建议 ……………………………………………………… 025
  一、上海清算所场外金融衍生品集中清算实践 …………… 025
    （一）利率衍生品集中清算 ………………………… 026
    （二）外汇衍生品中央对手方清算 ………………… 047
    （三）信用违约互换集中清算 ……………………… 054
  二、上海清算所场外金融衍生品集中清算业务流程与
    面临的风险 ……………………………………………… 059
    （一）上海清算所场外金融衍生品集中清算业务流程 …… 059
    （二）上海清算所集中清算场外金融衍生品
        面临的风险 ………………………………… 065

三、我国清算机构场外金融衍生品集中清算风险监管
　　立法建议 ·· 076

第二章　清算机构场外金融衍生品集中清算业务成员
　　　　资格制度 ······································ 090
一、与风险有关的场外金融衍生品集中清算业务
　　成员资格要求制度 ································· 091
二、场外金融衍生品集中清算业务成员头寸持续监控制度 ··· 106
　　（一）清算成员头寸限额和盯市制度 ················· 107
　　（二）清算成员头寸集中度监控制度 ················· 112

第三章　清算机构场外金融衍生品集中清算业务风险
　　　　管理制度 ······································ 127
一、清算机构内部压力测试制度 ························ 129
二、监管压力测试制度 ································ 150
三、监测关联风险压力测试制度 ························ 166
四、清算机构获得流动性制度 ·························· 177
　　（一）清算机构的流动性资源类型 ··················· 177
　　（二）探索建立清算机构获得中央银行流动性支持制度 ··· 179

第四章　清算机构场外金融衍生品集中清算业务
　　　　违约管理制度 ·································· 190
一、清算机构场外金融衍生品集中清算业务保证金逆周期
　　调节制度 ··· 193
　　（一）初始保证金逆周期调节制度 ··················· 194
　　（二）初始保证金中非现金抵押品逆周期调节制度 ······· 203

（三）变动保证金逆周期调节制度 …………………… 211
二、清算机构场外金融衍生品集中清算业务违约处置强制
　　平仓制度 …………………………………………… 216
　（一）强制拍卖和强制分割合约风险控制制度……… 218
　（二）明确强制终止合约的范围 …………………… 223

结　论 ……………………………………………… 227

主要参考文献 ……………………………………… 269

导论：

问题的提出

一、国际金融危机后场外金融衍生品清算法律规制变革

场外金融衍生品是指在交易所等集中交易市场之外，交易双方直接成为交易对手方进行交易的原生金融产品或基础金融工具派生的新型金融工具。其中，原生金融产品主要包括货币、外汇、股票等金融资产以及这些金融资产的价格等。衍生产品的基本种类包括远期、期货、掉期（互换）、期权等，还包括具有远期、期货、掉期（互换）和期权中一种或多种特征的混合金融工具。[1] 除了期货不属于场外衍生产品以外，远期、互换和期权均属于场外衍生产品。

场外金融衍生品主要包括利率衍生品、外汇衍生品、信用衍生品、股票衍生品等。其中，利率衍生品是管理利率风险的金融工具，主要包括利率互换、远期利率、利率期权等。外汇衍生品是市场参与者用于套期保值、对冲汇率风险，或者进行投机、套利的金融工具，主要包括外汇远期、外汇掉期、外汇货币掉期、外汇期权等。信用衍生品是分离、转移和对冲信用风险的各种金融工具的统称，主要包括信用违约互换（CDS）、指数信用违约互

---

[1] 参见中国银监会 2011 年发布的《银行业金融机构衍生产品交易业务管理暂行办法》第 3 条。

清算机构场外金融衍生产品集中清算风险监管制度研究

换、担保债务凭证（CDO）等。[1]

其中，信用违约互换是指信用保护买方定期向信用保护卖方支付费用，当承载信用风险的第三方主体发生信用事件时由信用保护卖方向信用保护买方提供信用风险保护的金融合约，第三方主体发生信用事件通常包括第三方相关主体违约或破产，有时还包括债务重组或信用评级降级等。[2]指数信用违约互换是指以某种信用违约互换指数为参考债务、向指数中所有经济实体提供信用风险保护的信用违约互换交易。担保债务凭证是指将一系列的债权资产（如次级抵押贷款、债券、其他结构性产品等）加以组合，并以其现金流为支持发行的债务凭证。[3]根据中国银行间市场交易商协会 2016 年 9 月发布的《中国场外信用衍生产品交易基本术语与适用规则（2016 年版）》，信用衍生产品交易包括信用违约互换（CDS）、总收益互换（TRS）、信用风险缓释合约（CRMA）、信用风险缓释凭证（CRMW）、信用联结票据（CLN）以及以相关指数为基础的产品等。

2008 年金融危机爆发以来，场外金融衍生品市场备受争议。包括美国、欧盟在内的许多国家和经济体意识到金融监管和市场自律规范缺失、场外金融衍生品市场失去控制是造成本次金融危机的重要原因之一。[4]

---

〔1〕 参见中国银行间市场交易商协会 2010 年发布的《中国信用衍生品创新与发展问题研究》。

〔2〕《信用违约互换集中清算机制研究——以美国〈华尔街改革和消费者保护法案〉为研究中心》，载 http://www.110.com/ziliao/article-299081.html，最后访问日期：2024 年 7 月 29 日；郭锋、周友苏主编：《国际化视野下的金融创新、金融监管与西部金融中心建设》，法律出版社 2013 年版，第 545~546 页。

〔3〕 参见中国银行间市场交易商协会 2010 年发布的《中国信用衍生品创新与发展问题研究》。

〔4〕 中国银行间市场交易商协会：《中国场外金融衍生产品市场发展报告（2010年度）》，中国金融出版社 2011 年版，第 23 页。

导论：问题的提出

2011年1月，美国金融危机调查委员会公布了由美国次贷危机引发的国际金融危机起因的调查报告，报告指出，造成金融危机的主要原因之一是联邦政府金融监管失职。[1]其主要表现是金融监管机构不但没有及时发现规模越来越大、传统银行业务以外的场外金融衍生品交易市场所潜藏的巨大风险，并加以有效监管，而是放松了一些必要的监管要求，致使场外金融衍生品市场过度膨胀发展。造成这种监管缺失的深层原因是，在20世纪90年代以来新保守主义思潮的影响下，金融监管的必要性受到怀疑和削弱，如放宽大型投资银行的净资本要求、降低资产证券化信息披露和尽职调查的标准、过度依赖金融机构自律、反对监管对冲基金和场外衍生品交易市场等。[2]不断放松的金融管制，在推动金融创新迅猛发展的同时，部分复杂金融产品呈现泛滥趋势，加大了金融体系脆弱性，特别是场外金融衍生品交易信息不透明，交易主体高度集中、交易相互关联而导致交易对手信用风险暴露高度相互依存并可能引发系统性风险等特征，在发生市场危机时加剧了金融市场不稳定。[3]

以信用违约互换为例，作为20世纪90年代晚期的金融创新，当第三方相关主体发生违约、破产等信用事件时，信用违约互换卖方（即信用保护卖方）将向信用违约互换买方（即信用保护买方）提供信用风险保护。交易商传统上在场外衍生交易市场进行信用违约互换交易，交易双方通常单独进行信用违约互换合约的谈判，两两进行交易，并进行该合约的清算结算，还允许进

---

[1] Financial Crisis Inquiry Commission, *Financial Crisis Inquiry Report*, January 2011, pp. 52~66.

[2] 焦津洪：《金融体制改革的突破口：明确监管机构的法律地位》，吴敬琏主编：《比较》，中信出版社2011年版，第202页。

[3] See Robert Pickel, *Opening Remarks at the 25th Annual General Meeting of International Swaps and Derivatives*, April 2010, p. 3.

行金融产品定制。信用保护买方有时利用信用违约互换在其持有的债券违约或者信用评级降低时提供保险。而信用保护卖方参与信用违约互换交易通常是因为该金融工具能使其获得比购买基础信用资产更高的收益率。商业银行、投资银行、保险公司、对冲基金等金融机构是积极的信用违约互换交易参与者。其中,商业银行是主要的信用保护买方,通过转移贷款或公司债的信用风险,可以降低其风险资产的权重,达到提高资本充足率的目的。保险公司是主要的信用保护卖方,这与其提供保险获取保险费的性质比较类似。对冲基金、投资银行更多是从投机、套利的角度参与信用违约互换交易。企业也是信用保护的主要购买者,其目的主要在于减少商业往来中产生的应收账款等债务关系带来的信用风险。相对而言,信用保护买方不是很集中,但少数大型交易商作为信用保护卖方垄断了信用违约互换市场。[1]

然而,信用违约互换交易参与者可能面临因交易对方潜在违约而产生的交易对手信用风险。若信用保护买方购买了信用违约互换,当第三方相关主体发生信用事件时,卖方却可能因破产或流动性短缺等无法向买方提供信用风险保护,此即交易对手信用风险。特别当第三方相关主体突然发生破产或信用评级降级等信用事件时,卖方可能缺乏充足的流动性立即履行信用违约互换合约义务,在此种情形下更易产生交易对手信用风险。一家破产的大型金融机构不仅可能作为信用保护卖方对其交易对方违约,还可能引发其作为第三方而造成其他信用违约互换的提前支付,从而可能产生多米诺骨牌效应。

---

[1] 《信用违约互换集中清算机制研究——以美国〈华尔街改革和消费者保护法案〉为研究中心》,载 http://www.110.com/ziliao/article-299081.html,最后访问日期:2024年7月29日;郭锋、周友苏主编:《国际化视野下的金融创新、金融监管与西部金融中心建设》,法律出版社2013年版,第545~546页。

导论：问题的提出

更为严重的是，基于信用违约互换市场的相互关联性，可能引发金融体系的系统性风险。在信用违约互换市场中，交易方往往参与彼此关联的信用违约互换交易，整个金融市场的信用违约互换交易对手信用风险的累积将可能产生系统性风险。信用违约互换的交易主体，特别是信用保护卖方高度集中在少数大型金融机构，增加了发生系统性风险的可能性。[1] 在这次金融危机中，毋庸置疑是次级抵押贷款证券而非信用违约互换导致了贝尔斯登的财务危机和雷曼兄弟的破产。但许多金融机构利用信用违约互换交易为次级抵押贷款证券的违约提供保险。[2] 如果没有政府的干预，信用违约互换引发的系统性风险将会恶化为金融危机。

2009年9月，在美国匹兹堡召开的二十国集团峰会达成共识，确立场外衍生品交易监管框架的基调是"从场外走向场内"，承诺协调推进各国对场外衍生品交易和清算的监管，提高交易透明度和产品标准化程度，包括：（1）所有标准化的场外衍生品合约应当通过交易所或者电子交易平台进行交易，并至迟在2012年底之前通过中央对手方（CCP）进行集中清算；（2）非集中清算的场外衍生品合约必须适用更高的资本充足要求以控制风险；（3）场外衍生品合约应当向交易数据存储机构报告。2010年6

---

[1]《信用违约互换集中清算机制研究——以美国〈华尔街改革和消费者保护法案〉为研究中心》，载 http://www.110.com/ziliao/article-299081.html，最后访问日期：2024年7月29日；郭锋、周友苏主编：《国际化视野下的金融创新、金融监管与西部金融中心建设》，法律出版社2013年版，第545~546页。

[2] Willa E. Gibson, *Clearing and Trade Execution Requirements for OTC Derivatives Swaps under the Frank-Dodd Wall Street Reform and Consumer Protection Act*, University of Akron Legal Studies Research Paper, No. 10~12, November 2010, p.3, 转引自郭锋、周友苏主编：《国际化视野下的金融创新、金融监管与西部金融中心建设》，法律出版社2013年版，第547页。

月通过的《二十国集团多伦多峰会宣言》重申致力于根据情况在交易所或电子交易平台进行所有标准化场外衍生品合约的交易,并至迟于 2012 年底通过中央对手方进行集中清算。[1]为实现二十国集团提出的场外衍生品监管改革要求,金融稳定理事会(FSB)于 2010 年 4 月成立了场外衍生品工作组,在推进交易所或电子平台交易、集中清算、向交易数据存储机构报告等方面提出具体建议:在衍生品交易方面,工作组建议在充分发达的市场推进交易所或电子平台交易以保证其可行性;[2]在集中清算方面,工作组建议监管机构应决定对哪些产品进行强制清算,但同时不应要求某一中央对手方清算其无法有效控制风险的产品,并且不应在与二十国集团场外衍生品监管改革目标相悖的情况下进行强制集中清算。

国际清算银行支付结算体系委员会(CPSS)和国际证监会组织(IOSCO)技术委员会 2012 年 4 月共同发布的《金融市场基础设施原则》[3](PFMI)和 2010 年 5 月共同发布的《关于实施 2004 年场外衍生品中央对手方建议的指引》[4]、美国《华尔街改革与消费者保护法案》(以下简称美国《多德-弗兰克法案》)以及欧洲议会和欧盟理事会 2012 年 7 月通过的《欧洲市场基础设施监管条例》(EMIR)[5]等,均体现了二十国集团匹兹堡峰会

---

[1] 陈兰兰:《清算机构场外衍生品集中清算风险监管研究》,载《金融监管研究》2014 年第 1 期。

[2] 陈兰兰:《衍生品交易平台交易机制研究》,载《北方工业大学学报》2013 年第 2 期。

[3] CPMI-IOSCO, *Principles for Financial Market Infrastructures*, April 2012.

[4] CPSS-IOSCO, *Guidance on the Application of the 2004 CPSS-IOSCO Recommendations for Central Counterparties to OTC Derivatives CCPs*(*Consultative Report*), May 2010.

[5] European Parliament and the Council of the E. U., *Regulation*(*EU*)*No.* 648/2012 *of the European Parliament and of the Council of 4 July 2012 on OTC Derivatives*, *Central Counterparties and Trade Repositories*, July 2012.

的上述共识和金融稳定理事会场外衍生品工作组的相关建议。

譬如,《多德-弗兰克法案》规定,商品期货交易委员会(CFTC)或证券交易委员会(SEC)应在其监管权限范围内审查互换合约,[1]以决定该互换合约是否应在清算机构进行集中清算。清算机构应向监管机构提交申请以获得清算某一互换合约的批准。[2]所有适用于强制清算要求的互换合约,均须在指定合约市场(Designated Contract Market)或者互换执行设施(Swap Execution Facility)进行交易,除非该合约在任何指定合约市场或互换执行设施均没有交易的条件,或者该合约属于可豁免于清算的互换合约。

《欧洲市场基础设施监管条例》规定了不同类型的场外衍生品合约应提交中央对手方进行集中清算的标准,授权欧洲证券和市场监管局(ESMA)制定场外衍生品应提交中央对手方集中清算的标准,并要求欧洲证券和市场监管局确立场外衍生品集中清算标准时应旨在降低发生系统性风险的可能性,为实现这一目的欧洲证券和市场监管局应衡量合约和操作标准化程度、相关类型场外衍生品交易数量和流动性等因素。[3]

根据金融稳定理事会 2019 年 10 月发布的《场外衍生品改

---

[1] 在《多德-弗兰克法案》中,对场外衍生品的监管被称为对互换的监管。该法对"互换"作非常宽泛的界定,包括信用违约互换、利率互换、货币互换、外汇互换、股权互换、股权指数互换、能源互换、商品互换等。依据《多德-弗兰克法案》,美国商品期货交易委员会或证券交易委员会在审查互换合约是否应在清算机构集中清算时,应考虑该互换合约的交易风险、交易流动性、交易价格信息、集中清算是否能降低系统性风险等因素,转引自陈兰兰:《清算机构场外衍生品集中清算风险监管研究》,载《金融监管研究》2014 年第 1 期。

[2] 陈兰兰:《清算机构场外衍生品集中清算风险监管研究》,载《金融监管研究》2014 年第 1 期。

[3] European Parliament and the Council of the E.U., *Regulation* (*EU*) *No*. 648/2012 *of the European Parliament and of the Council of* 4 *July* 2012 *on OTC Derivatives, Central Counterparties and Trade Repositories*, July 2012.

清算机构场外金融衍生产品集中清算风险监管制度研究

革：2019年实施进展报告》，截至 2019 年 9 月底 18 个经济体正在实施标准化场外衍生品强制集中清算的标准（详见表 0-1）。

表 0-1　截至 2019 年 9 月底各国要求强制清算的场外衍生品[1]

澳大利亚	利率互换： 固定利率对浮动利率互换，浮动利率对浮动利率互换，远期利率协议（FRAs），隔夜指数掉期（OIS） 以澳大利亚元、欧元、英镑、日元、美元计价
加拿大	利率互换： 固定利率对浮动利率互换 以加拿大元、美元、欧元、英镑计价 浮动利率对浮动利率互换 以美元、欧元、英镑计价 隔夜指数掉期 以加拿大元、美元、欧元、英镑计价 远期利率协议 以美元、欧元、英镑计价
中国[2]	利率互换： 固定利率对浮动利率互换 以人民币计价

---

[1]　FSB, *OTC Derivatives Market Reforms*: *2019 Progress Reporton Implementation*, https://www.fsb.org/2019/10/otc-derivatives-market-reforms-2019-progress-report-on-implementation/, October 2019, pp.25~26.

[2]　上海清算所场外金融衍生品集中清算业务开展情况为：对于利率衍生品，上海清算所自 2014 年 7 月 1 日起对人民币利率互换实行强制集中清算，自 2015 年 4 月 7 日起提供标准债券远期集中清算服务，自 2023 年 11 月 28 日起为标准利率互换提供集中清算服务；对于外汇衍生品，上海清算所自 2014 年 11 月 3 日起开展银行间市场人民币外汇远期和人民币外汇掉期询价交易中央对手清算业务，自 2016 年 8 月 15 日起开展人民币外汇期权询价交易中央对手清算业务，自 2023 年 3 月 20 日起开展外币对远期、掉期询价和撮合交易中央对手清算业务；对于信用衍生品，上海清算所自 2018 年 1 月 30 日起提供信用违约互换集中清算服务。

导论：问题的提出

续表

欧盟[1]	信用衍生品： 欧洲信用违约互换指数（iTraxx） 利率互换： 固定利率对浮动利率互换，浮动利率对浮动利率互换，远期利率协议，隔夜指数掉期 以欧元、英镑、日元、美元计价 固定利率对浮动利率互换，远期利率协议 以挪威克朗、波兰兹罗提、瑞典克朗计价
印度	外汇衍生品： 印度卢比对美元远期 利率互换： 隔夜指数掉期，孟买银行间远期同业拆放利率（MIFOR）
日本	信用衍生品： 日本信用违约互换指数 利率互换： 固定利率对浮动利率互换，浮动利率对浮动利率互换 以日元计价
韩国	利率互换： 固定利率对浮动利率互换 以韩元计价
墨西哥	利率互换： 固定利率对浮动利率互换 以墨西哥比索计价
新加坡	利率互换： 固定利率对浮动利率互换 以新加坡元、美元计价

---

[1] European Commission, *Commission Delegated Regulation* (*EU*) 2015/2205 *of* 6 *August* 2015, *Commission Delegated Regulation* (*EU*) 2016/592 *of* 1 *March* 2016, *Commission Delegated Regulation* (*EU*) 2016/1178 *of* 10 *June* 2016 *supplementing Regulation* (*EU*) *No*. 648/2012 *of the European Parliament and of the Council with regard to Regulatory Technical Standards on the Clearing Obligation*.

续表

瑞士	信用衍生品： 欧洲信用违约互换指数利率互换： 固定利率对浮动利率互换，浮动利率对浮动利率互换 以欧元、英镑、日元、美元计价 远期利率协议，隔夜指数掉期 以欧元、英镑、美元计价
美国	信用衍生品： 北美信用违约互换指数（CDX），欧洲信用违约互换指数（iTraxx）
	利率互换[1]： 固定利率对浮动利率互换，浮动利率对浮动利率互换，远期利率协议，隔夜指数掉期 以欧元、英镑、日元（除隔夜指数掉期）、美元计价 非固定利率对浮动利率互换、浮动利率对浮动利率互换的利率互换，远期利率协议，隔夜指数掉期 以欧元、英镑、美元计价（自2016年6月起延长2年至3年期限） 固定利率对浮动利率互换 以澳大利亚元、加拿大元、港币、墨西哥元、挪威克朗、

---

[1] 随着伦敦银行间同业拆借利率（LIBOR）退出过渡期进入最后阶段，截至2022年8月，各国基准利率改革和相关过渡工作已基本完成。美国商品期货交易委员会、英格兰银行相继配合基准利率转换修订利率互换的强制集中清算要求。以美国为例，2022年8月12日，为配合基准利率从伦敦银行间同业拆放利率（LIBOR）等银行间同业拆放利率转向替代的无风险利率，美国商品期货交易委员会发布修订后的利率互换清算要求规则。该规则取消了参考利率为LIBOR等银行间同业拆放利率的利率互换的强制集中清算要求，新增对参考利率为隔夜、近似无风险利率（nearly risk-free reference rates）的利率互换的强制集中清算要求，具体为：(1) 强制集中清算要求中删除固定对浮动互换、基点互换（Basis Swap）、远期利率协议（FRA）和隔夜指数互换（OIS）类别下结算货币为英镑（参考利率为LIBOR）、瑞士法郎（参考利率为LIBOR）、日元（参考利率为LIBOR）、欧元（参考利率为欧元隔夜平均利率指数（ENOIA））的产品；(2) 强制集中清算要求中新增结算货币为瑞士法郎 [参考利率为瑞士隔夜平均利率（SARON），期限为7天至30年]、日元 [参考利率为东京隔夜平均利率（TONA），期限为7天至30年]、欧元 [参考利率为欧元短期利率（STR），期限为7天至3年] 的

续表

波兰兹罗提、新加坡元、瑞典克朗、瑞士法郎计价（自2016年6月起延长期限） 浮动利率对浮动利率互换 以澳大利亚元计价（自2016年6月起延长期限） 远期利率协议 以挪威克朗、波兰兹罗提、瑞典克朗计价（自2016年6月起延长期限） 隔夜指数掉期 以澳大利亚元、加拿大元计价（自2016年6月起延长期限）

（资料来源：金融稳定理事会《场外衍生品改革：2019年实施进展报告》）

国际清算银行2018年第四季度报告中一份研究报告表明，自2008年金融危机后场外衍生品交易和清算法律规制变革以来，清算机构集中清算场外利率衍生品和信用衍生品合约的比例大幅增加。[1]国际清算银行关于全球场外衍生品市场的统计数据显示，利率衍生品（IRD）的集中清算率自2009年约24%上升为2018年6月约62%，信用衍生品的集中清算率自2009年约5%上升为2018年6月约37%。[2]近年来利率衍生品的集中清算比例约

（接上页）OIS；（3）强制集中清算要求中拓展结算货币为英镑［参考利率为英镑隔夜指数平均利率（SONIA）］的OIS的期限涵盖7天至50年；（4）强制集中清算要求中新增结算货币为美元［参考利率为担保隔夜融资利率（SOFR），期限7天至50年］、新加坡元［参考利率为新加坡隔夜平均利率（SORA），期限为7天至10年］的OIS；（5）强制集中清算要求中删除固定对浮动互换、基点互换和FRA类别下结算货币为美元（参考利率为LIBOR）、新加坡元（参考利率为互换报价利率）的产品。参见陈思薇等：《全球中央对手清算监管动态》，载上海清算所内部刊物《会员通讯》2022年第8期。

[1] Umar Faruqui, Wenqian Huang, Elöd Takáts, *Clearing Risks in OTC Derivatives Markets: the CCP-bank Nexus*, BIS Quarterly Review, December 2018, p.77.

[2] See BIS, *Statistical Release: OTC Derivatives Statistics at End-June* 2018, October 2018, p.5.

清算机构场外金融衍生产品集中清算风险监管制度研究

为76.0%,2023年信用违约互换的集中清算比例约为65.4%。[1]但根据金融稳定理事会2018年11月公布的《场外衍生品市场改革:第十三次实施进展报告》,全球场外外汇衍生品的集中清算率仍相对较低[2],2023年汇率衍生品的集中清算比例仅为4.7%。[3]笔者认为这与目前要求清算机构对外汇衍生品实行强制清算的国家较少有关。

在全球利率互换集中清算业务领域,伦敦清算所(LCH)通过Swap Clear系统为利率互换提供清算服务,一直占据主导地位。2009年3月洲际交易所首先成立信用衍生品清算所(ICE Clear Credit),并开始为欧洲信用违约互换指数交易提供清算服务,在信用违约互换集中清算业务领域迅速确立了主导地位,芝加哥商品交易所集团(CME Group)随后开始对信用违约互换进行集中清算,欧洲期货交易所清算公司(Eurex Clearing AG)也推出信用违约互换集中清算服务。多个新兴经济体则立足于相对封闭的本国金融市场,采取政策引导模式建立具有市场独占地位的场外衍生品中央对手方清算机构。[4]随着中央对手方集中清算场外衍生品合约大幅增加,利率衍生品、信用衍生品越来越集中在少数几家中央对手方进行集中清算,如利率衍生品主要由伦敦清算所、芝加哥商品交易所清算所(CME Clearing)、日本证券清算公司(JSCC)和西班牙证券交易所清算所(BME Clearing)等中央对手方进行集中清算,

---

[1] 参见《中国场外金融衍生品市场发展报告》(2023年度)。
[2] FSB, *OTC Derivatives Market Reforms: Thirteenth Progress Reporton Implementation*, https://www.fsb.org/2018/11/otc-derivatives-market-reforms-thirteenth-progress-report-on-implementation/, November 2018.
[3] 参见《中国场外金融衍生品市场发展报告》(2023年度)。
[4] 上海清算所风险管理部:《中央对手清算机制的监管规则及对商业银行的影响研究》,载上海清算所内部刊物《会员通讯》2019年第8期;陈兰兰:《清算机构场外衍生品集中清算风险监管研究》,载《金融监管研究》2014年第1期。

信用违约互换主要由洲际交易所欧洲清算所（ICE Clear Europe）、芝加哥商品交易所清算所、伦敦清算所法国公司（LCH. Clearnet SA）、日本证券清算公司等中央对手方进行集中清算。[1]

二、清算机构场外金融衍生品集中清算的利弊

清算机构作为中央对手方对场外金融衍生品进行集中清算，将介入场外金融衍生品合约的对手方之间，充当买方的卖方和卖方的买方建立两个新合约，并对场外衍生品交易进行多边净额清算，即根据轧差安排将多个参与者之间的债务进行抵消，由此减少一系列交易结算所需支付或交割的数量和金额，并按照轧差得到的净额进行金融资产划付。[2]相较于双边轧差，清算机构集中清算场外金融衍生品通过多边轧差可更大程度地减少敞口，降低纳入集中清算的各类场外金融衍生产品总体的风险敞口，并可降低成员违约时需要置换的头寸和名义本金总规模，从而减轻大型资产组合平仓的价格影响。[3]

清算机构场外金融衍生品集中清算机制具有下列特征：

其一，清算机构仅与符合成员资格条件并申请成为成员的交易方直接开展交易，并持续监控成员是否符合成员资格条件。

其二，清算机构要求成员缴纳初始保证金和变动保证金以覆盖清算机构对每一成员的潜在未来暴露和当前暴露，并建立由所有成员缴纳份额的违约基金用于覆盖极端情况下的风险，当成员缴纳的初始保证金和变动保证金无法覆盖清算机构对其潜在未来暴露和当前暴露时，可向该成员追加初始保证金和变动保证金。在成员违约

---

[1] Umar Faruqui, Wenqian Huang, Elöd Takáts, "Clearing Risks in OTC Derivatives Markets: the CCP-bank Nexus", *BIS Quarterly Review*, December 2018, p. 78.

[2]《银行间市场清算所股份有限公司集中清算业务指南（2024年版）》。

[3]［英］乔恩·格雷戈里：《中央对手方场外衍生品强制集中清算和双边保证金要求》，银行间市场清算所股份有限公司译，中国金融出版社2017年版，第280~281页。

时，清算机构将按照违约处理规则和程序进行违约处理，并以其金融资源（违约成员缴纳的保证金和违约基金份额、未违约成员缴纳的违约基金份额以及清算机构自有资本等）弥补违约损失。

清算机构作为中央对手方为场外金融衍生品提供集中清算服务便利于场外金融衍生品交易的清算结算，对于促进金融稳定发挥关键作用，主要体现在以下几个方面：清算机构可通过成员资格制度和多边净额清算等降低其所面临的成员违约而产生的交易对手信用风险；可通过多边净额清算和对所有成员施加有效的风险控制以降低成员所面临的风险；清算机构若具备有效的风险控制机制并持有充足的金融资源，可降低其所服务市场发生系统性风险的可能性。[1]

但与此同时，引起国际社会高度关注的是，清算机构为场外金融衍生品提供集中清算服务，将面临可能危及其存续和金融稳定的一系列风险，包括信用风险、流动性风险和业务经营风险等。[2]若不对这些清算机构加以适当监管，将会引发并加剧金融体系的系统性风险，甚至成为潜在的风险传染源，导致金融风险在市场参与者、[3]金融市场基础设施之间传递，将会危及国内和国际金融市场乃至一国经济的稳定，其主要原因如下：

第一，在清算机构场外金融衍生品集中清算机制中，清算机构作为中央对手方将高度集中其提供集中清算服务的所有场外衍生品交易的信用风险、流动性风险、法律风险和操作风险等各种风险与风险管理功能。[4]

其中，清算机构面临的主要风险是因成员违约而产生的信用

---

〔1〕 CPMI-IOSCO, *Principles for Financial Market Infrastructures*, April 2012.

〔2〕 See CPMI-IOSCO, *Recovery of Financial Market Infrastructures*, October 2014 (Revised July 2017).

〔3〕 See CPMI-IOSCO, *Principles for Financial Market Infrastructures*, April 2012.

〔4〕 陈兰兰：《清算机构场外衍生品集中清算风险监管研究》，载《金融监管研究》2014年第1期。

风险与因成员以及其他实体违约而产生的流动性风险，即清算机构将面临纳入集中清算的所有场外衍生品合约的买方或卖方违约而产生的信用风险，并面临因成员违约以及因流动性提供者、结算银行、托管银行等其他实体违约（如流动性提供者违约不提供流动性支持和信用额度、结算银行违约不提供资金结算的日间流动性支持、托管银行在成员违约时不提供清算机构向其托管的预缴金融资源）而清算机构持有的流动性金融资源不足以覆盖成员违约对清算机构造成的相关币种债务总额而产生的流动性风险。

在一国金融体系中具有系统重要性的清算机构在极端市场条件下若发生若干大型成员违约无法履行支付义务，而该清算机构持有的流动性资源无法覆盖流动性暴露造成其无法及时完成结算，可能在面临信用风险和流动性风险时采取结算迟延、低价迅速变现违约成员提交的非现金抵押品、要求未违约成员补充缴纳违约基金份额等措施，[1]将会导致其成员面临严重的信用风险和流动性风险，而这将进一步对金融体系产生风险。[2]

一旦清算机构采取结算迟延、抛售担保品、向未违约成员追加违约基金份额等措施后仍出现流动性短缺，且在极端市场条件下可能无法从流动性提供者获得信用额度和流动性支持而无法履行结算义务，将可能导致清算机构发生流动性危机甚至丧失清偿能力而暂停清算乃至无法清算场外金融衍生品。

一旦作为某一衍生品主要清算机构的系统重要性清算机构暂停清算某一衍生品，将可能影响该衍生品市场的正常运作。[3]鉴

---

〔1〕 European Securities and Markets Authority, *Report 3rd EU-wide CCP Stress Test*, July 2020, pp. 78~80.

〔2〕 See CPMI-IOSCO, *Principles for Financial Market Infrastructures*, April 2012.

〔3〕 陈兰兰：《清算机构场外衍生品集中清算风险监管研究》，载《金融监管研究》2014年第1期。

于系统重要性清算机构在金融体系中的关键作用,系统重要性清算机构暂停清算某一衍生品若造成该衍生品市场有效运作暂停,将可能引发严重系统性风险。[1]

第二,值得高度关注的是相互关联风险。笔者认为,第一层次的相互关联风险是指清算机构中央对手方清算业务成员可能同时是若干中央对手方的成员,不同中央对手方(包括清算机构)可能与各成员及托管银行、结算银行、流动性提供者等关键服务提供者相互关联而产生的风险;第二层次的相互关联风险是指清算机构在开展场外金融衍生品集中清算业务时,可能与其他金融市场基础设施彼此业务关联或相互依存而产生的风险。

从第一层次的相互关联来看,目前国际主流清算机构的成员与其他中央对手方关联度较高。比如,伦敦清算所100家成员连接至27家其他中央对手方,关联度最高的清算机构是伦敦清算所法国公司和洲际交易所欧洲清算所。美国期权清算公司(OCC)89家成员连接至27家其他中央对手方,关联度最高的清算机构是美国证券存托与清算公司(DTCC)和芝加哥商品交易所清算所。[2]

巴塞尔银行监管委员会(BCBS)、国际清算银行支付和市场基础设施委员会(其前身是国际清算银行支付结算体系委员会,CPMI)、金融稳定理事会和国际证监会组织2018年8月发布的《集中清算相互关联性分析》研究报告显示,参加评估的26家中央对手方(详见表0-2)共有306个清算成员,少数中央对手方与许多清算成员关联,少数清算成员与多家中央对手方关联(详见图0-1)。[3]

---

〔1〕 See CPMI-IOSCO, *Recovery of Financial Market Infrastructures*, October 2014 (Revised July 2017).

〔2〕 参见 Kimmo Soramäki:《系统性压力测试与中央对手方相互关联性》,载上海清算所内部刊物《会员通讯》2018年第7期。

〔3〕 BCBS, CPMI, FSB, IOSCO, *Analysis of Central Clearing Interdependencies*, August 2018, pp. 10~11.

表0-2 参加评估的26家中央对手方[1]

中央对手方	司法管辖区
巴西证券交易所（B3 S. A. -Brasil, Bolsa, Balcão）	巴西
墨西哥证券交易所清算公司（Asigna, Compensación y Liquidación）	墨西哥
墨西哥中央对手方公司（Contraparte Central de Valores）	墨西哥
芝加哥商品交易所集团（CME Group）	美国
美国固定收益债券清算公司（DTCC-Fixed Income Clearing Corporation）	美国
美国全国证券清算公司（DTCC-National Securities Clearing Corporation）	美国
洲际交易所清算所（ICE Clear Credit）	美国
洲际交易所美国清算所（ICE Clear US）	美国
美国期权清算公司（OCC）	美国
伦敦清算所法国公司（LCH. Clearnet SA）	法国
欧洲期货交易所清算公司（Eurex Clearing AG）	德国
意大利CC&G清算公司（Cassa di Compensazione e Garanzia s. p. a.）	意大利
欧洲中央对手方公司（European Central Counterparty NV）	荷兰
纳斯达克清算所（Nasdaq Clearing AB）	瑞典
瑞士SIX清算公司（SIX x-clear AG）	瑞士
洲际交易所欧洲清算所（ICE Clear Europe）	英国
伦敦清算所（LCH. Clearnet Ltd）	英国
伦敦金属交易所清算公司（LME Clear Ltd）	英国

---

[1] BCBS, CPMI, FSB, IOSCO, *Analysis of Central Clearing Interdependencies*, August 2018, p. 27.

续表

中央对手方	司法管辖区
澳大利亚证券交易所清算公司（期货）（ASX Clear（Futures））	澳大利亚
澳大利亚证券交易所清算公司（ASX Clear）	澳大利亚
香港期货结算有限公司（HKFE Clearing Corporation Limited）	中国香港
香港中央结算有限公司（HKSCC）	中国香港
印度清算公司（Clearing Corporation of India limited）	印度
日本证券清算公司（JSCC）	日本
新加坡中央存管有限公司（Central Depository（Pte）Limited）	新加坡
新加坡交易所衍生品清算所（Singapore Exchange Derivatives Clearing）	新加坡

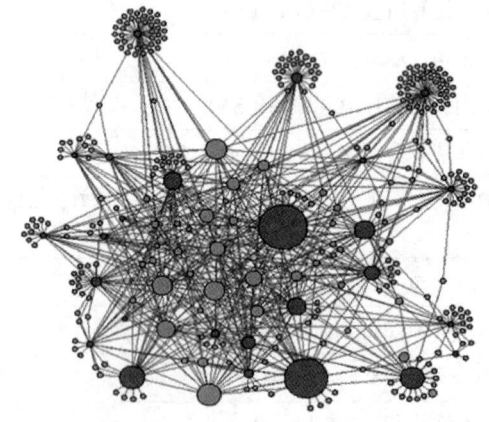

图 0-1　26 家中央对手方与每一中央对手方前 25 个最大清算成员关联关系[1]

（图 0-1 说明：中央对手方的节点大小代表中央对手方对所有清

---

[1] BCBS, CPMI, FSB, IOSCO, *Analysis of Central Clearing Interdependencies*, August 2018, p. 11.

算成员的信用风险敞口,清算成员的节点大小代表清算成员在其同时参加的中央对手方缴纳金融资源总额。[1])

其中,中央对手方与全球系统重要性银行成员之间的关联性问题尤为引起国际组织的关注。国际清算银行2018年第四季度报告中研究报告《场外衍生品市场的清算风险:中央对手方与银行的关联》认为,场外衍生品清算具有银行与中央对手方之间存在巨大风险敞口、中央对手方和银行均数量少的特征,由此导致了中央对手方与银行之间的关联性。自2010年以来中央对手方集中清算场外衍生品合约的比例大幅增长,银行与中央对手方之间的风险敞口也大幅增长,这导致中央对手方清算的利率衍生品和信用违约互换合约名义本金巨大。而单一银行的风险敞口也巨大。同时,随着场外衍生品集中清算率大幅增加,利率衍生品、信用衍生品越来越集中在少数几家中央对手方进行集中清算,且少数全球系统重要性银行往往成为中央对手方的主要清算成员,[2]如5家最大的银行作为清算成员缴纳了信用衍生品约一半预缴金融资源,并缴纳了利率衍生品超过1/3的预缴金融资源。正是由于全球场外衍生品清算在中央对手方和银行两方面均高度集中,导致

---

[1] BCBS, CPMI, FSB, IOSCO, *Analysis of Central Clearing Interdependencies*, August 2018, p. 10.

[2] 中央对手方高度集中的原因是中央对手方可通过在不同对手方之间进行多边净额清算而降低保证金总额要求,银行通过越少的中央对手方对其参与的衍生品交易进行集中清算,中央对手方对银行的相关担保要求和资本要求就越低。而系统重要性银行作为中央对手方清算成员高度集中的原因是银行希望能降低参加中央对手方的高额固定成本,因为银行成为一家中央对手方成员不仅须满足该中央对手方的成员资格要求,还需符合技术设施要求,缴纳违约基金份额,并具备监控中央对手方的能力。See Umar Faruqui, Wenqian Huang, Elöd Takáts, *Clearing Risks in OTC Derivatives Markets: the CCP-bank Nexus*, BIS Quarterly Review, December 2018, pp. 78~79.

清算机构场外金融衍生产品集中清算风险监管制度研究

了中央对手方和银行之间的高度关联。[1]

更为严重的是,巴塞尔银行监管委员会、国际清算银行支付和市场基础设施委员会、金融稳定理事会和国际证监会组织2018年8月发布的《集中清算相互关联性分析》研究报告显示,在许多情况下清算机构等中央对手方的成员是同一家大型银行集团成员,其中许多银行成员同时还是中央对手方的关键服务提供者,不同中央对手方分别与各成员及托管银行、结算银行、流动性提供者等关键服务提供者之间形成了非常复杂的、跨国的相互关联关系。

譬如,在参加评估的26家中央对手方共306个清算成员中,许多成员同时向中央对手方提供多项服务,其中29个成员同时是至少一家中央对手方的托管银行,59个成员为至少一家中央对手方提供结算服务,少数相对较大的清算成员同时是重要的结算银行,49个成员向至少一家中央对手方提供结算和日间流动性支持服务,82个成员向至少一家中央对手方提供信用额度和流动性支持。

在中央对手方与关键服务提供者之间关联性方面,26家中央对手方共56家托管银行中,30家托管银行向中央对手方提供信用额度和流动性支持,且不同中央对手方分别与托管银行、结算银行之间形成复杂的关联关系,即少数托管总资产相对较高的托管银行与不同中央对手方高度关联,若干托管总资产较低的托管银行与少数中央对手方关联;有些中央对手方与少数结算总量较大的结算银行关联,其他中央对手方则与大量结算总量较小的结算银行关联(详见图0-2)。[2]

---

[1] Umar Faruqui, Wenqian Huang, Elöd Takáts, *Clearing Risks in OTC Derivatives Markets: the CCP-bank Nexus*, BIS Quarterly Review, December 2018, pp.77~79.

[2] BCBS, CPMI, FSB, IOSCO, *Analysis of Central Clearing Interdependencies*, August 2018, pp.7, 16~19.

导论：问题的提出

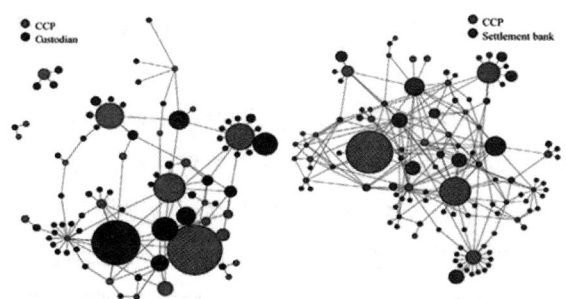

图 0-2　26 家中央对手方分别与托管银行（左图）和结算银行（右图）关联关系[1]

（图 0-2 说明：左图和右图中央对手方节点大小均代表在各托管银行存放的预缴金融资源总额。左图中托管银行节点大小代表各中央对手方托管总资产；右图中结算银行节点大小代表结算银行对各中央对手方的结算总量。[2]）

在第一层次的不同中央对手方（包括清算机构）与各成员、关键服务提供者相互关联中，清算机构在开展场外金融衍生品集中清算业务时，某一清算成员、关键服务提供者违约，将可能导致风险向该清算机构及其他成员乃至其他中央对手方传递，具体如下：

一是国际主流清算机构成员与其他中央对手方关联度较高，特别是全球系统重要性银行成员与中央对手方之间高度关联，将会导致清算机构某一成员违约时，可能因交叉违约条款而引发其同时参加的中央对手方抛售对该成员或其附属机构的头寸。比如，在参加评估的 26 家中央对手方中，至少 16 家中央对手

---

[1] BCBS, CPMI, FSB, IOSCO, *Analysis of Central Clearing Interdependencies*, August 2018, p.18.

[2] BCBS, CPMI, FSB, IOSCO, *Analysis of Central Clearing Interdependencies*, August 2018, p.18.

清算机构场外金融衍生产品集中清算风险监管制度研究

方可能因 306 家成员中最大的 11 家清算成员违约而产生风险。[1]

二是清算机构参与场外衍生品集中清算业务的银行成员同时是关键服务提供者时,这些银行成员一旦违约,将可能影响其向清算机构提供托管、结算或流动性提供等关键服务,进而可能加剧清算机构在成员违约时所面临的信用风险和流动性风险。

三是不同中央对手方(包括清算机构)分别与托管银行、结算银行之间形成复杂的关联关系,托管银行、结算银行在清算机构开展场外金融衍生品集中清算业务时,分别是存放清算成员预缴金融资源(包括清算成员缴纳的初始保证金和违约基金份额等)、提供资金结算服务的关键服务提供者,若托管银行、结算银行向清算机构提供托管或结算服务时违约,在许多情况下会影响其向其他中央对手方提供托管或结算服务,[2]对于同时向中央对手方提供流动性支持的托管银行,还可能影响其向中央对手方提供流动性支持。

尤为值得关注的是,中央对手方所需每一项关键服务都趋于集中由少数金融集团提供,[3]一旦其中任何一家金融集团在向中央对手方(包括清算机构)提供相应关键服务时违约,将可能给相互关联的中央对手方及成员带来严重风险。

从第二层次的相互关联风险来看,清算机构作为中央对手方开展场外金融衍生品集中清算业务时,可能与《金融市场基础设

---

[1] BCBS, CPMI, FSB, IOSCO, *Analysis of Central Clearing Interdependencies*, August 2018, pp. 15~16.

[2] BCBS, CPMI, FSB, IOSCO, *Analysis of Central Clearing Interdependencies*, August 2018, pp. 7, 16~17.

[3] BCBS, CPMI, FSB, IOSCO, *Analysis of Central Clearing Interdependencies*, August 2018, p. 4.

施原则》所规定的中央对手方、支付系统、中央证券存管、证券结算系统、交易数据存储库等其他金融市场基础设施彼此业务关联或相互依存。

清算机构作为中央对手方与其他金融市场基础设施的关联关系可能是金融市场基础设施的结构或业务操作正常情况。比如，相似类型金融市场基础设施相互关联的主要目的是扩展其提供服务的金融工具、市场或机构。一家为证券市场提供服务的中央对手方须与中央证券存管（CSD）连接以便于向证券市场提供服务时接收和交付证券。[1]

在许多情况下金融市场基础设施之间的相互关联有利于其改进业务活动并促进其稳健高效运行。比如，相互关联的若干中央对手方通过对集中清算的场外衍生品进行多边轧差可降低中央对手方对清算成员的风险敞口，而清算成员仅需同时参加其中的少数几家中央对手方即可获得相互关联的中央对手方多边轧差收益，可降低其保证金成本（初始保证金数额相对较小，变动保证金可能相互抵消）和违约基金缴纳份额。[2]

但与此同时，金融市场基础设施之间的相互关联也是系统性风险的重要来源。譬如，若清算机构依赖于其他一家或若干家金融市场基础设施以完成场外金融衍生品清算、结算业务的正常运作，其中一家金融市场基础设施如发生危机将可能同时导致其他金融市场基础设施发生危机，将会导致风险在不同的金融市场基

---

[1] See CPMI-IOSCO, *Recovery of Financial Market Infrastructures*, October 2014 (Revised July).

[2] 参见［英］乔恩·格雷戈里：《中央对手方场外衍生品强制集中清算和双边保证金要求》，银行间市场清算所股份有限公司译，中国金融出版社2017年版，第161~162页。

础设施及其成员之间传递[1]，甚至危及一国经济。[2]

　　由此可见，清算机构提供场外金融衍生品集中清算服务，不仅将高度集中纳入集中清算的所有场外衍生品交易的信用风险、流动性风险等各种风险，并可能因此引发系统性风险，更为严重的是，清算机构在场外金融衍生品集中清算业务中与其他金融市场基础设施之间，以及不同清算机构与各成员及关键服务提供者之间的相互关联，将可能导致金融风险在一国或不同国家市场参与者或金融市场基础设施之间传递，甚至影响一国国内和国际金融市场乃至一国经济稳定。

---

　　[1]　比如，一家清算机构发生流动性危机将影响该清算机构的成员，这些受影响的成员进而影响其参与业务的其他中央对手方，将可能产生连锁反应，导致风险在清算参与者和中央对手方之间广泛传导。参见 Kimmo Soramäki：《系统性压力测试与中央对手方相互关联性》，载上海清算所内部刊物《会员通讯》2018 年第 7 期。

　　[2]　See CPMI-IOSCO, *Recovery of Financial Market Infrastructures*, October 2014 (Revised July).

第一章

上海清算所集中清算场外金融衍生品的风险与我国清算机构场外金融衍生品集中清算风险监管立法建议

一、上海清算所场外金融衍生品集中清算实践

目前我国场外金融衍生品交易主要包括人民币利率互换、标准利率互换、标准债券远期等利率衍生品交易，银行间市场人民币外汇远期、人民币外汇掉期、人民币外汇货币掉期、人民币外汇期权和外币对远期交易、外币对掉期交易等外汇衍生品交易，信用违约互换、信用风险缓释合约、信用风险缓释凭证、信用联结票据等信用衍生品交易等。

2009年11月在上海成立的银行间市场清算所股份有限公司（以下简称上海清算所）作为我国银行间市场唯一的中央对手方清算机构，为银行间市场提供以中央对手方净额清算为主的衍生品交易集中清算服务[1]。

目前上海清算所已开展下列场外金融衍生品集中清算业务：对于利率衍生品，上海清算所自2014年7月1日起对人民币利率

---

[1] 依据中国人民银行2011年3月发布的《银行间市场清算所股份有限公司业务监督管理规则》，上海清算所的业务范围是为金融市场本外币交易和衍生产品交易提供登记托管、清算结算及交割、保证金管理和抵押品管理等服务。

互换实行强制集中清算，自2015年4月7日起提供标准债券远期集中清算服务，自2023年11月28日起为标准利率互换提供集中清算服务；对于外汇衍生品，上海清算所自2014年11月3日起开展银行间市场人民币外汇远期和人民币外汇掉期询价交易中央对手方清算业务，自2023年3月20日起开展外币对远期、掉期询价和撮合交易中央对手方清算业务，自2016年8月15日起开展人民币外汇期权询价交易中央对手方清算业务；对于信用衍生品，上海清算所自2018年1月30日起提供信用违约互换集中清算服务。[1]

（一）利率衍生品集中清算

1. 人民币利率互换

我国于2006年2月开展人民币利率互换业务试点。[2]在总结试点经验的基础上，2008年1月中国人民银行发布《中国人民银行关于开展人民币利率互换业务有关事宜的通知》，规定市场参与者可通过中国外汇交易中心的交易系统或者通过电话、传真

---

〔1〕 2021年4月8日，中国外汇交易中心和上海清算所联合发布《银行间市场信用违约互换指数交易清算指引（试行）》，开展信用违约互换指数交易和双边逐笔清算服务。参见《中国场外金融衍生品市场发展报告》（2021年度）。目前，上海清算所尚未对违约互换指数交易进行集中清算。

〔2〕 随着我国银行间债券市场发展迅速，市场规模不断扩大，市场投资者持有大量固定利率债券存在较高的利率风险，且投资者资产负债结构日益复杂，需要运用利率衍生品等金融衍生工具实施资产负债管理。同时，随着我国利率市场化改革的推进，特别是在贷款利率上限放开和固定利率贷款并存的情况下商业银行可能出现大量存贷款利率不匹配的情况，加大了利差风险，管理利率风险的要求日益迫切。在此背景下，为满足银行间债券市场投资者利率风险管理及资产负债管理的需要，缓解资产负债结构错配问题，同时加快利率市场化进程，2006年1月中国人民银行发布《中国人民银行关于开展人民币利率互换交易试点有关事宜的通知》，于2006年2月开展人民币利率互换业务试点。参见《中国人民银行推出人民币利率互换交易试点》，载《经济政策法规参考》2006年第4期。

第一章　上海清算所集中清算场外金融衍生品的风险与我国清算机构场外金融衍生品集中清算风险监管立法建议

等方式进行人民币利率互换交易,[1]即交易双方约定在未来一定期限内根据约定的人民币本金和利率计算利息并进行利息交换的交易。

2014年1月中国人民银行发布《中国人民银行关于建立场外金融衍生产品集中清算机制及开展人民币利率互换集中清算业务有关事宜的通知》,提出我国建立场外金融衍生产品集中清算机制。上海清算所自2014年1月2日起试行开展固定利率对浮动利率的人民币利率互换集中清算业务,[2]标志着我国场外金融衍生品集中清算机制开始运行。

上海清算所自2014年7月1日起开始实行人民币利率互换强

---

[1]　我国利率衍生品市场中,银行业金融机构（包括外资银行、股份制商业银行、城市商业银行、国有商业银行等）及政策性银行是实际参与人民币利率互换交易的主要机构,需求同质化严重,证券机构、保险公司等非银行金融机构的人民币利率互换交易量占比低。以保险公司为例,自2006年2月中国人民银行推出人民币利率互换交易试点以后,中国人保资产管理有限公司、中国人寿资产管理公司、泰康资产管理公司、友邦保险中国区投资中心和中国平安保险（集团）股份有限公司5家保险机构经中国保监会批准开展人民币利率互换业务试点,但这些保险机构进行利率互换交易方向单一,通常收取固定利率。2010年7月中国保监会发布《关于保险机构开展利率互换业务的通知》,扩展了利率互换参与主体范围,允许达到相关风险管理标准的保险机构开展以避险保值为目的的利率互换业务,但实践中保险机构的利率互换交易成交量低,不利于保险机构、证券公司等非银行金融机构通过开展人民币利率互换交易进行套期保值。参见中国人民银行上海总部课题组:《2010年金融市场创新产品运行效应评估报告》,载《中国货币市场》2011年第3期;陈兰兰:《我国场外金融衍生交易监管三论》,载《金融服务法评论》2013年第1期;中国人保资产管理公司:《2006年公司大事记》,载https://www.piccamc.com/m/news/contentpage?s=%E5%A4%A7%E4%BA%8B%E8%AE%B0,最后访问日期:2024年7月29日。

[2]　参见《银行间市场清算所股份有限公司关于开展人民币利率互换集中清算业务的公告》。2014年1月2日,上海清算所共处理15家金融机构提交集中清算的人民币利率互换交易59笔,名义本金50.25亿元,以FR007为参考利率的交易49笔43.25亿元,以SHIBOR_3M为参考利率的交易6笔3亿元,以SHIBOR_O/N为参考利率的交易4笔4亿元。

清算机构场外金融衍生产品集中清算风险监管制度研究

制集中清算,对参考利率为 FR007、SHIBOR_O/N 和 SHIBOR_3M、期限在 5 年以下(含 5 年)且参与主体、合约要素符合上海清算所规定的人民币利率互换交易进行强制集中清算,同日推出人民币利率互换集中清算代理业务,[1]自 2017 年 7 月 24 日起推出中长期利率互换集中清算业务,[2]将参考利率为 FR007、SHIBOR_3M 的人民币利率互换集中清算产品期限从 5 天至 5 年延长至 5 天至 10 年,增强了互换品种的价格发现功能。[3]自 2021 年 11 月 8 日起,上海清算所对以贷款市场报价利率(LPR1Y)为参考利率、期限在 3 年及以内的人民币利率互换提供集中清算服务,[4]产品的重置周期和支付周期为季度,其他合约要素与现有利率互换集中清算产品保持一致。该产品系上海清算所针对利率互换合约的标的利率按月公布而常规估值方法会产生估值偏差,在 2019 年中国人民银行改革完善贷款市场报价利率形成机制的背景下,研发形成被普遍认可的曲线构造、公允估值与风控方案,而开发

---

[1] 2014 年 7 月 1 日,上海清算所人民币利率互换集中清算业务共 66 笔 72.2 亿元,涉及金融机构 30 家,银行业金融机构为主要参与者。当日提交集中清算的人民币利率互换交易中,以 FR007 为参考利率的交易 53 笔共 33.2 亿元,以 SHIBOR_O/N 为参考利率的交易 7 笔共 35 亿元,以 SHIBOR_3M 为参考利率的交易 6 笔共 4 亿元,其中当日代理清算业务 13 笔共 11.5 亿元,占当日人民币利率互换集中清算业务总量的 16%。上海清算所:《7 月 1 日利率互换集中清算 72.2 亿元 代理清算业务运行平稳》,载 https://www.shclearing.com.cn/gywm/xwdt/201407/t20140701_41353.html,最后访问日期:2024 年 7 月 29 日。

[2] 为满足市场参与者对中长期限产品的交易需求,2017 年 7 月 24 日外汇交易中心在 X-Swap 平台新增参考利率为 FR007、SHIBOR_3M,期限在 5 年以上的人民币利率互换合约。

[3] 参见银行间市场清算所股份有限公司《关于将人民币利率互换集中清算产品期限延长至 10 年的公告》。

[4] LPR1Y 利率互换上线首日,上海清算所共清算 LPR1Y 利率互换 27 笔,名义本金合计 25 亿元,交通银行、南京银行、中信证券等机构参与业务。参见上海清算所:《LPR 互换来了!利率互换集中清算再添新品种》,载 https://www.shclearing.com.cn/gywm/xwdt/202111/t20211108_960843.html,最后访问日期:2022 年 5 月 1 日。

第一章　上海清算所集中清算场外金融衍生品的风险与我国清算机构场外金融衍生品集中清算风险监管立法建议

的利率互换集中清算产品，使得上海清算所成为全球首家为贷款市场报价利率（LPR1Y）利率互换提供集中清算服务的清算机构。[1]

目前在全球场外衍生品市场中，利率衍生品的集中清算率是最高的。[2] 将人民币利率互换选择为我国银行间市场首个开展集中清算业务的场外金融衍生产品，主要考量因素如下：

第一，我国利率等要素价格市场化改革正处于关键时期，利率市场化的推进将引发金融机构管理利率波动风险的需求，带来以利率互换为代表的场外金融衍生产品的快速发展。在这一关键阶段，及时建立场外金融衍生产品集中清算机制，以防范场外金融衍生品快速发展可能产生的风险，将有利于加速利率市场化改革。

第二，相较于交易所交易衍生品，场外衍生品往往是定制且流动性相对较低，通常存续期更长、更为复杂。[3] 而衡量某种场外金融衍生品是否适合在清算机构进行集中清算，应考虑合约标准化程度、产品流动性和交易量等因素。[4]

其中，合约标准化是场外金融衍生品集中清算的前提，这是

---

〔1〕 参见上海清算所 2021 年 11 月 3 日发布的《关于上线人民币利率互换集中清算系统 LPR 版本的公告》。参见上海清算所：《LPR 互换来了！利率互换集中清算再添新品种》，载 https://www.shclearing.com.cn/gywm/xwdt/202111/t20211108_960843.html，最后访问日期：2022 年 5 月 1 日。

〔2〕 See BIS, Statistical Release: OTC Derivatives Statistics at End-June 2018, October 2018, p.5; ISDA, ISDA Legal Guidelines for Smart Derivatives Contracts: Interest Rate Derivatives, February 2020, p.6.

〔3〕 ISDA, *CCP Best Practices*, January 2019, p.4；[英] 乔恩·格雷戈里：《中央对手方场外衍生品强制集中清算和双边保证金要求》，银行间市场清算所股份有限公司译，中国金融出版社 2017 年版，第 11~12、53~54、267~269 页。

〔4〕 陈兰兰：《清算机构场外衍生品集中清算风险监管研究》，载《金融监管研究》2014 年第 1 期；ISDA, CCP Best Practices, January 2019, p.7; ISDA, *CCP Best Practices*, January 2019, p.7.

因为合约标准化有利于相同合约之间的多边轧差，在清算会员违约时更易替换合约平仓，且合约标准化带来稳健的交易确认和处理方法将有利于集中清算业务运行平稳。

中央对手方集中清算的场外金融衍生品应具有流动性，其原因是流动性较高的场外金融衍生品在清算会员违约时更易平仓，而流动性较低的衍生品在市场波动时期会有较高的买卖价差与较大的风险溢价和反向价格波动。[1]

利率互换产品具有下列特征：一是利率互换产品结构简单、相对标准化，易于实现集中清算。在2021年11月8日之前，我国金融市场中利率互换产品主要为固定利率对浮动利率互换，浮动端参考利率主要是上海银行间同业拆放利率（SHIBOR）和银行间质押式回购利率两类。2011年以来以这两类利率为浮动端参考利率的利率互换交易是主要的交易品种，二者合计占市场总成交量的95%以上。二是在场外衍生品交易市场中，利率衍生品的流动性相对较高。[2]三是我国利率互换市场发展迅速，具有开展集中清算业务的相应市场规模。自2006年2月我国开展利率互换业务试点以来，利率互换交易量迅速增长。同时，参与利率互换交易的金融机构相对集中，交易量排名前40位的机构占据了

---

〔1〕 值得注意的是，场外金融衍生品合约可以标准化但产品仍保持复杂，比如信用衍生品尽管合约标准化程度很高，但在合约标准化后仍保持其复杂性，在产品流动性方面，信用违约互换相较于利率互换产品的流动性较低，合约标准化通常不会使得场外衍生品变得简单或更具有流动性，而可能仅是隐藏了其复杂性。参见［英］乔恩·格雷戈里：《中央对手方外衍生品强制集中清算和双边保证金要求》，银行间市场清算所股份有限公司译，中国金融出版社2017年版，第81页、148~150、268~269、323页；ISDA, ISDA Legal Guidelines for Smart Derivatives Contracts: Credit Derivatives, November 2020, pp. 9, 12~24.

〔2〕 ISDA, ISDA Legal Guidelines for Smart Derivatives Contracts: Interest Rate Derivatives, February 2020, p. 5.

第一章　上海清算所集中清算场外金融衍生品的风险与我国清算机构场外金融衍生品集中清算风险监管立法建议

90%的市场份额。此种市场结构能够实现集中清算的规模效应。[1]

上海清算所对在外汇交易中心交易系统达成交易或在外汇交易中心交易确认系统确认时选择集中清算的人民币利率互换进行集中清算。人民币利率互换集中清算要素详见表1-1。

表1-1　人民币利率互换集中清算要素表[2]

基本要素			
固定利率支付方	清算参与者（清算会员或非清算会员）	浮动利率支付方	清算参与者（清算会员或非清算会员）
成交日	不限	名义本金（万元）	最小交易量10万元，最小变动单位10万元
起息日	普通合约	不限	首期起息日	等于起息日
	IMM合约	3/6/9/12月的第三个周三，不做节假日调整		

---

[1] 从人民币利率互换双边清算与集中清算的优劣比较来看，传统双边清算模式下利率互换存续期内的利息计算、对手方授信管理、盯市损益和风险敞口计算繁杂，操作环节较多，对市场机构中后台运行压力很大。对人民币利率互换进行集中清算，统一了利息计算、盯市损益和风险敞口计算的标准，实行净额轧差机制，由上海清算所进行具体计算工作和风险管理，可扩大市场参与者交易对手的选择范围，释放原交易双方之间的授信额度，有利于促进交易。参见高国华：《风险控制是集中清算机制的核心：访上海清算所董事长许臻》，载《金融时报》2014年2月27日。

[2] 《银行间市场清算所股份有限公司集中清算业务指南（2024年版）》。

续表

基本要素				
到期日	普通合约	不限	交易剩余期限	期限范围：5天（含）至10年（含）[Shibor_O/N、LPR1Y最长剩余期限为3年（含）]；交易期限为支付周期的整数倍。
	IMM 合约	3/6/9/12月的第三个周三		
支付日营业日准则	经调整的下一营业日。即：若支付日非营业日，则顺延至下一营业日，但如果下一营业日跨至下个月，则提前至上一营业日。		计息天数调整	实际天数调整。即：若支付日发生调整，计息天数按实际天数进行调整
固定利率支付明细				
固息支付周期	同浮动利率支付周期			
固息计息方式	单利		固息计息基准	A/365
浮动利率支付明细（一）				

参考利率	重置周期	支付周期		计息方式	计息基准
SHIBOR_O/N	天	普通合约	季、期满	复利	A/360
		IMM 合约	季（IMM周期 3/6/9/12月的第三个周三）		
FR007	周	普通合约	季、期满	复利	A/365
		IMM 合约	季（IMM周期 3/6/9/12月的第三个周三）		

续表

基本要素					
SHIBOR_3M	季	普通合约	季	单利	A/360
		IMM 合约	季（IMM 周期 3/6/9/12 月的第三个周三））		
LPR1Y	季	季		单利	A/360
浮动利率支付明细（二）					
参考利率	重置日规则	利率确定日	参考利率取值		负利率处理
SHIBOR_O/N	每个支付周期内，第一个利率重置日为本支付周期的首日，其余重置日按照重置周期依次类推。尾部可以有残端	重置日当日。当日没有参考利率时，依次取前一有参考利率营业日	中国人民银行授权全国银行间同业拆借中心于利率确定日上午 11：00 在 www.shibor.org 发布的上海银行间同业拆放利率		负利率方法：浮动利率支付方的应付金额为零，固定利率支付方应付金额应加上应付浮动金额的绝对值。
FR007		重置日前一日。当日没有参考利率时，依次取前一有参考利率营业日	中国人民银行授权全国银行间同业拆借中心于利率确定日上午 11：30 在 www.chinamoney.com.cn 发布的 7 天回购定盘利率		
SHIBOR_3M			中国人民银行授权全国银行间同业拆借中心于利率确定日上午 11：00 在 www.shibor.org 发布的上海银行间同业拆放利率。		

续表

基本要素				
LPR1Y			中国人民银行授权全国银行间同业拆借中心于每月20日上午9：30在www.chinamoney.com.cn 发布的1年期贷款市场报价利率（LPR1Y）。www.shibor.org发布的上海银行间同业拆放利率	

2. 标准利率互换

标准利率互换是指在银行间市场交易的，参考利率、合约期限、结算日等产品要素标准化的利率互换合约，是标准利率衍生产品的一种。

为便利市场机构更好地管理短端利率风险，[1]促进利率衍生品市场发展，上海清算所自2023年11月28日起为在中国外汇交易中心暨全国银行间同业拆借中心（以下简称"外汇交易中心"）采用X-Swap交易方式、通过本币交易系统达成的标准利率互换[2]提供集中清算服务。标准利率互换挂钩3个月期主要全国性银行同业存单发行利率指标PrimeNCD，采用实时承接的集中清算方式和现金交割的结算方式。上海清算所可参与人民币利率互换集中清算业务的清算会员可直接参与标准利率互换集中

---

[1] 参见《中国场外金融衍生品市场发展报告》（2023年度）。
[2] 已在外汇交易中心入市利率互换市场的银行间市场成员可直接开展标准利率互换交易。参见全国银行间同业拆借中心、上海清算所2023年11月24日联合发布的《全国银行间同业拆借中心和银行间市场清算所股份有限公司关于优化标准利率互换交易清算服务的通知》。

第一章 上海清算所集中清算场外金融衍生品的风险与我国清算机构场外金融衍生品集中清算风险监管立法建议

清算业务。[1]

为满足市场机构对更长期限的利率风险管理需求，经中国人民银行批准，自2025年4月7日起，中国外汇交易中心开展挂钩1年期主要全国性银行同业存单发行利率指标PrimeNCD的标准利率互换合约交易，上海清算所为该1年期同业存单标准利率互换合约交易提供集中清算服务，[2]采用现金交割的结算方式。标准利率互换现有已入市机构可直接开展1年期同业存单标准利率互换合约交易和集中清算业务，可有助于商业银行、证券公司等匹配存单资产久期、管理负债成本，同时便于同业存单投资机构对冲短端关键期限点的利率风险。[3]

上海清算所提供集中清算服务的标准利率互换集中清算要素详见表1-2。

---

[1] 参见全国银行间同业拆借中心、上海清算所2023年11月24日联合发布的《全国银行间同业拆借中心和银行间市场清算所股份有限公司关于优化标准利率互换交易清算服务的通知》、全国银行间同业拆借中心2023年11月24日发布的《全国银行间同业拆借中心标准利率互换交易规则》和《银行间市场清算所股份有限公司集中清算业务指南（2024年版）》。参见上海清算所研究统计部：《上海清算所中央对手清算业务运行分析报告（2018年）》，载上海清算所内部刊物《会员通讯》2019年第3期。

[2] 上线首日，1年期同业存单标准利率互换合约交易清算66笔，名义本金146.3亿元，上海银行、华泰证券、中金公司等22家机构参与首日交易。参见上海清算所：《1年期同业存单标准利率互换成功上线》，载https://www.shclearing.com.cn/gywm/xwdt/202504/t20250407_1567806.html，最后访问日期：2025年4月7日。

[3] 上海清算所：《1年期同业存单标准利率互换成功上线》，载https://www.shclearing.com.cn/gywm/xwdt/202504/t20250407_1567806.html，最后访问日期：2025年4月7日。在资产端，同业存单标准利率互换为市场机构提供了精准对冲同业存单利率波动、开展主动负债管理、锁定成本的有效工具；在负债端，商业银行、证券公司、资管产品以同业存单作为短期限资产、以长期利率债作为长期限资产，同业存单标准利率互换有助于市场机构优化资产端久期分布，对冲同业存单资产利率上行风险。参见《中国场外金融衍生品市场发展报告》（2023年度）。

表1-2 标准利率互换集中清算要素表[1]

3个月同业存单利率互换

合约品种	3个月同业存单利率互换
合约代码	合约代码由浮动利率名称、合约期限和到期月份组成 PrimeNCD3M_ 2309、PrimeNCD3M_ 2310 PrimeNCD3M_ 2312、PrimeNCD3M_ 2311 PrimeNCD3M_ 2403 PrimeNCD3M_ 2406
合约月份	4个季月合约和不在季月循环里的最近2个日历月合约
到期结算日	合约月份的第三个星期三,若非工作日,则调整到下一工作日(D日)
最后交易日	结算日前一个工作日(D-1日)
新合约上市日	前一个合约最后交易日的下一个工作日(D日)
最小报价单位	0.0001%(0.01bp)
合约面值	1000万(1手)
报价收益率	为最后交易日(D-1日)PrimeNCD3M的预期值(年化利率),单位:%,精确到0.0001%
浮动利率支付明细 参考利率	PrimeNCD3M
浮动利率支付明细 支付周期	期满
浮动利率支付明细 计息周期	计息期首日为结算日的下一个工作日(D+1日),计息期尾日为计息期首日往后3M对应的日历日。
浮动利率支付明细 计息方式	单利
浮动利率支付明细 计息基准	A/A-bond

[1] 《银行间市场清算所股份有限公司集中清算业务指南(2024年版)》和《全国银行间同业拆借中心 银行间市场清算所股份有限公司关于增加1年期同业存单标准利率互换合约的通知》附件1年期同业存单标准利率互换合约要素。

第一章　上海清算所集中清算场外金融衍生品的风险与我国清算机构场外金融衍生品集中清算风险监管立法建议

续表

合约品种	3个月同业存单利率互换
利率确定日	D-1日
参考利率取值	中国人民银行授权交易中心于利率确定日 XX：00 在 www.XXX.com 发布的 PrimeNCD3M 利率
到期结算利率	货币网公布的最后交易日的 PrimeNCD3M 的数值（年化利率）
累计到期结算金额	（合约到期结算利率-合约成交价）×合约面值× A/A
挂牌基准利率	合约上市前一营业日交易中心的同业存单（AAA）收盘收益率曲线推算出的对应计息期的远期利率
每日结算利率	1. 取当日最后1小时成交的加权价格，该时段因系统故障等原因导致交易中断的，扣除中断时间后向前取满相应时段； 2. 若最后1小时成交笔数少于5笔，则取当日最后5笔交易的加权价格； 3. 若全天该合约成交笔数少于5笔，取最后一小时的（bid132的平均+ofr平均）×0.5； 4. 若无报价或出现其他难以确定结算利率的情况，则可取前一日结算利率（如为合约上市首日，则取挂牌基准利率）或交易中心计算的其他利率。
保证金率	各合约保证金率由上海清算所定期测算并公布
交易时间	银行间市场交易日 9：00-12：00，13：30-16：30
清算方式	集中清算
结算方式	现金结算

1年同业存单利率互换

合约品种	1年期同业存单利率互换
合约标的	1年期全国性银行同业存单发行利率（PrimeNCD1Y）

续表

合约品种	1年期同业存单利率互换
合约代码	PrimeNCD1Y_2503
合约面值	1000万（1手）
合约月份	4个季月合约和不在季月循环里的最近2个日历月合约
报价收益率	为最后交易日PrimeNCD1Y的预期值（年化利率）单位:%，精确到0.0001%
最小报价单位	0.0001%（0.01bp）
合约计息期首日	到期结算日的下一个营业日
合约计息期尾日	计息期首日往后1Y对应的日历月。如遇节假日，调整为下一个营业日
计息方式/基准	单利，A/A-bond
结算方式	现金结算
到期结算日	到期月份的第三个周三（D日）
最后交易日	到期结算日前一个工作日（D-1日）
新合约上市日	前一个合约最后交易日的下一个营业日（D日）
到期结算利率	货币网公布的最后交易日的PrimeNCD1Y的数值（年化利率）
累计到期结算金额	（合约到期结算利率-合约成交价）×合约面值×A/A-Bond
挂牌基准利率	合约上市前一营业日同业拆借中心同业存单（AAA）和商业银行普通金融债（AAA）到期收盘收益率曲线推算出的对应计息期的远期利率
每日结算利率	（1）取当日最后1小时成交的加权价格，该时段因系统故障等原因导致交易中断的，扣除中断时间后向前取满相应时段； （2）若最后1小时成交笔数少于5笔，则取当日最后5笔交易的加权价格；

第一章　上海清算所集中清算场外金融衍生品的风险与我国清算机构场外金融衍生品
集中清算风险监管立法建议

续表

合约品种	1年期同业存单利率互换
每日结算利率	（3）若全天该合约成交笔数少于5笔，取最后一小时的（bid的平均+ofr平均）×0.5； （4）若无报价或出现其他难以确定结算利率的情况，则可取前一日结算利率（如为合约上市首日，则取挂牌基准利率）或同业拆借中心计算的其他利率
涨跌幅	50BP
头寸报告标准	1. 当全市场总持仓达到2万手时，单个参与者总持仓占市场总持仓量超过5%的，应当向同业拆借中心履行报告义务。 2. 达到以下标准之一的，同业拆借中心可以要求相关参与者履行报告义务： （1）参与者总持仓占市场总持仓量超过20%的； （2）其他同业拆借中心要求报告的情形。

3. 标准债券远期

标准债券远期是标准利率衍生产品的一种，[1]是指在银行间市场交易的标的债券、交割日等产品要素标准化的债券远期合约，包括标准国债远期合约、标准政策性银行债远期合约等。[2]

上海清算所自2015年4月7日起为银行间债券市场成员通过外汇交易中心交易系统进行的标准债券远期交易提供集中清算服务，[3]自2015年11月30日起为通过外汇交易中心X-Swap系统达成的标准债券远期交易提供集中清算服务，[4]自2015年6月

---

[1] 外汇交易中心自2014年11月3日起推出到期日、期限等产品要素标准化的利率互换、远期利率协议等标准利率衍生产品，自2015年4月7日起推出属于标准利率衍生产品的标准债券远期。

[2] 参见《全国银行间债券市场标准债券远期交易规则（试行）》。

[3] 参见上海清算所2015年发布的《标准债券远期集中清算业务规则》。

[4] 参见《全国银行间同业拆借中心银行间市场清算所股份有限公司关于标准债券远期通过X—Swap系统交易并集中清算的通知》。

29日起推出标准债券远期集中清算代理业务。[1]2020年10月，上海清算所推出农发债标准债券远期业务，将标的债券由国开债进一步拓展至农发债。[2]2021年11月24日，上海清算所与外汇交易中心联合推出标准债券远期实物交割机制，上海清算所为标准债券远期实物交割合约提供集中清算服务，首批实物交割合约品种为2年期国开绿债标准债券远期实物交割合约和2年期、7年期农发债标准债券远期实物交割合约。[3]经中国人民银行批准，自2025年2月24日起，外汇交易中心开展3年期和7年期国开债标准债券远期实物交割合约交易业务，上海清算所为在同业拆借中心达成的3年期和7年期国开债标准债券远期实物交割合约交易提供集中清算服务。[4]

目前，上海清算所对交易双方在外汇交易中心交易系统达成、选择集中清算[5]的现金交割和实物交割[6]的标准债券远期

---

[1] 参见《银行间市场清算所股份有限公司关于开展标准债券远期集中清算代理业务的公告》。

[2] 上海清算所：《上海清算所中央对手方清算业务金融市场基础设施原则信息披露（2023）》，载 https://www.shclearing.com.cn/cpyyw/ywgz/detail_38.html?productDocClient/detail/4028528186849b5b0186969a017c22fc，最后访问日期：2024年11月2日。

[3] 标准债券远期合约上线交易首日，共清算标准债券远期实物交割合约12.2亿元，中信证券、上海银行等清算会员和申万宏源证券、海通证券等代理客户共28家机构参与交易。上海清算所：《上海清算所双支柱业务联动再升级，标准债券远期实物交割顺利推出》，载 https://www.shclearing.com.cn/gywm/xwdt/202111/t20211124_970298.html，最后访问日期：2024年11月2日。

[4] 参见《银行间市场清算所股份有限公司、全国银行间同业拆借中心关于增加3年期和7年期国开债标准债券远期实物交割合约的通知》。

[5] 标准债券远期合约的清算方式为中央对手方集中清算或者经中国人民银行批准的其他方式清算。参见《全国银行间债券市场标准债券远期交易规则（试行）》。

[6] 上海清算所：《上海清算所中央对手方清算业务金融市场基础设施原则信息披露（2023）》，载 https://www.shclearing.com.cn/cpyyw/ywgz/detail_38.html?productDocClient/detail/4028528186849b5b0186969a017c22fc，最后访问日期：2024年11月2日。

第一章　上海清算所集中清算场外金融衍生品的风险与我国清算机构场外金融衍生品集中清算风险监管立法建议

进行集中清算。其中，现金交割合约包括：票面利率为3%的3年期、5年期和10年期虚拟国开债合约和票面利率为3%的5年期和10年期虚拟农发债合约等；[1]实物交割合约包括：票面利率为3%的虚拟国开债合约和票面利率为3%的虚拟农发债、3年期和7年期国开标债实物交割合约。[2]

表1-3　标准债券远期现金交割合约要素表[3]

产品种类	国开债标准债券远期现金交割合约	农发债标准债券远期现金交割合约
合约品种	3年期、5年期和10年期国开债标准债券远期现金交割合约	5年期和10年期农发债标准债券远期现金交割合约
合约代码	合约代码由标的债券缩写和到期月份组成 CDB3_2112、CDB3_2203 CDB5_2112、CDB5_2203 CDB10_2112、CDB10_2203	合约代码由标的债券缩写和到期月份组成 ADBC5_2112、ADBC5_2203 ADBC10_2112、ADBC10_2203
合约标的	票面利率为3%、按年付息的3年期、5年期和10年期虚拟国开债	票面利率为3%、按年付息的5年期和10年期虚拟农发债

---

[1] 参见《银行间市场清算所股份有限公司、全国银行间同业拆借中心关于增加3年期和7年期国开债标准债券远期实物交割合约的通知》。

[2] 目前现金交割的标准债券远期合约是主要交易品种。参见《中国场外金融衍生品市场发展报告》（2023年度）。标准债券远期业务的市场成员（清算会员和非清算会员）均可开展实物交割业务。实物交割业务参与者分为买方（付款方）和卖方（付券方）。买方（付款方）的实物交割合约净头寸为正，合约交割时支付价款以获得相应的可交割债券。卖方（付券方）的实物交割合约净头寸为负，合约交割时转移可交割债券所有权以获得对应价款。标准债券远期实物交割采用滚动交割机制，分为滚动交割阶段和集中交割阶段。滚动交割阶段为自合约进入交割月份后第一个工作日至合约最后交易日前一工作日。最后交易日交易闭市后，全市场未平仓头寸进入最后一轮集中交割阶段。参见《银行间市场清算所股份有限公司集中清算业务指南（2024年版）》。

[3] 《银行间市场清算所股份有限公司集中清算业务指南（2024年版）》。

· 041 ·

续表

产品种类	国开债标准债券远期现金交割合约	农发债标准债券远期现金交割合约
合约月份	最近的2个季月	
合约到期交割日（D日）	合约月份的第三个星期三，若非营业日则调整到下一营业日	
最后交易日	交割日前一个营业日（D-1日）	
新合约上市日	旧合约交割日	
报价方式	百元报价	
最小价格变动单位	0.005元	
单位报价量	1000万	
价格涨跌幅	每日价格涨跌停板幅度，为上一交易日结算价的±百分比，合约上市首日涨跌停板幅度为挂牌基准价的±百分比。	
清算方式	集中清算	
结算方式	现金交割	
可交割债券	为一篮子债券，由外汇交易中心商上海清算所后确定或调整： 1. 合约上市日发布，合约存续期内不变； 2. 按待偿期范围选取固息、不含权、按年付息、合约上市前21个营业日流动性最好的2只国开债，若有并列则发行较晚的优先； 3. 待偿期范围：按合约交割日计算待偿期范围。	为一篮子债券，由外汇交易中心商上海清算所后确定或调整： 1. 合约上市日发布，合约存续期内不变； 2. 按待偿期范围选取固息、不含权、按年付息、合约上市前21个营业日流动性最好的2只农发债，若有并列则发行较晚的优先； 3. 待偿期范围：按合约交割日计算待偿期范围。

第一章　上海清算所集中清算场外金融衍生品的风险与我国清算机构场外金融衍生品集中清算风险监管立法建议

续表

产品种类	国开债标准债券远期现金交割合约	农发债标准债券远期现金交割合约
保证金率	各合约保证金率由上海清算所定期测算并公布。国开债标准债券远期合约与农发债标准债券远期合约一同计算并征收。	

表1-4　标准债券远期实物交割合约要素表[1]

产品种类	国开债标准债券远期实物交割合约	农发债标准债券远期实物交割合约
合约品种	国开债标准债券远期实物交割合约	农发债标准债券远期实物交割合约
合约代码	合约代码由标的债券缩写和到期月份组成，结尾以P标识 CDB2_2112P CDB2_2203P	合约代码由标的债券缩写和到期月份组成，结尾以P标识 ADBC2_2112P ADBC2_2203P ADBC7_2112P ADBC7_2203P
合约标的	票面利率为3%的虚拟国开债	票面利率为3%的虚拟农发债
合约月份	最近的2个季月，即合约交割月份	
合约到期交割日（D日）	合约月份的第三个星期三，若非营业日则调整到下一营业日	
最后交易日	交割日前一个营业日（D-1日）	
新合约上日	业务上线日、旧合约交割日	
报价方式	百元报价	

[1]《银行间市场清算所股份有限公司集中清算业务指南（2024年版）》。

· 043 ·

续表

产品种类	国开债标准债券远期实物交割合约	农发债标准债券远期实物交割合约
最小价格变动单位	0.005元	
单位报价量	1000万	
价格涨跌幅	每日价格涨跌停板幅度，为上一交易日结算价的±百分比，合约上市首日涨跌停板幅度为挂牌基准价的±百分比。	
清算方式	集中清算	
结算方式	实物交割	
可交割债券	为一篮子债券，由外汇交易中心商上海清算所后确定或调整： 1. 按待偿期范围选取银行间市场托管的、固息、不含权的一篮子国开债； 2. 待偿期范围：按合约到期月份首日计算待偿期范围。	为一篮子债券，由外汇交易中心商上海清算所后确定或调整： 1. 按待偿期范围选取银行间市场托管的、固息、不含权的一篮子农发债； 2. 待偿期范围：按合约到期月份首日计算待偿期范围。
保证金率	各合约保证金率由上海清算所定期测算并公布。上海清算所采用梯度保证金制度对实物交割合约收取保证金，从交割月份前两个交易日日终结算时起提高该交割月份合约保证金率，并向市场公布。	

2014年至2022年上海清算所利率衍生品市场中央对手清算量详见表1-5。

第一章　上海清算所集中清算场外金融衍生品的风险与我国清算机构场外金融衍生品集中清算风险监管立法建议

表1-5　上海清算所利率衍生品市场中央对手清算量[1]

单位：万亿	2014年	2015年	2016年	2017年	2018年	2019年	2020年	2021年	2022年
利率衍生品市场	2.31	8.12	9.82	14.31	21.25	18.33	19.50	21.14	21.03

从上海清算所利率衍生品集中清算业务实践看，目前利率衍生品集中清算以利率互换为主，标准债券远期[2]占比很低。[3]

---

[1]　参见上海清算所：《上海清算所中央对手方清算业务金融市场基础设施原则信息披露（2016）》，载http://www.shclearing.com/cpyyw/pfmi/detail_38.html?productDocClient/detail/40285281688bb7ba01688d2357660cc3，最后访问日期：2025年3月12日；上海清算所：《上海清算所中央对手方清算业务金融市场基础设施原则信息披露（2017）》，载http://www.shclearing.com/cpyyw/pfmi/detail_38.html?productDocClient/detail/40285281688bb7ba01688d13679b0280，最后访问日期：2025年3月12日；上海清算所：《上海清算所中央对手方清算业务金融市场基础设施原则信息披露（2018）》，载http://www.shclearing.com/cpyyw/pfmi/detail_38.html?productDocClient/detail/40 285281688bb7ba01688d2d42fb0ccf，最后访问日期：2025年3月12日；上海清算所：《上海清算所中央对手方清算业务金融市场基础设施原则信息披露（2019）》，载http://www.shclearing.com/cpyyw/pfmi/detail_38.html?productDocClient/detail/40285 28169184205016922f08b 680245，最后访问日期：2025年3月12日；上海清算所：《上海清算所中央对手方清算业务金融市场基础设施原则信息披露（2020）》，载https://www.shclearing.com/cpyyw/ywgz/detail_38.html?productDocClient/detail/402852817068ee 1101708b2b093d1f88，最后访问日期：2025年3月12日；上海清算所：《上海清算所中央对手方清算业务金融市场基础设施原则信息披露（2021）》，载https://www.shclearing.com.cn/cpyyw/ywgz/detail_38.html?productDocClient/detail/4028528177bb78f80177 dda81f1915b5，最后访问日期：2025年3月12日；上海清算所：《上海清算所中央对手方清算业务金融市场基础设施原则信息披露（2022）》，载https://www.shclearing.com.cn/cpyyw/ywgz/detail_38.html?productDocClient/detail/402852817f3210 50017f 44e2020872d3，最后访问日期：2025年3月12日；上海清算所：《上海清算所中央对手方清算业务金融市场基础设施原则信息披露（2023）》，载https://www.shclearing.com.cn/cpyyw/ywgz/detail_38.html?productDocClient/detail/4028528186849b5b0186 969a017c22fc，最后访问日期：2025年3月12日。

[2]　上海清算所2018年、2022年、2023年标准债券远期清算名义本金分别累计达796.2亿元、0.26万亿元、3088.2亿元，2018年3年期、5年期、10年期标准

·045·

其中，在上海清算所集中清算的利率互换产品中，从浮息端基准利率类型看，以参考FR007的合约为主，[1]期限以1年期及以下

（接上页）债券远期占比分别为0.28%、6.04%、93.68%；2022年以国开债和农发债虚拟券为远期标的现金交割的合约2429.6亿元，以国开债和农发债实物券为远期标的的实物交割的合约170.4亿元；2023年参考国开债的合约1465.9亿元，参考农发债的合约1622.3亿元。参见上海清算所研究统计部：《上海清算所中央对手清算业务运行分析报告（2018年）》，载上海清算所内部刊物《会员通讯》2019年第3期；张羽、许成吉：《上海清算所集中清算业务运行分析（2022年12月）》，载上海清算所内部刊物《会员通讯》2022年第11期；《上海清算所集中清算业务运行分析》，载上海清算所内部刊物《会员通讯》2024年第1期。

〔3〕2021年，上海清算所累计集中清算利率衍生品255 774笔，规模211 449亿元，其中人民币利率互换清算规模208 834亿元，占比98.8%，标准债券远期清算规模2615亿元，占比1.2%，分别占当年上海清算所中央对手清算规模（149.89万亿元）的13.93%、0.18%。2022年，上海清算所集中清算利率衍生品246454笔，名义本金合计21.03万亿元，其中人民币利率互换清算规模20.77万亿元，占比98.8%，标准债券远期清算规模0.26万亿元，占比1.2%，分别占当年上海清算所中央对手清算规模（150.7万亿元）的13.78%、0.17%；2023年，上海清算所集中清算利率衍生品35.4万笔，名义本金合计31.33万亿元，其中人民币利率互换清算31.02万亿元，占比99%，标准债券远期清算3088.2亿元，占比1%，分别占当年上海清算所中央对手清算规模（174.6万亿元）的17.77%、0.18%。2024年，上海清算所集中清算利率互换354 177.7亿元，标准债券远期清算规模10 665.9亿元，分别占当年上海清算所中央对手清算规模（210.61万亿元）的16.82%、0.51%。参见张羽、许成吉：《上海清算所集中清算业务运行分析（2021年12月）》，载https://www.shclearing.com.cn/sjtj/ywfx/202201/t20220124_998865.html，最后访问日期：2024年4月2日；张羽、许成吉：《上海清算所集中清算业务运行分析（2022年12月）》，载上海清算所内部刊物《会员通讯》2022年第11期；张羽、许成吉：《上海清算所集中清算业务运行分析》，载上海清算所内部刊物《会员通讯》2024年第1期；《上海清算所集中清算业务运行分析（2024年12月）》，载https://www.shclearing.com.cn/sjtj/ywfx/2025 01/t20250127_1540414.html，最后访问日期：2025年4月2日。

〔1〕2023年上海清算所集中清算的利率互换合约中，参考FR007的合约28.58万亿元，占比92.12%；参考Shibor_3M的合约2.32万亿元，占比7.47%；参考Shibor_O/N的合约53.5亿元，占比0.02%；参考1年期LPR的合约1192.6亿元，占比0.38%；参考相关同业存单发行利率指标的标准合约31.9亿元，占比0.01%。2024年，上海清算所集中清算人民币利率互换交易33.5万笔，名义本金合计35.42万亿元，从浮息端基准利率类型看，参考FR007的合约31.22万亿元，参考相关同业存单

第一章　上海清算所集中清算场外金融衍生品的风险与我国清算机构场外金融衍生品集中清算风险监管立法建议

为主。[1]

（二）外汇衍生品中央对手方清算

中国外汇交易中心分别于 2011 年 4 月 1 日、2015 年 2 月 16 日、2016 年 5 月 3 日在银行间外汇市场[1]推出人民币对外汇普通欧式期权交易、标准化人民币外汇掉期交易、标准化人民币外汇远期交易。[2]

在人民币外汇衍生品交易集中清算方面，上海清算所自 2014 年 11 月 3 日起开展期限在 1 年以内、货币对为美元/人民币的人民币外汇远期、掉期询价交易中央对手方清算业务，[3]自 2024 年 3 月起将人民币外汇远期、掉期的可清算期限由 1 年拓展至 5 年；[4]自 2016 年 8 月 15 日起开展期限在 1 年以内的美元对人民币

（接上页）发行利率的合约 3.06 万亿元，参考 Shibor_3M 的合约 1.06 万亿元，参考 Shibor_O/N 的合约 30.5 亿元。参见张羽、许吉成：《上海清算所集中清算业务运行分析载上海清算所内部刊物《会员通讯》2024 年第 1 期；张羽、许吉成：《上海清算所集中清算业务运行分析（2024 年 12 月）》，载 https://www.shclearing.com.cn/sjtj/ywfx/202501/t20250127_1540414.html，最后访问日期：2025 年 4 月 2 日。

[1] 参见上海清算所研究统计部：《上海清算所中央对手清算业务运行分析报告（2018 年）》，载上海清算所内部刊物《会员通讯》2019 年第 3 期。在利率互换交易实践中，亦是利率互换合约的期限主要集中于 1 年及 1 年以下，参考利率以 FR007 为主。参见《中国场外金融衍生品市场发展报告》（2021 年度）、《中国场外金融衍生品市场发展报告》（2022 年度）。

[2] 我国银行间外汇市场包括人民币外汇市场、外币对市场和外币拆借市场，其中人民币外汇市场是市场参与者之间通过外汇交易中心进行人民币外汇交易的市场。参见《中国外汇交易中心产品指引（外汇市场）》V3.4。

[3] 2014 年 11 月 3 日提交外汇询价中央对手方清算的交易 879 笔 129.94 亿美元，其中人民币外汇远期交易 8 笔 1.94 亿美元，人民币外汇掉期交易 84 笔 30.2 亿美元。

[4] 参见《银行间市场清算所股份有限公司集中清算业务指南（2024 年版）》。上海清算所：《上海清算所中央对手方清算业务金融市场基础设施原则信息披露（2023）》，载 https://www.shclearing.com.cn/cpyyw/ywgz/detail_38.html?productDocClient/detail/4028528186849b5b0186969a017c22fc，最后访问日期：2023 年 9 月 16 日。

·047·

普通欧式期权的人民币外汇期权询价交易中央对手清算业务[1]。上海清算所于2015年4月27日推出人民币外汇交易中央对手清算代理业务。2020年11月，上海清算所进一步拓展外汇中央对手清算业务的清算期限和清算品种，将T+1日交易以及外汇期权组合交易纳入中央对手清算。[2]

在外币对衍生品交易集中清算方面，上海清算所自2023年3月20日起开展外币对询价交易、撮合交易中央对手清算业务，[3]可清算的产品包括外币对远期交易、外币对掉期交易，支持的货币对为欧元对美元、美元对日元、美元对港币、澳元对美元、英镑对美元。[4]详见表1-6。

---

[1] 人民币外汇期权询价交易纳入中央对手方清算业务，要解决的关键问题包括对波动率曲面的构建方法、报价数据的处理方法和交易估值等处理方法进行验证，以确保外汇期权的估值准确。参见上海清算所：《上海清算所开展场外外汇期权中央对手清算业务》，载https://www.shclearing.com.cn/gywm/xwdt/201608/t20160816_175344.html，最后访问日期：2024年7月30日。

[2] 上海清算所外币对交易中央对手清算业务推出首日，工商银行、交通银行、中国银行、建设银行、上海浦东发展银行、招商证券等24家机构参与业务，2023年3月21日清算所完成首批清算轧差，清算规模约10.57亿美元，清算笔数为280笔。参见阮政卿、程娅婕：《用创新和规范铸就值得信赖的外币对中央对手清算平台——上海清算所推出外币对交易中央对手清算业务》，载上海清算所内部刊物《会员通讯》2023年第3期。

[3] 上海清算所外币对交易中央对手清算业务推出首日，工商银行、交通银行、中国银行、建设银行、上海浦东发展银行、招商证券等24家机构参与业务，2023年3月21日清算所完成首批清算轧差，清算规模约10.57亿美元，清算笔数为280笔。参见阮政卿、程娅婕：《用创新和规范铸就值得信赖的外币对中央对手清算平台——上海清算所推出外币对交易中央对手清算业务》，载上海清算所内部刊物《会员通讯》2023年第3期。

[4]《银行间市场清算所股份有限公司集中清算业务指南（2024年版）》。

第一章　上海清算所集中清算场外金融衍生品的风险与我国清算机构场外金融衍生品集中清算风险监管立法建议

表1-6　外币对衍生品交易中央对手清算产品列表[1]

产品种类			货币	近端结算日	远端结算日
掉期交易	即期对远期	Spot-Forward	EUR/USD、USD/JPY、USD/HKD、AUD/USD、GBP/USD	T+2 日	无
				T+2 日	T+F 日（F≤1Y+2）
	远期对远期	Forward1-Forward2		T+F1 日	T+F2 日（F2≤1Y+2）
远期交易		Forward		无	T+F 日（F≤1Y+2）

上海清算所对通过外汇交易中心交易系统达成或者上海清算所认可的其他方式达成的人民币外汇远期、掉期和期权询价交易[2]，以及通过交易中心系统达成的外币对远期、外币对掉期询价交易以及撮合交易提供中央对手清算服务。

其中，人民币外汇询价交易中央对手清算产品要素详见表1-7。

---

[1]　目前上海清算所提供中央对手清算服务的人民币外汇询价交易还包括交易日（T日）后两个工作日（T+2日）及以内结算的外汇对人民币的即期询价交易（货币对含美元/人民币、欧元/人民币、日元/人民币、英镑/人民币、港币/人民币、澳大利亚元/人民币）。但人民币外汇即期交易不属于外汇衍生品交易。参见《银行间市场集中清算业务指南（2024年版）》。

[2]　人民币外汇远期交易是指交易双方以约定的外汇币种、金额、汇率，在约定的未来某一日期结算的外汇对人民币的交易。人民币外汇掉期交易是指交易双方约定一前一后两个不同的起息日、方向相反的两笔本外币交易，在前一次交易（近端交易）中一方用外汇（或人民币）按照约定汇率从另一方换入人民币（或外汇），在后一次交易（远端交易）中该方再用人民币（或外汇）按照另一约定汇率从另一方换回外汇（或人民币）。人民币外汇期权交易是指在未来某一交易日以约定汇率买卖一定数量外汇资产的权利，期权买方以支付期权费的方式拥有权利，期权卖方收取期权费并在买方选择行权时履行义务。参见《银行间外汇市场人民币外汇交易中央对手清算规则》和《银行间市场清算所股份有限公司集中清算业务指南（2024年版）》。

· 049 ·

表 1-7　人民币外汇询价交易中央对手方清算产品[1]要素表[2]

基本要素			
对手方	清算参与者	成交类型	远期、掉期、期权
成交日期	不限	成交时间	不限
近（远）端起息日	不限	期权到期日	不限
近（远）端交易货币对	远期、掉期、期权：USD/CNY		
近（远）端基础币种	USD、EUR、100JPY、GBP、HKD、AUD	近（远）端成交价格	汇率数值精确到小数点后4位（其中HKD精确到小数点后5位）
近（远）端外币买入量/卖出量	不限	近（远）端人民币买入量/卖出量	不限
期权费	仅适用于外汇期权	期权费交割日	T+1 至期权交割日

外币对衍生品交易中央对手清算产品要素详见表 1-8。

---

[1]　目前上海清算所提供中央对手清算服务的人民币外汇询价交易还包括交易日（T日）后两个工作日（T+2日）及以内结算的外汇对人民币的即期询价交易（货币对含美元/人民币、欧元/人民币、日元/人民币、英镑/人民币、港币/人民币、澳大利亚元/人民币）。但人民币外汇即期交易不属于外汇衍生品交易。参见《银行间市场清算所股份有限公司集中清算业务指南（2024年版）》。

[2]　参见《银行间市场清算所股份有限公司集中清算业务指南（2024年版）》。

第一章 上海清算所集中清算场外金融衍生品的风险与我国清算机构场外金融衍生品集中清算风险监管立法建议

表1-8 外币对衍生品交易中央对手清算产品要素表[1]

基本要素			
对手方	清算参与者	成交类型	远期、掉期
成交日期	不限	成交时间	不限
近（远）端起息日	不限		
近（远）端交易货币对	EUR/USD、USD/JPY、USD/HKD、AUD/USD、GBP/USD		
近（远）端基础币种	USD、EUR、100JPY、GBP、HKD、AUD	近（远）端成交价格	汇率数值精确到小数点后5位
近（远）端外币买入量/卖出量	不限	近（远）端外币买入量/卖出量	不限

2014年至2022年上海清算所外汇及汇率衍生品市场中央对手清算量详见表1-9。

表1-9 上海清算所外汇及汇率衍生品市场中央对手清算量[2]

单位：万亿元	2014年	2015年	2016年	2017年	2018年	2019年	2020年	2021年	2022年
外汇及汇率衍生品市场	16.91	31.72	51.17	66.66	82.75	88.02	92.28	124.96	126.06

---

[1]《银行间市场清算所股份有限公司集中清算业务指南（2024年版）》。
[2] 参见上海清算所：《上海清算所中央对手方清算业务金融市场基础设施原则信息披露（2016）》，载 https://www.shclearing.com.cn/cpyyw/pfmi/detail_38.html?productDocClient/detail/40285281688bb7ba01688d2357660cc3，最后访问日期：2024年7月30日；上海清算所：《上海清算所中央对手方清算业务金融市场基础设施原则信息披露（2017）》，载 https://www.shclearing.com.cn/cpyyw/pfmi/detail_38.html?productDocClient/detail/40285281688bb7ba01688d13679b0280，最后访问日期：2024年7月

从上海清算所外汇及汇率衍生品中央对手清算业务实践看，2023年人民币外汇交易中央对手清算量达135.9万亿元，外币对交易中央对手清算量为1.7万亿元。[1]

其中，在人民币外汇交易中央对手清算业务中，以人民币外汇掉期占比最大，人民币外汇远期和期权产品规模较小。[2]从清

（接上页）30日；上海清算所：《上海清算所中央对手方清算业务金融市场基础设施原则信息披露（2018）》，载 https://www.shclearing.com.cn/cpyyw/pfmi/detail_38.html?productDocClient/detail/40285281688bb7ba01688d2d42fb0ccf，最后访问日期：2024年7月30日；上海清算所：《上海清算所中央对手方清算业务金融市场基础设施原则信息披露（2019）》，载 https://www.shclearing.com.cn/cpyyw/pfmi/detail_38.html?productDocClient/detail/4028528169184205016922f08b680245，最后访问日期：2024年7月30日；上海清算所：《上海清算所中央对手方清算业务金融市场基础设施原则信息披露（2020）》，载 https://www.shclearing.com.cn/cpyyw/pfmi/detail_38.html?productDocClient/detail/402852817068ee1101708b2b093d1f88，最后访问日期：2024年7月30日；上海清算所：《上海清算所中央对手方清算业务金融市场基础设施原则信息披露（2021）》，载 https://www.shclearing.com.cn/cpyyw/ywgz/detail_38.html?productDocClient/detail/4028528177bb78f80177dda81f1915b5，最后访问日期：2024年9月16日；上海清算所：《上海清算所中央对手方清算业务金融市场基础设施原则信息披露（2022）》，载 https://www.shclearing.com.cn/cpyyw/ywgz/detail_38.html?productDocClient/detail/402852817f321050017f44e2020872d3，最后访问日期：2024年9月16日；上海清算所：《上海清算所中央对手方清算业务金融市场基础设施原则信息披露（2023）》，载 https://www.shclearing.com.cn/cpyyw/ywgz/detail_38.html?productDocClient/detail/4028 528186849b5b0186969a017c22fc，最后访问日期：2024年9月16日。

〔1〕 参见《中国场外金融衍生品市场发展报告》（2023年度）。

〔2〕 2021年，上海清算所外汇交易中央对手清算累计2 380 768笔，规模1 249 577亿元，从产品类型看，外汇掉期732 756亿元，占比58.6%；外汇远期2524亿元，占比0.2%；外汇期权42 021亿元，占比3.4%；2022年，上海清算所外汇交易中央对手清算总计266.5万笔，名义本金18.7万亿美元（折合人民币126.06万亿元），其中清算外汇远期2544.9亿元，占比0.2%；外汇掉期74.7万亿元，占比59.3%；外汇期权4.51万亿元，占比3.6%。2023年，上海清算所共清算外汇交易322.6万笔，规模合计137.54万亿元（包括外汇询价及撮合交易中央对手清算137.04万亿元），其中清算外汇远期2497.6亿元，占比0.2%；外汇掉期80.37万亿元，占比58.4%；外汇期权5.38万亿元，占比3.9%。2024年，上海清算所外汇询价及撮合交易中央对手清算

算期限来看，2018年外汇掉期集中清算业务中以即期对远期为主要的清算期限品种，其次是隔夜产品，远期对远期业务规模最小；外汇期权业务中标准化期限的期权占比较大（其中1W、1M、1Y期限产品占比较高），畸零期限的期权占比较小；外汇远期业务中标准化期限的远期占比较高（其中1D、1W、1M期限产品占比较高），畸零期限的远期占比较低。从清算币种来看，外汇远期、掉期和期权的清算币种均为人民币对美元。[1]

（三）信用违约互换集中清算

中国外汇交易中心自2017年5月2日起通过银行间本币交易系统提供信用违约互换交易服务，[2]即交易双方达成的约定在未来一定期限内信用保护买方按照约定标准和方式向信用保护卖方支付信用保护费用，由信用保护卖方就约定的参考实体向信用保护买方提供信用风险保护的金融合约[3]。该产品在结构设计上与

（接上页）159.24万亿元，其中清算外汇远期4033.6亿元，外汇掉期99.09万亿元，外汇期权4.92万亿元。参见张羽、许成吉：《上海清算所集中清算业务运行分析（2021年12月）》，载 https://www.shclearing.com.cn/sjtj/ywfx/202201/t20220124_998865.html，最后访问日期：2023年12月16日；张羽、许成吉：《上海清算所集中清算业务运行分析（2022年12月）》，载上海清算所内部刊物《会员通讯》2022年第11期；《上海清算所集中清算业务运行分析》，载上海清算所内部刊物《会员通讯》2024年第1期；《上海清算所集中清算业务运行分析（2024年12月）》，载 https://www.shclearing.com.cn/sjtj/ywfx/202501/t20250127_1540414.html，最后访问日期：2023年12月16日。

〔1〕参见上海清算所研究统计部：《上海清算所中央对手清算业务运行分析报告（2018年）》，载上海清算所内部刊物《会员通讯》2019年第3期。

〔2〕参见全国银行间同业拆借中心2017年4月发布的《关于提供信用风险缓释工具交易服务的通知》。

〔3〕参见2016年《银行间市场信用风险缓释工具试点业务规则》。随着我国债券市场风险结构从单一利率风险逐步向利率风险与信用风险并存的风险结构转变，由于我国金融市场缺乏信用衍生产品，导致市场参与主体难以通过市场化工具对冲和转移信用风险，在此背景下，2010年10月中国银行间市场交易商协会发布《银行间市场信用风险缓释工具试点业务指引》，在银行间市场开展信用风险缓释合约、信用风

国际市场中信用违约互换类似，比如均指定一个参考实体，区别为目前非金融企业参考实体的债务种类限于在银行间市场交易商协会注册发行的非金融企业债务融资工具。[1]目前只有少数获批采用内部评级法计量信用风险监管资本的商业银行可运用信用违

(接上页)险缓释凭证等信用风险缓释工具试点业务。信用风险缓释工具明确信用保护针对特定的具体债务，且标的债务类型仅限于债券和其他类似债务，从而使每笔交易合约都与具体债务对应，在交易结构上比国际通行的信用违约互换简单明确，风险容易计量，体现了标的债务的穿透性原则。近几年来随着我国债券市场的信用风险事件逐渐增多，市场参与者对信用风险缓释工具等信用风险管理工具的需求增加，2016年9月中国银行间市场交易商协会发布《银行间市场信用风险缓释工具试点业务规则》，在信用风险缓释合约、信用风险缓释凭证的基础上推出信用违约互换、信用联结票据。其中，信用风险缓释合约是特殊的信用违约互换，与信用违约互换的区别在于信用违约互换盯住参考实体而信用风险缓释合约盯住单一债务；信用联结票据本质上是负有现金担保的信用违约互换，是一类普通的金融资产或金融负债合约中嵌入一个信用违约互换的合约。参见中国银行间市场交易商协会：《稳步推动信用风险缓释工具创新与发展》，载http://nafmii.org.cn/zlgl/xyfx/xw/201202/t20120227_2588.html，最后访问日期：2010年12月28日；中国银行间市场交易商协会：《交易商协会秘书处有关负责人就信用风险缓释工具试点业务有关问题答记者问》，载http://nafmii.org.cn/zlgl/xyfx/xw/201202/t20120227_2592.html，最后访问日期：2010年12月1日；时文朝：《关于信用风险缓释工具的若干问题》，载http://nafmii.org.cn/zlgl/xyfx/xw/201202/t20120227_2586.html，最后访问日期：2011年1月19日；中国银行间市场交易商协会：《交易商协会发布〈银行间市场信用风险缓释工具试点业务指引〉》，载https://www.nafmii.org.cn/xhdt/201204/t20120407_196641.html，最后访问日期：2024年7月31日；中国银行间市场交易商协会：《交易商协会发布〈银行间市场信用风险缓释工具试点业务规则〉及相关配套文件》，载https://www.nafmii.org.cn/xhdt/201609/t20160923_197187.html，最后访问日期：2024年7月31日。

〔1〕 在信用违约互换交易中，信用风险缓释工具交易商应确定参考实体，并根据债务种类、债务特征等债务确定方法确定受保护的债务范围，一旦参考实体发生信用事件将由信用保护卖方提供信用风险保护。可见信用违约互换的三个主要交易要素是参考实体、债务和信用事件。信用风险缓释工具交易商开展信用违约互换交易应签署中国银行间市场交易商协会公布的《中国银行间市场金融衍生产品交易主协议》(NAFMII主协议)，信用违约互换合约标准化程度正在提高，如信用事件、息票、到期日等交易要素是标准化的。

第一章　上海清算所集中清算场外金融衍生品的风险与我国清算机构场外金融衍生品集中清算风险监管立法建议

约互换转移或降低信用风险,市场参与者有限。[1]

上海清算所自2018年1月30日起开展信用违约互换集中清算业务,[2]对通过外汇交易中心交易系统或通过电话、传真以及经纪撮合等方式达成、选择集中清算的信用违约互换进行集中清算。[3]上海清算所目前接受的信用违约互换集中清算要素详见表1-10。

---

[1] 依据中国银监会2012年6月发布的《商业银行资本管理办法(试行)》附件6《信用风险内部评级法风险缓释监管要求》,商业银行可运用信用衍生工具转移或降低信用风险。商业银行采用内部评级法计量信用风险监管资本,信用风险缓释功能体现为违约概率、违约损失率或违约风险暴露的下降,将不按100%计算信用风险,而是根据违约概率、违约损失率、违约风险暴露在银监会允许的范围内由商业银行自行确定其信用风险。内部评级法分为初级内部评级法和高级内部评级法。采用高级内部评级法的商业银行可进一步通过调整违约概率或违约损失率的估计值来反映信用衍生工具的信用风险缓释作用。2014年4月,中国银监会根据《商业银行资本管理办法(试行)》核准中国工商银行、中国建设银行、中国银行、中国农业银行、交通银行、招商银行采用初级内部评级法计量信用风险监管资本,而其他商业银行开展信用违约互换交易将难以起到运用信用违约互换转移或降低信用风险的作用,因此信用违约互换的市场参与者有限。参见庞有明:《信用风险缓释工具产品简介与自律管理》,中国银行间市场交易商协会2016年研究报告;《银监会有关负责人就核准工商银行等六家银行实施资本管理高级方法有关问题答记者问》,载 https://www.cbirc.gov.cn/cn/view/pages/ItemDetail.html?docId=47053&itemId=915&generaltype=0,最后访问日期:2024年7月31日;中国银行间市场交易商协会教材编写组编:《信用衍生产品理论与实务》,北京大学出版社2017年版,第160~174页、第188页;何成波:《信用风险缓释工具在中国的发展与创新》,载上海清算所内部刊物《会员通讯》2019年第10期,第49页。

[2] 对于信用风险缓释工具的清算,《银行间市场信用风险缓释工具试点业务规则》和《银行间市场清算所股份有限公司关于开展信用风险缓释工具登记托管、清算结算业务有关事项的通知》规定,信用风险缓释工具中参与主体、合约要素适合进行集中清算的应提交上海清算所进行集中清算,但上海清算所除了开展信用违约互换集中清算业务以外,目前尚未开展信用风险缓释合约、信用风险缓释凭证、信用联结票据集中清算业务。

[3] 参见《银行间市场清算所股份有限公司关于开展信用违约互换集中清算业务的通知》和《银行间市场清算所股份有限公司集中清算业务指南(2024年版)》。

· 055 ·

表 1-10　信用违约互换集中清算要素表[1]

一般要素			
信用保护买方	清算参与者（清算会员或非清算会员）	信用保护卖方	清算参与者（清算会员或非清算会员）
参考实体	属于上海清算所集中清算参考实体清单	交易名义本金	约定，单位（万元人民币）
交易日	约定	期限	5年（含）以内
起始日	交易日的下一个自然日	约定到期日	季月末20日，不按营业日准则调整
参考比例	100%	贴现曲线	FR007利率互换收盘曲线（即期）
支付方式	前端贴现支付	支付频率	季（固定的3月20日、6月20日、9月20日、12月20日）
利差	约定，单位（bps）	费率（标准票息）	25bps、50bps、100bps、250bps
前端费	约定，单位（元）	期初返还金额	约定，单位（元）
交付金额	交付金额=前端费-期初返还金额	交付金额支付日	交易日的下一个营业日
首期支付金额	约定，单位（元）	首期支付日	生效之后的第一个依照营业日准则调整的季末20日
营业日	适用在北京的营业日	营业日准则	经调整的下一营业日
计息天数调整	实际天数	计息基准	A/365

[1] 参见《银行间市场清算所股份有限公司集中清算业务指南（2024年版）》。

续表

关联条件	信用保护买方和卖方均不是参考实体的关联企业		
与信用事件有关要素			
信用事件	破产、支付违约（起点金额 100 万元人民币或其等值金额；宽限期 3 个营业日；适用宽限期顺延）、债务重组（起点金额 1000 万元人民币或其等值金额；所涉最小债务持有人数 1 人）		
债务种类	非金融企业债务融资工具	债务特征	一般债务；交易流通
结算方式	现金结算	约定最终比例	25%
可交付债务种类	非金融企业债务融资工具且满足上海清算所集中清算条件		
可交付债务特征	一般债务、交易流通（不含 PPN）、本币、无扣减债务、最长待偿期限 10 年		
非交易要素			
营业日	在北京的商业银行营业日	实物结算的后备机制	不适用补仓机制或贷款交割替补机制
参考比例	100%	支付方式	前端贴现支付
实物交割期间	35 日	实物结算金额支付时间	交付可交付债务时应同时支付实物结算金额
可交付债务的应计未付利息	计入可交付债务的应计未付利息	实物结算金额支付时间	交割可交付债务时同时支付
结算条件	就现金结算而言，结算条件包括有效送达信用事件通知（买方送达）和公开信息通知（默认适用）		

从信用衍生品集中清算业务实践看，上海清算所 2021 年集中清算信用违约互换累计 4 亿元；2022 年信用违约互换集中清算 3 笔，名义本金合计 1.2 亿元；2023 年清算信用违约互换合约 6

笔，名义本金 5.1 亿元；2024 年清算信用违约互换合约 9 笔，名义本金合计 11 亿元。[1]

在上海清算所开展的各项场外金融衍生产品中央对手清算业务中，目前外汇衍生品中央对手清算规模最大，其次是利率衍生品，信用衍生品（均为信用违约互换）集中清算业务量则占比很低。[2] 其中，在利率衍生品集中清算业务中，目前以利率互换为

---

[1] 参见张羽、许成吉：《上海清算所集中清算业务运行分析（2021 年 12 月）》，载 https://www.shclearing.com.cn/sjtj/ywfx/202201/t20220124_998865.html，最后访问日期：2025 年 4 月 16 日；张羽、许成吉：《上海清算所集中清算业务运行分析（2022 年 12 月）》，载上海清算所内部刊物《会员通讯》2022 年第 11 期；《上海清算所集中清算业务运行分析》，载上海清算所内部刊物《会员通讯》2024 年第 1 期；《上海清算所集中清算业务运行分析（2024 年 12 月）》，载 https://www.shclearing.com.cn/sjtj/ywfx/202501/t20250127_1540414.html，最后访问日期：2025 年 4 月 16 日。

[2] 在 2021 年—2024 年上海清算所开展的场外金融衍生品中央对手清算业务中，2021 年上海清算所中央对手清算规模累计 149.89 万亿元，从产品类型看，人民币利率互换、标准债券远期、外汇、信用风险缓释工具的清算规模分别为 208 834 亿元、2615 亿元、1 249 577 亿元和 4 亿元，分别占当年中央对手清算规模的 13.93%、0.18%、83.36% 和 0.0003%。2022 年，上海清算所中央对手清算规模 150.7 万亿元，其中人民币利率互换、标准债券远期、外汇、信用衍生品的清算规模分别为 20.77 万亿元、0.26 万亿元、126.06 万亿元和 1.2 亿元，分别占当年中央对手清算规模的 13.78%、0.17%、83.65% 和 0.001%。2023 年，上海清算所中央对手清算规模 174.6 万亿元，其中人民币利率互换、标准债券远期、外汇、信用衍生品的清算规模分别为 31.02 万亿元、3088.2 亿元、137.5 万亿元、5.1 亿元，分别占当年中央对手清算规模的 17.77%、0.18%、78.78% 和 0.0003%。2024 年，上海清算所中央对手清算规模 210.61 万亿元，其中人民币利率互换、标准债券远期、外汇、信用衍生品的清算规模分别为 354 177.7 亿元、10 665.9 亿元、1 596 944.5 亿元、11.0 亿元，分别占当年中央对手清算规模的 16.82%、0.51%、75.82% 和 0.001%。参见张羽、许成吉：《上海清算所集中清算业务运行分析（2021 年 12 月）》，载 https://www.shclearing.com.cn/sjtj/ywfx/202201/t20220124_998865.html，最后访问日期：2025 年 4 月 12 日；张羽、许成吉：《上海清算所集中清算业务运行分析（2022 年 12 月）》，载上海清算所内部刊物《会员通讯》2022 年第 11 期；《上海清算所集中清算业务运行分析》，载上海清算所内部刊物《会员通讯》2024 年第 1 期；《上海清算所集中清算业务运行分析（2024 年 12 月）》，载 https://www.shclearing.com.cn/sjtj/ywfx/202501/t20250127_1540414.html，最后访问日期：2025 年 4 月 12 日。

第一章　上海清算所集中清算场外金融衍生品的风险与我国清算机构场外金融衍生品集中清算风险监管立法建议

主，标准债券远期占比很低，利率互换产品以参考 FR007 的合约为主，期限以 1 年期及以下为主；在外汇衍生品中央对手清算业务中，人民币外汇交易清算以人民币外汇掉期占比最大，人民币外汇远期和期权产品规模较小。

二、上海清算所场外金融衍生品集中清算业务流程与面临的风险

（一）上海清算所场外金融衍生品集中清算业务流程

根据《银行间市场清算所股份有限公司集中清算业务指南（2024 年版）》，集中清算是指清算机构作为中央对手方提供的清算业务，清算的处理过程包括但不限于要素匹配、清算确认、计算清算参与者债权债务、发送结算指令、清讫债权债务、风险管理和存续期管理等。[1]

上海清算所作为中央对手方提供的清算业务可简称为中央对手方清算业务[2]或集中清算业务。本书所述上海清算所开展的集中清算业务或中央对手方清算业务，均指上海清算所作为中央对手方提供的清算服务。

上海清算所场外金融衍生品集中清算业务流程包括交易数据接收、日间清算处理、日终清算处理、结算处理等阶段，具体步骤如下：

第一，在交易数据接收和日间清算处理阶段，上海清算所清

---

[1] 根据《银行间市场清算所股份有限公司集中清算业务指南（2019 年版）》，清算（clearing）与结算（settlement）是金融市场交易后处理的两个主要环节，广义的清算是指交易匹配确认、支付或交割权利义务的计算、结算指令发送、债权债务清讫和到账确认，结算是指完成交易双方债权债务的清讫和到账确认的过程。

[2] 参见《银行间市场清算所股份有限公司清算基金与风险准备金管理办法》。

算系统实时对提交集中清算的场外金融衍生交易数据进行要素合规性检查[1]，要素合规性检查通过后清算系统或综合清算会员对非清算会员的交易进行代理清算确认[2]，对于通过要素合规性检查、代理清算确认的交易，清算系统对交易数据进行风控合规性检查，风控合规性检查通过后将纳入集中清算，并进行合约替代。

第二，在日终清算处理阶段，上海清算所计算各清算会员自营业务和综合清算会员代理业务的保证金要求和资金结算要求。

第三，在结算处理阶段，上海清算所进行保证金结算处理和资金结算处理[3]。

上海清算所中央对手方清算业务运营时间表详见表1-11至表1-15[4]。

表1-11 人民币利率互换集中清算业务运营表

日期	时间	事项
T日	9:00	开市
	9:00-16:30	日间数据接收 日间清算处理

---

[1] 要素合规性检查包括交易双方是否均具有清算参与者资质、成交数据是否符合集中清算产品要素规定等两方面要素检查。

[2] 根据《银行间市场清算所股份有限公司集中清算业务指南（2024年版）》，代理清算确认是指综合清算会员确认是否为其代理的非清算会员的交易提供代理清算服务。对于通过代理清算确认的交易，由综合清算会员承担履约担保责任。标准债券远期集中清算业务代理交易为默认确认。

[3] 信用违约互换集中清算业务还需进行信用事件结算，即发生破产、支付违约和债务重组等信用事件时，上海清算所对相应合约进行信用事件清算结算，将信用事件结算金额从保证金账户划付至上海清算所中间户。参见《银行间市场清算所股份有限公司集中清算业务指南（2024年版）》。

[4] 参见《银行间市场清算所股份有限公司集中清算业务指南（2024年版）》。

第一章　上海清算所集中清算场外金融衍生品的风险与我国清算机构场外金融衍生品集中清算风险监管立法建议

续表

日期	时间	事项
	16:30	闭市 资金提款截止
	9:00-16:30	资金提款时间
	9:00-17:00	代理清算确认
	17:30	日终清算处理
T+1日	10:00	保证金扣收
	11:00	保证金结算截止 保证金违约判定
	13:00	应付资金结算
	15:00	会员付款截止时点 会员收款启动时点 资金结算违约判定

表1-12　标准债券远期集中清算业务运营表

日期	时间	事项
T日	9:00	开市
	9:00-16:30	日间数据接收 日间清算处理
	16:30	闭市
	16:30-19:20	日终清算处理
T+1日	11:00	保证金结算截止 保证金违约判定
	11:10-16:30	保证金提取
结算日 (D日)	11:00	现金交割

· 061 ·

表 1-13　标准债券远期集中清算业务运营表

日期	时间	事项
T 日	9:00	开市
	9:00-16:30	日间数据接收 日间清算处理
	16:30	清算截止
	16:30-21:00	日终清算处理
T+1 日	11:00	保证金结算截止 保证金违约判定
	11:10-16:30	保证金提取
交割日	11:00	现金交割
交割月份第一个工作日至到期交割日		实物交割

表 1-14　信用违约互换集中清算业务运营表

日期	时间	事项
T 日	9:00	开市
	9:00-16:30	日间数据接收 日间清算处理
	16:30	闭市 保证金提款截止 资金提款截止
	9:00-17:00	代理清算确认
	17:00	日终清算处理
T+1 日	10:00	保证金扣收
	11:00	保证金结算截止 保证金违约判定启动
	13:00	应付资金结算 应付信用事件结算（或有）

续表

日期	时间	事项
	15:00	会员付款截止时点 会员收款启动时点 资金结算违约判定启动 信用事件结算违约判定启动（或有）

表1-15 人民币外汇询价交易集中清算业务运营时间表

日期	时间	事项
日间	9:30	接收前一日成交数据
	9:30—10:30	代理清算确认
	9:30—11:30	风控合规性检查
	11:30	第一批次日间保证金支付截止
	15:00	前一日日终盯市损益支付截止 前一日日终保证金追加截止 前一日盯市返还应付资金支付截止 综合清算会员完成保证金分配
	15:15	接收当日成交数据
	15:15—15:45	代理清算确认
	15:15—16:15	风控合规性检查
	15:30	前一日日终盯市损益收款
	16:15	第二批次日间保证金支付截止
	16:15	发布清算退出单（如有）
	16:30	前一日盯市返还应收资金收款
	17:00	保证金提取截止、代理保证金提取截止
	18:30	生成日终保证金清单

续表

日期	时间	事项
S-1 日	11:30	生成结算清单 （欧元、英镑、日元、澳元、港币）
	11:40	生成外汇合并轧差结算清单 （欧元、英镑、日元、澳元、港币）
	16:00 前	日元、澳元：外汇资金汇出指令截止
	16:15	生成结算清单（人民币、美元）
	16:30	生成外汇合并轧差结算清单 （人民币、美元）
S 日 （结算日）	11:00 前	日元、澳元：会员通过代理行发出支付指令 日元、澳元：会员向外汇结算银行发出支付指令或外汇结算银行主动扣收
	14:30	美元、欧元、英镑、港币： 会员向外汇结算银行发出支付指令
	9:00—15:00	美元、欧元、英镑、港币：外汇结算银行主动扣收应付资金会员账户 美元：上海清算所通过境内外币支付系统扣收清算会员应付美元资金
	15:00 前	1. 会员人民币资金付款截止 2. 港币：资金汇出指令截止
	10:30—15:30	上海清算所在收到单个清算会员应划入的全部币种资金及盯市返还应付资金后，于 S 日 15:30 前通过大额支付系统、外汇结算银行付款或通过境内外币支付系统将应收资金划入清算会员开立在境内外币支付系统的清算账户
	16:00	美元、欧元、英镑资金汇出指令截止
S+1 日	10:00	所有外币：外汇结算银行发送对账单截止时点

第一章　上海清算所集中清算场外金融衍生品的风险与我国清算机构场外金融衍生品集中清算风险监管立法建议

（二）上海清算所集中清算场外金融衍生品面临的风险

上海清算所集中清算场外金融衍生品有利于更好地防范金融市场系统性风险。[1]但与此同时，上海清算所开展场外金融衍生品集中清算业务，将可能产生下列主要风险：

第一，上海清算所高度集中了纳入集中清算的所有场外衍生交易的信用风险、流动性风险等各种风险，且上海清算所作为国内系统重要性金融市场基础设施[2]若暂停清算某一衍生品造成该衍生品市场中断，将可能引发系统性风险。

上海清算所作为中央对手方对人民币利率互换、标准利率互换、标准债券远期、人民币外汇询价交易和外币对询价及撮合交易、信用违约互换等场外金融衍生品交易进行集中清算，对于通过要素合规性检查、风控合规性检查，且综合清算会员完成代理清算确认的所有场外金融衍生品交易，清算系统将分别进行合约替代，通过合约替代上海清算所将介入一个或多个金融市场的场外金融衍生品合约对手方之间，成为每一卖方的买方和每一买方的卖方，买方与卖方之间的合约被上海清算所与买方之间、上海清算所与卖方之间两个新合约替代，[3]上海清算所将承继交易双方资金清算结算的权利义务，适用清算协议，并对成交数据进行净额轧差处理。[4]上海清算所作为中央对手方将高度集中所有已纳入集中清算、完成合约替代的场外金融衍生品交易的信用风险、

[1] 陈兰兰：《清算机构场外衍生品集中清算风险监管研究》，载《金融监管研究》2014年第1期。
[2] 参见上海清算所：《上海清算所中央对手方清算业务金融市场基础设施原则信息披露（2019）》，载 https://www.shclearing.com.cn/cpyyw/pfmi/detail_38.html?productDocClient/detail/402852816918420501692208b680245，最后访问日期：2024年7月31日。
[3] See CPMI-IOSCO, *Principles for Financial Market Infrastructures*, April 2012.
[4] 参见《银行间市场清算所股份有限公司集中清算业务指南（2024年版）》。

流动性风险等各种风险。

其中，上海清算所开展场外金融衍生品集中清算业务所面临的信用风险主要是上海清算所可使用的全部金融资源（即清算会员缴纳的保证金、清算基金份额和上海清算所风险准备金等风险准备资源）可能不足以覆盖极端但可能的市场条件下，清算会员作为已完成合约替代的场外金融衍生交易一方在结算时或之后却无法履行对清算所支付义务[1]而对清算所产生的最大信用暴露。

上海清算所提供场外金融衍生品集中清算服务面临的流动性风险主要是其持有的相关币种流动性金融资源可能不足以覆盖极端市场条件下清算会员无法履行支付义务对清算所产生的最大债务总额。上海清算所流动性压力测试结果显示，美元债务总额在多日压力场景下可能超出上海清算所现有美元流动性资源规模，对其他币种通过授信从商业银行获取的授信金额可覆盖单日或连续多日会员违约引起的流动性需求。[2]

更为严重的是，上海清算所是我国银行间市场唯一的中央对手清算机构，从渗透率来看中央对手清算日渐成为银行间衍生品的主流清算方式。其中，在利率衍生品集中清算方面，上海清算所 2018 年利率互换集中清算量占银行间所有利率互换产品交易额的 98.48%，2021 年利率互换集中清算金额 20.8 万亿元，占利率互换交易总额的 98.6%；2022 年标准债券远期共成交 2600 亿

---

[1] 上海清算所：《上海清算所中央对手方清算业务金融市场基础设施原则信息披露（2020）》，载 https://www.shclearing.com.cn/cpyyw/pfmi/detail_38.html?productDocClient/detail/402852817068ee1101708b2b093d1f88，最后访问日期：2024 年 7 月 31 日。

[2] 参见上海清算所：《上海清算所中央对手方清算业务金融市场基础设施原则信息披露（2020）》，载 https://www.shclearing.com.cn/cpyyw/pfmi/detail_38.html?productDocClient/detail/402852817068ee1101708b2b093d1f88，最后访问日期：2024 年 7 月 31 日。

第一章 上海清算所集中清算场外金融衍生品的风险与我国清算机构场外金融衍生品集中清算风险监管立法建议

元,全部纳入集中清算。在外汇衍生品中央对手清算方面,上海清算所2018年外汇和汇率衍生品中央对手清算量占银行间外汇市场交易额的50.03%;2021年外汇中央对手清算125万亿元,清算规模占市场交易近60%;2022年外汇中央对手清算量达126.1万亿元,中央对手清算率超65.0%。[1]从中央对手清算量来看,自2014年至2022年上海清算所利率衍生品市场、外汇及汇率衍生品市场中央对手清算量基本上逐年上升,其中2022年分别高达21.03万亿元和126.06万亿元人民币。[2]因此,上海清算所作为国内系统重要性金融市场基础设施,一旦因发生流动性危机而暂停清算场外金融衍生品特别是利率互换的集中清算,将可能造成该衍生品市场中断,可能因此引发系统性风险。

第二,相互关联产生的风险。上海清算所提供场外金融衍生品集中清算服务形成清算所与成员的关联并增强了成员之间的关联性,上海清算所部分中央对手方清算业务会员同时是其他中央

---

[1]《中国场外金融衍生品市场发展报告》(2021年度),《中国场外金融衍生品市场发展报告》(2022年度)。

[2] 参见上海清算所:《上海清算所中央对手方清算业务金融市场基础设施原则信息披露(2019)》,载 http://www.shclearing.com/cpyyw/pfmi/detail_38.html?productDocClient/detail/402852816918420501692f08b680245,最后访问日期:2024年9月16日;上海清算所:《上海清算所中央对手方清算业务金融市场基础设施原则信息披露(2020)》,载 https://www.shclearing.com/cpyyw/ywgz/detail_38.html?productDocClient/detail/402852817068ee1101708b2b093d1f88,最后访问日期:2024年9月16日;上海清算所:《上海清算所中央对手方清算业务金融市场基础设施原则信息披露(2021)》,载 https://www.shclearing.com.cn/cpyyw/ywgz/detail_38.html?productDocClient/detail/4028528177bb78f80177dda81f1915b5,最后访问日期:2024年9月16日;上海清算所:《上海清算所中央对手方清算业务金融市场基础设施原则信息披露(2022)》,载 https://www.shclearing.com.cn/cpyyw/ywgz/detail_38.html?productDocClient/detail/402852817f321050017f44e2020872d3,最后访问日期:2024年9月16日;上海清算所:《上海清算所中央对手方清算业务金融市场基础设施原则信息披露(2023)》,载 https://www.shclearing.com.cn/cpyyw/ywgz/detail_38.html?productDocClient/detail/4028528186849b5b0186969a017c22fc,最后访问日期:2024年9月16日。

对手方（包括境外中央对手方）的成员，将可能产生上海清算所、上海清算所清算会员（尤其是同时参加境外中央对手方的清算会员）与其他中央对手方之间的金融风险传递问题。上海清算所在场外金融衍生品集中清算业务中还面临因与境内外其他金融市场基础设施连接而可能产生的潜在风险。

在上海清算所与境内其他金融市场基础设施的连接方面，截至 2025 年 5 月，上海清算所尚未在场外金融衍生品集中清算业务中与境内其他中央对手方建立连接，与境内其他类型金融市场基础设施的连接包括与同样受中国人民银行监管的中国外汇交易中心、中国人民银行大额实时支付系统（HVPS）建立的连接。上海清算所通过综合业务系统 I 与外汇交易中心连接，接收外汇交易中心发送的外汇衍生品交易数据，并在综合业务系统 I 中进行外汇衍生品中央对手清算业务；在结算处理阶段，上海清算所通过网络专线与人民银行大额支付系统连接，完成利率互换、标准债券远期、信用违约互换集中清算业务和外汇衍生品中央对手清算业务的人民币资金结算，并实时交互数据，应当加强识别、监测和管理与境内金融市场基础设施连接而产生的潜在风险。

值得关注的是，上海清算所在人民币利率互换集中清算业务中已与境外中央对手方建立连接，可能产生上海清算所与其他中央对手方之间的金融风险传递问题。

具体而言，为促进内地与香港金融衍生品市场的协同发展，继续深化内地金融改革、构建高水平金融开放格局，同时巩固和提升香港金融中心地位，2022 年 7 月 4 日，中国人民银行、香港证券及期货事务监察委员会、香港金融管理局发布联合公告，同意中国外汇交易中心、上海清算所、香港场外结算公司开展香港与内地利率互换市场互联互通合作，初期先行开通"北向互换

第一章　上海清算所集中清算场外金融衍生品的风险与我国清算机构场外金融衍生品集中清算风险监管立法建议

通",[1]即香港及其他国家和地区的境外投资者可通过中国外汇交易中心、上海清算所和香港场外结算公司之间在衍生品交易、清算结算等方面互联互通的机制安排,参与内地银行间市场利率互换交易及清算。[2]"北向互换通"初期可交易品种为交易标的为 FR007、Shibor3M、ShiborO/N 的利率互换产品,[3]报价、交易及结算币种为人民币。[4]

在北向互换通业务中,在交易端,外汇交易中心作为中国人民银行认可的电子交易平台,与人民银行认可的境外第三方电子交易平台互联,为境内外投资者提供衍生品交易服务,[5]并通过交易清算一体化机制安排,与上海清算所、香港场外结算公司直

[1] 2023 年 5 月 15 日,"北向互换通"上线运行,开通首日共有 27 家境外机构通过互换通达成在岸人民币利率互换合约的交易,累计清算笔数为 162 笔,涉及名义本金总值约 82.59 亿元人民币。2024 年累计清算 6328 笔、36595.99 亿元,累计入市"北向互换通"境内报价商 20 家,境外投资者 74 家。参见上海清算所:《互换市场扬新帆,潮起浦江通香江——上海清算所"北向互换通"业务正式上线》,载 https://www.shclearing.com.cn/gywm/xwdt/202305/t20230515_1239286.html,最后访问日期:2023 年 7 月 16 日;蒋辰铭、盛紫君:《互换通顺利开通》,载上海清算所内部刊物《会员通讯》2023 年第 5 期;《上海清算所集中清算业务运行分析(2024 年 12 月)》,载 https://www.shclearing.com.cn/sjtj/ywfx/202501/t20250127_1540414.html,最后访问日期:2025 年 1 月 27 日。

[2] 参见《内地与香港利率互换市场互联互通合作集中清算业务规则(试行)》。

[3] 参见《银行间市场清算所股份有限公司集中清算业务指南(2024 年版)》。

[4] 上海清算所:《上海清算所、中国外汇交易中心、香港交易所携手"互换通"合作》,载 https://www.shclearing.com.cn/gywm/xwdt/202207/t20220704_1079777.html,最后访问日期:2023 年 7 月 16 日;上海清算所:《关于"北向互换通"业务的上线通知》,载 https://www.shclearing.com.cn/irs/gg/detail_77.html?zonedocclient/detail/4028528187c90bf901 87eb500d7e3a0b&channelId = 402880483ff6f851013ff706ece30003,最后访问日期:2023 年 7 月 16 日。

[5] 外汇交易中心支持境外投资者通过中国人民银行认可的境外第三方电子交易平台接入,在外汇交易中心交易系统与境内报价机构达成衍生品交易。上海清算所:《上海清算所、中国外汇交易中心、香港交易所携手"互换通"合作》,载 https://www.shclearing.com.cn/gywm/xwdt/202207/t20220704_1079777.html,最后访问日期:2023 年 7 月 16 日。

连，实时将达成的衍生品交易发送至清算机构进行集中清算；[1]在清算端，上海清算所与香港场外结算公司建立中央对手方清算机构互联互通，分别为境内参与者（详见表1-16）、境外投资者[2]提供北向互换通项下集中清算服务。香港场外结算公司作为上海清算所特殊互换通清算机构参与者，与上海清算所签订清算协议，[3]开展衍生品合约替代、风险管理、清算结算、存续期管理、违约处理等集中清算[4]业务。[5]

---

[1] 上海清算所：《上海清算所、中国外汇交易中心、香港交易所携手"互换通"合作》，载 https://www.shclearing.com.cn/gywm/xwdt/202207/t20220704_107977 7.html，最后访问日期：2024年7月4日；上海清算所：《关于"北向互换通"业务的上线通知》，载 https://www.shclearing.com.cn/irs/gg/detail_77.html?zonedocclient/detail/4028528187c90bf90187eb500d7e3a0b&channelId=402880483ff6f851013ff706ece30003，最后访问日期：2024年7月4日。

[2] 依据中国人民银行2023年4月28日发布的《内地与香港利率互换市场互联互通合作管理暂行办法》和上海清算所《内地与香港利率互换市场互联互通合作集中清算业务规则（试行）》，参与"北向互换通"业务的境外投资者应为符合人民银行要求并完成内地银行间债券市场准入备案的境外机构投资者，且为香港场外结算公司的清算会员或该类会员的清算客户；境内参与者需为上海清算所利率互换集中清算业务参与者且为外汇交易中心互换通报价商。"互换通"推出前，境外投资者主要通过离岸不交割人民币利率互换（NDIRS）对冲人民币债券利率风险。但受结算币种、市场参与者类型等因素影响，离岸不交割人民币利率互换与境内人民币利率互换存在一定价差，且价差波动较为剧烈。"互换通"推出后，境外投资者可同时参与在岸、离岸人民币利率互换市场，增强两个市场之间的联动，缩小在岸、离岸人民币利率互换价差，进一步增强人民币利率互换的价格发现功能。参见《中国场外金融衍生品市场发展报告》（2023年度）。

[3] 参见《内地与香港利率互换市场互联互通合作集中清算业务规则（试行）》和《银行间市场清算所股份有限公司集中清算业务指南（2024年版）》。

[4] "北向互换通"业务中，境外投资者与境内参与者达成的人民币利率互换交易在经过上海清算所与香港场外结算公司的集中清算审核后，上海清算所与香港场外结算公司分别于当日将交易进行合约替代，进入集中清算，将生成为三个独立的新的合约，分别为境外投资者与香港场外结算公司、香港场外结算公司与上海清算所、上海清算所与境内参与者之间的合约。境外投资者与境内参与者之间将不再存在合同关系。《银行间市场清算所股份有限公司集中清算业务指南（2024年版）》。

[5] 参见《内地与香港利率互换市场互联互通合作集中清算业务规则（试行）》和《银行间市场清算所股份有限公司集中清算业务指南（2024年版）》。

第一章 上海清算所集中清算场外金融衍生品的风险与我国清算机构场外金融衍生品集中清算风险监管立法建议

表1-16 "北向互换通"境内参与机构名单[1]

序号	机构名称
1	中国工商银行股份有限公司
2	中国农业银行股份有限公司
3	中国银行股份有限公司
4	中国建设银行股份有限公司
5	交通银行股份有限公司
6	中信银行股份有限公司
7	招商银行股份有限公司
8	上海浦东发展银行股份有限公司
9	平安银行股份有限公司
10	兴业银行股份有限公司
11	汇丰银行（中国）有限公司
12	渣打银行（中国）有限公司
13	德意志银行（中国）有限公司
14	摩根大通银行（中国）有限公司
15	法国巴黎银行（中国）有限公司
16	花旗银行（中国）有限公司
17	中信证券股份有限公司
18	国泰君安证券股份有限公司
19	中国国际金融股份有限公司
20	东方证券股份有限公司

---

[1] 上海清算所：《互换市场扬新帆，潮起浦江通香江——上海清算所"北向互换通"业务正式上线》，载 https://www.shclearing.com.cn/gywm/xwdt/202305/t20230515_1239286.html，最后访问日期：2024年12月6日。

清算机构场外金融衍生产品集中清算风险监管制度研究

香港场外结算公司作为香港交易及结算所有限公司提供场外衍生品清算服务的子公司，是香港证券及期货事务监察委员会认可的结算所，并且是广受国际认可的合格中央对手方。即便如此，仍需要关注内地和香港地区清算基础设施机构的连接而可能产生的中央对手方之间互相关联风险。

目前上海清算所通过"北向互换通"资源池这一特殊风险准备资源和相应违约处置安排[1]来降低中央对手方关联风险。具体而言，上海清算所、香港场外结算公司共建"北向互换通"资源池这一特殊风险准备资源，用于覆盖因对方清算所违约而产生的潜在损失。"北向互换通"资源池包括资源池敞口要求、资源池缓冲垫[2]，其中资源池敞口要求由上海清算所、香港场外结算公司以及境内外"北向互换通"参与者共同缴纳，[3]资源池缓冲垫由上海清算所、香港场外结算公司以自有资金缴纳。[4]值得指出的是，"北向互换通"资源池不参与仅因双方清算所的清算参与者违约处理产生的违约损失的分摊，[5]可见"北向互换通"资源池主要用于覆盖两家中央对手方违约产生的损失。

根据上海清算所分别于2023年4月、2024年12月发布的

---

[1] 参见《中国场外金融衍生品市场发展报告》（2023年度）。

[2] "北向互换通"资源池缓冲垫用于覆盖日内实时"北向互换通"资源池敞口要求超出最近一次"北向互换通"资源池成功追缴的部分。参见《银行间市场清算所股份有限公司集中清算业务指南（2024年版）》。

[3] 上海清算所与香港场外结算公司各自基于互相之间的存续期"北向互换通"合约组合净额计算资源池敞口要求，以计算结果较大者作为资源池敞口要求。上海清算所与香港场外结算公司分别承担"北向互换通"资源池敞口要求的50%，每日分别计算各自应以现金担保品存入北向互换通资源池账户的自有资金，以及其所分别服务的境内参与者或境外投资者应承担的份额。参见《内地与香港利率互换市场互联互通合作集中清算业务规则（试行）》和《银行间市场清算所股份有限公司集中清算业务指南（2024年版）》。

[4] 参见《银行间市场清算所股份有限公司集中清算业务指南（2024年版）》。

[5] 参见《银行间市场清算所股份有限公司集中清算业务指南（2024年版）》。

第一章　上海清算所集中清算场外金融衍生品的风险与我国清算机构场外金融衍生品集中清算风险监管立法建议

《内地与香港利率互换市场互联互通合作集中清算业务规则（试行）》和《银行间市场清算所股份有限公司集中清算业务违约处置指引（2024年版）》，若香港场外结算公司未履行支付义务或进入破产或类似程序，上海清算所可判定其永久性违约[1]，可进行违约处置，并可根据以下顺序使用资源池资源以弥补该违约行为给上海清算所造成的违约损失：（1）香港场外结算公司自有资金和境外投资者缴纳的"北向互换通"资源池金额；（2）上海清算所自有资金缴纳的"北向互换通"资源池金额；（3）境内参与者缴纳的"北向互换通"资源池金额。若"北向互换通"资源池不足以覆盖违约损失，对于未覆盖部分违约损失，上海清算所将根据清算所集中清算业务违约处置损失分摊流程进行损失分摊。

由此可见，在北向互换通集中清算业务中，通过特殊风险准备资源和相应违约处置安排，香港场外结算公司一旦发生违约，将首先由两个中央对手方及其成员预缴的风险准备资源来弥补上海清算所因此产生的违约损失，将有助于降低上海清算所与境外中央对手方相互关联而产生的风险。

尤其值得关注的是，一旦上海清算所在场外金融衍生品集中清算业务中与境外金融市场基础设施，特别是境外系统重要性金融市场基础设施（包括境外系统重要性中央对手方，如境外提供衍生品交易服务的交易所）建立连接，将可能存在其他国家金融市场基础设施与上海清算所之间的金融风险传递的隐患，进而可能影响我国金融市场稳定。中国人民银行2011年3月发布的《银行间市场清算所股份有限公司业务监督管理规则》规定上海

---

[1] 依据《银行间市场清算所股份有限公司集中清算业务违约处置指引（2024年版）》，香港场外结算公司在规定时点前结算资产、"北向互换通"资源池或违约金未足额到账的，为运营性违约。

清算机构场外金融衍生产品集中清算风险监管制度研究

清算所与境内外其他市场中介机构的重大业务合作等应当报中国人民银行批准，正是基于上海清算所与其他金融市场基础设施建立连接后可能产生金融风险传递问题而作出这一规定。

笔者认为，除了应高度关注上海清算所在场外金融衍生品集中清算业务中与其他金融市场基础设施（特别是境外金融市场基础设施）的连接问题，还应重视上海清算所中央对手方清算业务会员同时接入其他金融市场基础设施（特别是境外中央对手方）以及因此给上海清算所及其他清算会员带来的风险问题。

一方面，一些全球系统重要性银行的子行、分行已参与上海清算所一项、两项甚至全部中央对手方清算自营业务，而这些系统重要性银行同时接入其他金融市场基础设施（主要是境外中央对手方），将可能发生其他金融市场基础设施、系统重要性银行、作为上海清算所会员的系统重要性银行子行、分行与上海清算所之间的风险传递问题。表1-17是截至2020年10月23日全球系统重要性银行同时参加上海清算所和其他金融市场基础设施的情况。

表1-17　全球系统重要性银行参加金融市场基础设施情况[1]

银行（母公司）	接入金融市场基础设施的数量	参加上海清算所情况[2]
花旗集团 Citigroup	21	花旗银行（中国）有限公司A类普通清算会员

---

〔1〕参见 Kimmo Soramäki：《系统性压力测试与中央对手方相互关联性》，载上海清算所内部刊物《会员通讯》2018年第7期；上海清算所：《上海清算所清算会员名单》，载 https://www.shclearing.com.cn/hyfw/qshy/qshymd/ptqshy/201512/t20151202_118618.html，最后访问日期：2024年7月31日。

〔2〕上海清算所A类普通清算会员可参与上海清算所所有中央对手清算自营业务，B类普通清算会员可参与两项或两项以上中央对手方清算自营业务，C类普通清算会员（人民币利率互换）可参与人民币利率互换集中清算自营业务。

第一章 上海清算所集中清算场外金融衍生品的风险与我国清算机构场外金融衍生品集中清算风险监管立法建议

续表

银行（母公司）	接入金融市场基础设施的数量	参加上海清算所情况[2]
汇丰银行 HSBC	17	汇丰银行（中国）有限公司A类普通清算会员
法国巴黎银行 BNP Paribas	18	法国巴黎银行（中国）B类普通清算会员
法国兴业银行 Societe Generale	16	法国兴业银行（中国）有限公司B类普通清算会员
德意志银行 Deutsche Bank	21	德意志银行（中国）有限公司B类普通清算会员
摩根大通银行 JPMorgan Chase& Co.	19	摩根大通银行（中国）有限公司B类普通清算会员
美国银行 Bank of America	17	美国银行有限公司上海分行C类普通清算会员（人民币利率互换）
瑞士信贷银行 Credit Suisse	14	瑞士信贷银行股份有限公司上海分行C类普通清算会员（人民币利率互换）

值得关注的是，2025年4月2日，中国银行（香港）有限公司成为上海清算所首家位于境外的清算会员，可直接在银行间市场开展人民币利率互换（含标准利率互换）和标准债券远期的中央对手清算业务。[1] 上海清算所的境外清算会员（不论其是否为中资金融机构的境外分支机构）若参加境外中央对手方及其他金融市场基础设施，将可能发生境外其他金融市场基础设施、境外

---

[1]《上海清算所国际化进程迈出历史性一步——发展中银香港成为首家境外清算会员》，载 https://www.shclearing.com.cn/gywm/xwdt/202504/t20250407_1567735.html，最后访问日期：2025年4月7日。

清算会员与上海清算所之间的风险传递问题。

另一方面,上海清算所综合清算会员中国银行于2019年6月17日成为伦敦清算所清算成员,是首家获得国际主流清算机构场外衍生品中央对手方清算资格的中资金融机构。[1]笔者认为应密切关注中资金融机构同时参加境外中央对手方给上海清算所、该金融机构以及其他会员可能带来的风险。

三、我国清算机构场外金融衍生品集中清算风险监管立法建议

针对中央对手方等金融市场基础设施所面临的风险与金融市场基础设施对成员、其他金融市场基础设施、金融市场乃至金融体系可能产生的风险,国际清算银行支付结算体系委员会和国际证监会组织技术委员会于2012年4月共同发布了《金融市场基础设施原则》。

依据《金融市场基础设施原则》,金融市场基础设施(FMIs)是指参与机构(包括系统运行机构)之间用于清算、结算、记录支付、证券交易、衍生品交易或其他金融交易的多边系统,[2]包括支付系统(PS)、中央证券存管(CSD)、证券结算系统(SSS)、中央对手方(CCP)、交易数据存储库(TR)五大类,在一国金融体系和经济中具有关键作用。

《金融市场基础设施原则》汲取了许多国家中央银行、市场

---

[1] 在中国银行成为伦敦清算所清算成员之前,中资金融机构是通过外资银行代理清算的方式参加国际主流清算机构中央对手方清算业务。参见李鑫杰、陈思薇:《全球中央对手清算监管动态(2019年6月)》,载上海清算所内部刊物《会员通讯》2019年第7期,第14页。

[2] CPMI-IOSCO, *Principles for Financial Market Infrastructures*, April 2012;《中国人民银行办公厅关于实施〈金融市场基础设施原则〉有关事项的通知》。

第一章　上海清算所集中清算场外金融衍生品的风险与我国清算机构场外金融衍生品
　　　　集中清算风险监管立法建议

监管者或其他有关管理部门等金融市场基础设施监管机构的监管经验,[1]统一并适当提高了金融市场基础设施中系统重要性支付系统、中央证券存管、证券结算系统、中央对手方的国际标准,其中增加规定为场外衍生品提供服务的中央对手方和交易数据存储库相关指导原则。

对于中央对手方,《金融市场基础设施原则》规定,中央对手方是通过合约替代或其他具有法律约束力的安排介入一个或多个金融市场的合约对手方之间,成为每一卖方的买方和每一买方的卖方,并据此确保履行合约的金融市场基础设施。[2]为场外金融衍生品提供集中清算服务的清算机构是典型的中央对手方。《金融市场基础设施原则》为中央对手方设定成员资格要求、风险管理、违约管理等方面提供了统一的国际标准。

在风险管理和违约管理方面,国际清算银行支付和市场基础设施委员会与国际证监会组织于2014年10月共同发布并于2017年修订的《金融市场基础设施的恢复》[3]为中央对手方和各国监管机构遵循《金融市场基础设施原则》关于恢复计划的规定提供了补充指导原则和一系列恢复工具[4]。

在信用风险和流动性风险管理与相应监管方面,国际清算银行支付和市场基础设施委员会与国际证监会组织于2017年7月共

---

〔1〕 CPMI-IOSCO, *Principles for Financial Market Infrastructures*, April 2012.

〔2〕 CPMI-IOSCO, *Principles for Financial Market Infrastructures*, April 2012.

〔3〕 CPMI-IOSCO, *Recovery of Financial Market Infrastructures*, October 2014 (Revised July 2017).

〔4〕《金融市场基础设施的恢复》将中央对手方可运用的恢复工具分为分摊成员违约造成未覆盖损失的工具、针对未覆盖流动性短缺的工具、补充金融资源的工具、成员违约后中央对手方平仓工具、分摊非由成员违约造成损失的工具等五大类。

· 077 ·

同发布《中央对手方的韧性》最终报告[1]，为中央对手方遵循《金融市场基础设施原则》有关实施信用压力测试和流动性压力测试的规定提供了补充指导原则，并于 2018 年 4 月共同发布《中央对手方监管压力测试框架》[2]，旨在为监管机构设计和实施对多家中央对手方的监管压力测试提供指导。

《金融市场基础设施原则》规定各国金融市场基础设施监管机构应采纳《金融市场基础设施原则》，要求国际清算银行支付结算体系委员会和国际证监会组织所有成员应在本国法律框架内尽最大可能对中央对手方等金融市场基础设施适用《金融市场基础设施原则》。

同时，《金融市场基础设施原则》规定各国监管机构确认为具有系统重要性的中央对手方应遵循《金融市场基础设施原则》所确立的国际标准，并基于中央对手方所服务市场在金融体系中的关键作用，假定所有中央对手方均具有系统重要性，要求监管机构应确保《金融市场基础设施原则》适用于所有中央对手方。

2008 年国际金融危机爆发后，欧盟、美国、日本、新加坡等分别颁布立法以加强对中央对手方场外衍生品集中清算的风险监管，并分别主要通过 2013 年《衍生品清算组织和国际标准》、2012 年《欧洲市场基础设施条例》及 2012 年中央对手方监管技术标准、日本金融服务局 2013 年《金融市场基础设施监管全面指引》、新加坡金融管理局 2015 年《监管金融市场基础设施标准》和《关于金融市场基础设施标准的通知》，采纳了《金融市

---

[1] CPMI-IOSCO, *Resilience of Central Counterparties* (*CCPs*): *Further Guidance on the PFMI* (*Final Report*), July 2017.

[2] CPMI-IOSCO, *Framework for Supervisory Stress Testing of Central Counterparties*, April 2018.

第一章　上海清算所集中清算场外金融衍生品的风险与我国清算机构场外金融衍生品集中清算风险监管立法建议

场基础设施原则》有关中央对手方成员资格、风险管理、违约管理等方面的具体监管要求。而澳大利亚、巴西、智利目前主要采取监管机构发布政策声明的方式采纳《金融市场基础设施原则》，如澳大利亚储备银行和澳大利亚证券与投资委员会 2013 年 2 月联合发布的《澳大利亚实施〈金融市场基础设施原则〉》、巴西中央银行 2014 年《采纳〈金融市场基础设施原则〉监控巴西支付系统业务活动》和 2017 年《巴西支付系统中运行系统》、智利财政部与中央银行、银行和金融机构监管机构、证券公司和保险公司监管机构 2017 年《采纳〈金融市场基础设施原则〉联合声明》等。

具体而言，2012 年 8 月 16 日生效的《欧洲市场基础设施监管条例》采纳了《金融市场基础设施原则》有关中央对手方监管的国际标准，对中央对手方成员资格、风险管理、违约管理等方面确立了监管要求，欧盟委员会 2012 年 12 月 19 日通过的中央对手方监管技术标准[1]细化了对中央对手方的风险监管标准，欧洲证券和市场监管局 2018 年 5 月发布的《〈欧洲市场基础设施监管条例〉中央对手方保证金逆周期调节指南》[2]为《欧洲市场基础设施监管条例》以及 2012 年中央对手方监管技术标准有关中央对手方保证金逆周期调节措施的规定适用提供指导。

美国有关清算机构场外衍生品集中清算风险监管的立法主要包括：美国商品期货交易委员会为实施《多德-弗兰克法案》分别

---

[1] European Commission, *Commission Delegated Regulation (EU) No 153/2013 of 19 December 2012 Supplementing Regulation (EU) No 648/2012 of the European Parliament and of the Council with regard to Regulatory Technical Standards on Requirements for Central Counterparties*, December 2012.

[2] European Securities and Markets Authority, *Guidelines on EMIR Anti-Procyclicality Margin Measures for Central Counterparties*, May 2018.

于2011年11月、2013年8月、2013年12月颁布的《衍生品清算组织一般条款和核心原则》[1]、《强化系统重要性衍生品清算组织风险监管标准》[2]和《衍生品清算组织和国际标准》[3];2012年12月美国证券交易委员会为实施《多德-弗兰克法案》颁布的《清算机构标准》[4]等。

其中,2012年1月9日生效的《衍生品清算组织一般条款和核心原则》和2013年1月2日生效的《清算机构标准》确立了清算机构的场外衍生品清算业务成员资格、风险管理、违约管理等监管要求。美国商品期货交易委员会已对《衍生品清算组织一般条款和核心原则》作出修改,修正案于2020年2月26日生效,对衍生品清算组织(包括系统重要性衍生品清算组织)适用更加严格的风险管理、违约管理等监管要求。

2013年10月15日生效的《强化系统重要性衍生品清算组织风险监管标准》对系统重要性衍生品清算组织实施更高的风险监管标准,包括对涉及更为复杂的风险状况或在多个司法管辖区内具有系统重要性的衍生品清算组织适用更高的金融资源要求、业务持续和危机后恢复机制要求等方面风险监管标准。2013年12月31日生效的《衍生品清算组织和国际标准》为系统重要性衍生品清算组织和选择适用系统重要性衍生品清算组织监管要求的衍生品清算组织确立了比美国《商品交易法》(Commodity Ex-

---

[1] U. S. CFTC, *Derivatives Clearing Organization General Provisions and Core Principles*, http://www.cftc.gov/ucm/groups/public/@lrfederalregister/documents/file/2011-27536a.pdf, December 2011.

[2] U. S. CFTC, *Enhanced Risk Management Standards for Systemically Important Derivatives Clearing Organizations*, October 2013.

[3] U. S. CFTC, *Derivatives Clearing Organizations and International Standards*, December 2013.

[4] U. S. SEC, *Clearing Agency Standards*, November 2012.

第一章 上海清算所集中清算场外金融衍生品的风险与我国清算机构场外金融衍生品集中清算风险监管立法建议

change Act，CEA）规定的衍生品清算组织核心原则更高的监管要求，包括风险管理、金融资源、关于未覆盖损失或短缺的违约管理规则和程序、恢复和清算程序等方面规定，以实施《金融市场基础设施原则》所确立的统一的国际标准。

日本金融服务局（FSA）和作为中央银行的日本银行（BOJ）是日本清算组织的监管机构。其中，日本金融服务局依据《金融商品交易法》[1]对清算组织实施监管，该法确立了为金融衍生品提供清算服务的清算组织监管框架。日本金融服务局于2012年12月发布《金融市场基础设施监管政策声明》，明确其依照《金融市场基础设施原则》监管清算组织，并于2013年12月发布《金融市场基础设施监管全面指引》[2]，在清算组织成员资格、风险管理、违约管理等方面吸纳了《金融市场基础设施原则》有关中央对手方的具体监管要求。

另外，基于中央对手方成员无法履行支付义务可能引发潜在系统性风险，日本银行依据《日本银行法》对清算组织的风险管理、业务运营等方面进行监管，旨在实现中央银行确保银行与其他金融机构之间资金结算的目标，并通过2013年3月发布的《日本银行监管金融市场基础设施的政策》[3]采纳《金融市场基础设施原则》。[4]

---

[1] *Amendment of Financial Instruments and Exchange Act of Japan* (Act No. 28 of 2019).

[2] Financial Services Agency of Japan, *Comprehensive Guidelines for Supervision of Financial Market Infrastructures*, December 2013.

[3] Bank of Japan, *The Bank of Japan Policy on Oversight of Financial Market Infrastructures*, March 2013.

[4] CPMI-IOSCO, *Implementation Monitoring of PFMIs: Level 2 Assessment Report for Central Counterparties and Trade Repositories for Japan*, February 2015, pp. 1~2, 7~8, 13; CPMI-IOSCO, *Implementation Monitoring of PFMIs: Second Update to Level 1 Assessment Report for Japan*, June 2015, p. 1.

◆ 清算机构场外金融衍生产品集中清算风险监管制度研究

新加坡金融管理局（MAS）是新加坡中央对手方监管机构，2019年《支付服务法》[1]和《证券期货法》[2]构成新加坡金融市场基础设施（包括中央对手方）监管框架。[3]新加坡金融管理局于2013年1月发布并于2020年9月修订

《新加坡监管金融市场基础设施》[4]，明确其依照《金融市场基础设施原则》监管中央对手方，要求新加坡系统重要性中央对手方应遵循《金融市场基础设施原则》，[5]并分别于2015年1月和8月发布《新加坡金融管理局监管金融市场基础设施标准》[6]和《关于金融市场基础设施标准的通知》[7]，在成员资格、风险管理、违约管理等方面采纳了《金融市场基础设施原则》有关中央对手方的具体监管要求。澳大利亚、巴西、智利目前则主要以监管机构发布政策声明的方式采纳《金融市场基础设施原则》。

其中，澳大利亚储备银行（RBA）和澳大利亚证券与投资委员会（ASIC）是中央对手方监管机构，澳大利亚中央对手方属于2001年《公司法》[8]规定的清算结算设施，2001年《公司法》和澳大利亚储备银行发布的金融稳定标准确立了清算结算设施

---

[1] *The Payment Services Act* 2019 *of Singapore*.

[2] *The Securities and Futures Act of Singapore*（Revised April 2006）.

[3] Monetary Authority of Singapore，*Supervision of Financial Market Infrastructures in Singapore*，January 2013（Revised September 2020），p. 4.

[4] Monetary Authority of Singapore，*Supervision of Financial Market Infrastructures in Singapore*，January 2013（Revised September 2020）.

[5] CPMI-IOSCO，*Implementation Monitoring of PFMI: Level 2 Assessment Report for Singapore*，July 2017，pp. 2~3，7~10.

[6] Monetary Authority of Singapore，*Standards for MAS-Operated Financial Market Infrastructures*，January 2015.

[7] Monetary Authority of Singapore，*Notice on Financial Market Infrastructure Standards*，August 2015（Revised June 2016）.新加坡金融管理局依据《证券期货法》第46ZK条和第81R条发布该通知，适用于清算所。

[8] *The Corporations Act* 2001 *of Australia*.

第一章　上海清算所集中清算场外金融衍生品的风险与我国清算机构场外金融衍生品集中清算风险监管立法建议

（包括中央对手方）监管法律框架。[1]澳大利亚储备银行和澳大利亚证券与投资委员会于 2013 年 2 月联合发布《澳大利亚实施〈金融市场基础设施原则〉》[2]，在其中央对手方监管框架内采纳了《金融市场基础设施原则》。[3]

巴西中央银行（BCB）2014 年 1 月发布《采纳〈金融市场基础设施原则〉监控巴西支付系统[4]业务活动》[5]，承诺采纳《金融市场基础设施原则》对巴西金融市场基础设施（包括中央对手方）的业务活动实施监管，要求金融市场基础设施应遵循《金融市场基础设施原则》。巴西系统重要性金融市场基础设施与非系统重要性金融市场基础设施均应遵循《金融市场基础设施原则》，但对非系统重要性金融市场基础设施豁免适用《金融市场基础设施原则》关于信用风险和流动性风险管理的原则要求。2017 年 3 月巴西中央银行发布《巴西支付系统中运行系统》[6]，根据金融市场基础设施类型列明应适用于巴西各金融市场基础设

---

[1] CPMI-IOSCO, *Implementation Monitoring of PFMI: Level 2 Assessment Report for Australia*, December 2015, pp. 2, 9, 12; CPMI-IOSCO, *Implementation Monitoring of PFMI: Second Update to Level 1 Assessment Report for Australia*, June 2015, pp. 1~2.

[2] Reserve Bank of Australia, Australian Securities and Investments Commission, *Implementing the CPSS–IOSCO Principles for Financial Market Infrastructures in Australia*, February 2013.

[3] IMF, *Australia: Financial Sector Assessment Program–Technical Note on Supervision, Oversight and Resolution Planning of Financial Market Infrastructures*, February 2019, p. 19.

[4] 支付系统、清算结算系统、中央对手方、交易数据存储库等金融市场基础设施构成巴西支付系统（SPB）。See CPMI-IOSCO, *Implementation Monitoring of PFMI: Level 2 Assessment Report for Brazil*, November 2020, p. 2.

[5] The Central Bank of Brazil, *Communiqué on the Adoption of the Principles for Financial Market Infrastructures for the Oversight Activities of the Brazilian Payments System*, Communiqué No. 25, 97, January 2014.

[6] The Central Bank of Brazil, *Policy Statement on Systems Operating in the Brazilian Payments System*, Policy Statement No. 30, 516, March 2017.

施的《金融市场基础设施原则》相应监管要求。[1]

此外，智利财政部、中央银行、银行和金融机构监管机构、证券公司和保险公司监管机构于2017年1月联合发布《采纳〈金融市场基础设施原则〉联合声明》[2]，承诺在其金融市场基础设施（包括中央对手方）监管框架内采纳《金融市场基础设施原则》[3]。

在此背景下，中国人民银行于2009年加入国际清算银行支付结算体系委员会成为其正式成员，依照《金融市场基础设施原则》的规定应在我国法律框架内尽最大可能对中央对手方适用《金融市场基础设施原则》。

上海清算所是中国人民银行认定的合格中央对手方（QC-CP），[4]自成立起即被中国人民银行确认为具有系统重要性的金融市场基础设施，[5]依照《金融市场基础设施原则》的规定应遵循《金融市场基础设施原则》所确立的成员资格要求、风险管理

---

[1] CPMI-IOSCO, *Implementation Monitoring of PFMI: Level 2 Assessment Report for Brazil*, November 2020, pp. 2~3, 8~10, 15; IMF, *Brazil: Financial Sector Assessment Program-Technical Note on Supervision and Oversight of Financial Market Infrastructures*, November 2018, pp. 15, 17.

[2] The Ministry of Finance, the Central Bank, the Superintendence of Banks and Financial Institutions, the Superintendence of Securities and Insurance Companies of Chile, *Joint Statement of Authorities on PFMI Adoption*, January 2017.

[3] CPMI-IOSCO, *Implementation Monitoring of PFMI: Update to Level 1 Assessment Report for Chile*, January 2020, p. 9; CPMI-IOSCO, *Implementation Monitoring of PFMI: Fifth Update to Level 1 Assessment Report*, July 2018, p. 14.

[4] 2016年1月中国人民银行认定上海清算所为合格中央对手方。参见中国人民银行《关于认定银行间市场清算所股份有限公司为合格中央对手方的批复》。

[5] 参见上海清算所：《上海清算所中央对手方清算业务金融市场基础设施原则信息披露（2019）》，载 http://www.shclearing.com.cn/cpyyw/pfmi/detail_38.html?productDocClient/detail/40285281691842050169122f08b680645，最后访问日期：2024年7月31日。

第一章 上海清算所集中清算场外金融衍生品的风险与我国清算机构场外金融衍生品集中清算风险监管立法建议

和违约管理等方面国际标准。

在法律监管方面，我国有关银行间市场清算机构场外衍生品清算业务风险监管的现行立法主要包括全国人大常委会 2022 年 4 月通过的《期货和衍生品法》、中国人民银行 2011 年发布的《银行间市场清算所股份有限公司业务监督管理规则》、中国人民银行 2014 年发布的《中国人民银行关于建立场外金融衍生产品集中清算机制及开展人民币利率互换集中清算业务有关事宜的通知》、中国人民银行办公厅 2013 年发布的《中国人民银行办公厅关于实施〈金融市场基础设施原则〉有关事项的通知》等。

其中，《中华人民共和国期货和衍生品法》将衍生品交易界定为以互换合约、远期合约和非标准化期权合约及其组合[1]为交易标的的交易活动，明确规定衍生品交易由国务院授权的部门或者国务院期货监督管理机构批准的结算机构作为中央对手方进行集中结算的，可依法进行终止净额结算，要求衍生品市场应当建立和完善风险的监测监控与化解处置制度机制，防范市场系统性风险。

《银行间市场清算所股份有限公司业务监督管理规则》明确了中国人民银行是上海清算所中央对手方清算业务的监管机构。《中国人民银行办公厅关于实施〈金融市场基础设施原则〉有关事项的通知》要求中央对手方应遵循《金融市场基础设施原则》，《中国人民银行关于建立场外金融衍生产品集中清算机制及开展人民币利率互换集中清算业务有关事宜的通知》进一步明确中国人民银行按照《金融市场基础设施原则》等规定的合格中央对手

---

[1] 根据《期货和衍生品法》，期权合约是指约定买方有权在将来某一时间以特定价格买入或者卖出约定标的物的标准化或非标准化合约，互换合约是指约定在将来某一特定时间内相互交换特定标的物的金融合约，远期合约是指期货合约以外的，约定在将来某一特定的时间和地点交割一定数量标的物的金融合约。

方的标准对上海清算所进行监管。

对于具体风险监管要求，在成员资格制度方面，《中国人民银行关于建立场外金融衍生产品集中清算机制及开展人民币利率互换集中清算业务有关事宜的通知》规定上海清算所应制定集中清算业务参与者标准；在风险管理制度方面，《银行间市场清算所股份有限公司业务监督管理规则》规定上海清算所应建立健全的内部控制机制和风险管理制度，内部控制制度和风险管理制度的制定和重大修改应当报中国人民银行批准[1]；在违约管理制度方面，《中国人民银行关于建立场外金融衍生产品集中清算机制及开展人民币利率互换集中清算业务有关事宜的通知》规定上海清算所应建立保证金、清算基金、风险准备金制度和集中清算业务参与者违约处理机制等。可见我国现行立法有关清算机构场外衍生品清算业务风险监管要求主要为原则性规定，可操作性不强。

在自律监管方面，上海清算所分别于2013年12月、2015年4月、2014年10月发布人民币利率互换、标准债券远期集中清算业务规则和人民币外汇询价交易中央对手清算业务规则[2]，于2014年12月发布《银行间市场清算所股份有限公司清算会员管理办法》《保证金管理办法》和《清算基金与风险准备金管理办法》[3]，于2024年12月发布《银行间市场清算所股份有限

---

[1]《银行间市场清算所股份有限公司业务监督管理规则》还要求上海清算所开展新业务、业务规则制定和重大修改等应当报中国人民银行批准。

[2] 即《人民币利率互换集中清算业务规则》《标准债券远期集中清算业务规则》和《银行间外汇市场人民币外汇交易中央对手清算规则》。

[3] 自《银行间市场清算所股份有限公司集中清算业务规则》2020年2月13日发布之日起，《清算会员管理办法》《保证金管理办法》《清算基金和风险准备金管理办法》等管理办法，以及《银行间外汇市场人民币外汇交易中央对手清算规则》《人民币利率互换集中清算业务规则》《标准债券远期集中清算业务规则》等集中清算业务规则废止。

第一章 上海清算所集中清算场外金融衍生品的风险与我国清算机构场外金融衍生品集中清算风险监管立法建议

公司集中清算业务指南（2024年版）》。在会员资格制度方面，上海清算所于2021年1月发布《银行间市场清算所股份有限公司集中清算业务清算会员管理办法》，于2023年12月发布《清算会员资信评估业务指引》；在违约管理制度方面，上海清算所于2024年12月发布《银行间市场清算所股份有限公司集中清算业务违约处置指引（2024年版）》，并于2021年9月发布《银行间市场清算所股份有限公司集中清算业务保证券管理规程（2021年修订）》，2024年4月发布《银行间市场清算所股份有限公司集中清算业务保证券业务指引（2024年修订）》。可见，上海清算所已确立人民币利率互换、标准利率互换、标准债券远期、人民币外汇询价交易和外币对询价及撮合交易、信用违约互换集中清算业务会员资格制度、风险管理制度和违约管理制度等场外金融衍生品集中清算风险监管自律规则。

课题组通过梳理国际立法和欧盟、美国、日本、新加坡等已颁布的中央对手方场外金融衍生品集中清算风险监管立法，经研究发现国际组织和各国中央对手方监管机构主要通过中央对手方成员资格制度、风险管理制度和违约管理制度等方面监管要求加强对清算机构场外金融衍生品集中清算的风险监管。此外，清算机构成员资格要求、风险管理和违约管理等方面的自律监管与监管机构对清算机构实施风险监管的实践性和技术性都很强。

尤为值得关注的是由中国人民银行起草，于2020年10月23日向社会公开征求意见的《中国人民银行法（修订草案征求意见稿）》规定，中国人民银行的职责包括牵头制定金融基础设施监督管理规则，旨在推进国内金融改革、建设现代中央银行制度。

课题组提出以下立法建议：中国人民银行应当总结对中央对手方监管的实践经验，并将上海清算所实施其按照《金融市场基础设施原则》逐步全面制定的场外金融衍生品集中清算自律监管规则且经实践证明行之有效的成熟做法适当吸纳入法律规定,同时借鉴域外相关立法和实践经验教训,在时机成熟时,由中国人民银行牵头制定有关银行间市场清算机构清算业务监管的部门规章,对银行间市场清算机构集中清算业务(包括场外衍生品集中清算业务)风险监管作出明确规定,至少应包括成员资格制度、风险管理制度和违约管理制度等方面内容,从而通过完善法律监管和自律监管两方面加强我国清算机构场外金融衍生品集中清算风险监管。

其中,清算机构场外金融衍生品集中清算业务成员资格制度旨在确保清算机构设定的成员资格要求既允许市场参与者参加清算机构并获得其提供的清算服务,又确保成员履行对清算机构的义务而控制成员给清算机构带来的信用风险和流动性风险,并要求清算机构持续监控成员是否符合成员资格要求,当市场参与者不再满足成员资格要求时终止其成员资格[1]。

清算机构场外金融衍生品集中清算业务风险管理制度的关键问题是如何通过制度设计,以识别、监测和管理清算机构开展场外金融衍生品集中清算业务所面临的因成员违约产生的信用风险和因成员及其他实体违约产生的流动性风险、清算机构与其他金融市场基础设施相互关联产生的风险,与清算机构因面临信用风险、流动性风险和相互关联风险而可能引发的系统性风险。

清算机构场外金融衍生品集中清算业务违约管理制度旨在确保成员违约时清算机构能及时履行对未违约成员的支付义务,在使用金融资源(成员缴纳的保证金和违约基金、清算机构自有资本等)弥补违约损失后补充金融资源,并避免清算机构终止提供

---

[1] See CPMI-IOSCO, *Principles for Financial Market Infrastructures*, April 2012.

第一章　上海清算所集中清算场外金融衍生品的风险与我国清算机构场外金融衍生品集中清算风险监管立法建议

清算服务而可能引发系统性风险。[1]

下文中将重点围绕清算机构场外金融衍生品集中清算业务成员资格、风险管理、违约管理等自律监管和法律监管制度展开研究，探讨如何完善我国清算机构场外金融衍生品集中清算风险监管制度。各章主要研究的问题如下：

在清算机构场外金融衍生品集中清算业务成员资格制度方面，基于清算机构主要面临成员带来的信用风险和流动性风险，主要探讨旨在控制成员给清算所带来风险的与风险相关的成员资格要求制度与持续监控成员头寸制度。

在风险管理制度方面，着重研究中央对手方核心的风险管理工具——压力测试制度（包括分别识别和监测清算机构所面临的信用风险、流动性风险及相互关联风险，与可能引发的系统性风险的压力测试制度），以及清算机构发生流动性危机时获得流动性制度旨在确保清算机构及时履行结算义务。

在违约管理制度方面，主要探讨成员缴纳的为其信用风险提供担保的保证金的逆周期调节制度（包括初始保证金、初始保证金中非现金抵押品、变动保证金逆周期调节制度）、对违约成员头寸进行违约处置的强制平仓制度。

---

[1] See CPMI‑IOSCO, *Principles for Financial Market Infrastructures*, April 2012; CPMI‑IOSCO, *Recovery of Financial Market Infrastructures*, October 2014 (Revised July 2017).

第二章

清算机构场外金融衍生品集中清算业务成员资格制度

允许市场参与者公平、公开获得清算机构等中央对手方的服务将有利于促进市场参与者之间的竞争,并有助于中央对手方提供高效、低成本的清算结算服务。这是因为中央对手方受益于规模经济,[1]往往只有一家或少数几家中央对手方为特定市场提供服务,可能导致某些市场参与者在只参加一家中央对手方时,严重影响市场参与者之间的竞争平衡,特别是限制市场参与者获得中央对手方的服务将可能不利于其中一些市场参与者及其客户。[2]基于此,《金融市场基础设施原则》规定中央对手方应允许市场参与者公平、公开获得其提供的服务。

但由于清算机构开展场外金融衍生品集中清算业务面临的主要风险是成员违约带来的信用风险和成员及其他实体违约带来的流动性风险,允许市场参与者公平、公开参加清算机构,将可能给清算机构带来信用风险和流动性风险。因此,清算机构场外金融衍生品集中清算业务成员资格制度应确保成员能够履行对清算机构的义务,并控制市场参与者参加清算机构可能给该清算机构

---

[1] Dietrich Domanski, Leonardo Gambacorta, Cristina Picillo, "Central Clearing: Trends and Current Issues", *BIS Quarterly Review*, December 2015, p. 63.

[2] See CPMI-IOSCO, *Principles for Financial Market Infrastructures*, April 2012.

带来的风险,包括确保清算机构所确立的成员资格要求能反映成员参与中央对手清算业务给清算机构带来的风险,并要求清算机构持续监控成员是否符合成员资格要求,当市场参与者不再满足成员资格要求时终止其成员资格[1]。

一、与风险有关的场外金融衍生品集中清算业务成员资格要求制度

在成员资格制度方面,《中国人民银行关于建立场外金融衍生产品集中清算机制及开展人民币利率互换集中清算业务有关事宜的通知》原则性规定上海清算所应制定集中清算业务参与者标准。

为确保成员能履行其对清算机构的义务,如履行与作为中央对手方的清算机构之间合约的支付义务、参加违约管理等,[2]清算机构应要求成员符合合法性要求,并具有必要的操作能力(如信息技术能力)、金融资源(如成员最低资本金要求、信用状况指标)和风险管理能力。由于清算机构清算的产品和所服务市场具有特定风险和特性,清算机构场外金融衍生品集中清算业务成员资格制度应确保清算机构所确立的成员资格要求与风险有关,以使得成员资格要求反映清算机构开展的不同清算业务的风险状况,并与清算机构所面临的特定风险相适应。[3]

上海清算所《集中清算业务清算会员管理办法》和《银行间市场清算所股份有限公司集中清算业务指南(2024年版)》将场外金融衍生品集中清算业务会员主要区分为普通清算会员(包

---

[1] See CPMI-IOSCO, *Principles for Financial Market Infrastructures*, April 2012.

[2] See ISDA, *CCP Best Practices*, January 2019, p.5; ISDA, *ISDA Legal Guidelines for Smart Derivatives Contracts: Credit Derivatives*, November 2020, p.30.

[3] See CPMI-IOSCO, *Principles for Financial Market Infrastructures*, April 2012.

括 A 类、B 类和 C 类普通清算会员)[1]和综合清算会员（包括上海清算所综合清算会员、产品类综合清算会员），[2]非清算会员（又称客户）通过综合清算会员间接参与场外金融衍生品集中清算业务，对普通清算会员、综合清算会员（包括上海清算所综合清算会员、产品类综合清算会员）分别设定资本、操作能力、风险管理能力和合法性要求等方面的准入条件。

综合清算成员参与代理清算业务，如果大型客户未能履行支付义务或发生流动性短缺，将可能影响成员履行其对清算机构的义务，从而可能增加成员违约风险、成员或其客户违约时客户交易的清算结算不确定性等风险。[3]上海清算所对综合清算会员施加比普通清算会员更高义务以确保综合清算会员有能力参与代理业务，[4]如对综合清算会员设置了较高的最低资本金要求[5]。

---

[1] 根据《银行间市场清算所股份有限公司集中清算业务清算会员管理办法》和 2020 年《银行间市场清算所股份有限公司集中清算业务规则》，A 类普通清算会员可参与所有集中清算自营业务，B 类普通清算会员可参与两项或两项以上集中清算自营业务，C 类普通清算会员只能参与一项集中清算自营业务。

[2] 截至 2025 年 4 月 29 日，上海清算所清算会员中，已有中国工商银行等 6 家上海清算所综合清算会员，中信银行等 7 家产品类综合清算会员，国家开发银行等 32 家 A 类普通清算会员，浙商银行等 28 家 B 类普通清算会员，蒙特利尔银行（中国）有限公司等 5 家 C 类普通清算会员（外汇）等。上海清算所:《上海清算所清算会员名单》，载 https://www.shclearing.com.cn/hyfw/qshy/qshymd/ptqshy/201512/t20151 202_118618.html，最后访问日期：2025 年 4 月 20 日。

[3] See CPMI-IOSCO, *Principles for Financial Market Infrastructures*, April 2012.

[4] 上海清算所综合清算会员可参与所有中央对手方清算业务的自营业务清算和代理业务清算。

[5] 上海清算所产品类综合清算会员和综合清算会员的资本要求均为最近 3 个会计年度期末净资产（证券公司等为净资本）均不低于 100 亿元人民币（或等值外币），而普通清算会员的资本要求为最近三个会计年度期末净资产（证券公司等为净资本）均不低于 20 亿元人民币（或等值外币）。参见《银行间市场清算所股份有限公司集中清算业务指南（2024 年版）》。

第二章　清算机构场外金融衍生品集中清算业务成员资格制度

但上海清算所中央对手方清算业务会员资本要求仅基于会员的资本规模，虽未歧视特定类别的市场参与者，或者诱发对竞争的扭曲，[1]但对成员资本要求而言并不足以与风险相关。

比如，上海清算所《银行间市场清算所股份有限公司集中清算业务清算会员管理办法》和《银行间市场清算所股份有限公司集中清算业务指南（2019年版）》对A类、B类和C类普通清算会员准入条件的主要区别体现在资本要求[2]方面和内部评级标准。但上海清算所《集中清算业务清算会员管理办法》和《银行间市场清算所股份有限公司集中清算业务指南（2024年版）》对A类、B类和C类普通清算会员的准入条件基本未作区分，仅要求申请A类普通清算会员的机构应已积极参与集中清算自营业务，同时延续了《银行间市场清算所股份有限公司集中清算业务清算会员管理办法》和《银行间市场清算所股份有限公司集中清算业务指南（2019年版）》关于A类、B类和C类普通清算会员[3]可参与所有、两项或两项以上、只能参与一项中央对手清算自营业务的规定。上海清算所现行普通清算会员准入条件的规定并未针对参与不同中央对手清算业务的普通清算会员分别施加与风险相关的成员资格要求，将无法反映普通清算会员参与不同中央对手清算业务的风险状况，以及上海清算所作为中央对手方所承担的不同程度的交易对手信用风险（如信用违约互换的突然违约风险）。

再如，产品类综合清算会员可参与所有中央对手清算业务的

---

〔1〕　See CPMI-IOSCO, *Principles for Financial Market Infrastructures*, April 2012.

〔2〕　根据《银行间市场清算所股份有限公司集中清算会员管理办法》和《银行间市场清算所股份有限公司集中清算业务指南（2019年版）》，A类普通清算会员中银行类金融机构、非银行类金融机构、B类普通清算会员、C类普通清算会员的资本要求分别为最近两个会计年度期末净资产50亿元、40亿元、40亿元、40亿元人民币。

〔3〕　如C类普通清算会员（人民币利率互换）、C类普通清算会员（外汇）。

自营清算和对应产品中央对手清算业务的代理清算，上海清算所《集中清算业务清算会员管理办法》和《银行间市场清算所股份有限公司集中清算业务指南（2024年版）》对参与不同场外金融衍生品集中清算业务代理清算的产品类综合清算会员统一设定成员资格要求（包括资本要求），而未区分其参与的具有不同风险特性的场外金融衍生品集中清算业务的代理清算分别设定不同的成员资格要求，无法反映业务的风险状况与清算所所面临的特定风险。

为加强交易对手信用风险的管理，上海清算所进行了与风险有关的成员资格要求探索，于2019年5月发布《银行间市场清算所股份有限公司清算会员资信评估办法》，2021年修正了《银行间市场清算所股份有限公司清算会员资信评估办法》，并于2023年12月发布了《银行间市场清算所股份有限公司清算会员资信评估业务指引》，2021年《银行间市场清算所股份有限公司清算会员资信评估办法》同时废止。2019年《银行间市场清算所股份有限公司清算会员资信评估办法》规定上海清算所审核中央对手清算业务会员资格还包括对申请机构进行会员准入资信评估。《银行间市场清算所股份有限公司清算会员资信评估业务指引》针对银行、证券公司、财务公司等不同类型的申请机构分别设定资信评估标准和财务状况评估的定量指标（详见表2-1），上海清算所根据申请机构最近三个会计年度的财务状况和经营结果，采用资信评估模型计算该机构的初始资信评分，初始资信评分符合要求可参与相应中央对手清算业务。上海清算所《集中清算业务清算会员管理办法》和《银行间市场清算所股份有限公司集中清算业务指南（2024年版）》对普通清算会员和产品类综合清算会员、上海清算所综合清算会员中的银行类金融机构、非

第二章　清算机构场外金融衍生品集中清算业务成员资格制度

银行类金融机构分别明确设定不同的初始资信评分要求，[1]其中综合清算会员初始资信评分要求最高，产品类综合清算会员要求其次，普通清算会员要求再次。

根据《银行间市场清算所股份有限公司清算会员资信评估办法》和《银行间市场清算所股份有限公司清算会员资信评估业务指引》，上海清算所从银行、证券公司、财务公司等不同类型申请机构的财务状况和经营结果两方面评估申请机构的信用风险，从其申请成为清算会员后可能给上海清算所带来的风险角度，探索与风险相关的清算会员资格要求。在会员准入资信评估中，有关申请机构的定量指标主要用以评估其财务状况，包括资本充足率、流动性、资产质量、盈利能力等，定性指标主要用以评估其经营情况，包括公司治理、风险管理能力、经营风格、重大事件等。[2]

可见上海清算所进行会员准入资信评估时未关注以下问题：参与不同的场外金融衍生交易的申请机构成为清算会员后，上海清算所为这些场外金融衍生品交易提供集中清算服务将承担不同程度的交易对手信用风险。因此，从申请机构所参与的场外金融衍生品交易风险特性角度来看，上海清算所仍未建立起与风险相关的会员资格要求。

---

〔1〕根据上海清算所《银行间市场清算所股份有限公司集中清算业务清算会员管理办法》和《银行间市场清算所股份有限公司集中清算业务指南（2024年版）》，普通清算会员中的银行类金融机构、非银行类金融机构的初始资信评分分别不应低于55分、50分；产品类综合清算会员中，银行类金融机构、非银行类金融机构的初始资信评分分别不应低于65分、60分；上海清算所综合清算会员中的银行类金融机构、非银行类金融机构的初始资信评分分别不应低于70分、65分。

〔2〕参见《银行间市场清算所股份有限公司清算会员资信评估业务指引》。

表 2-1　清算会员资信评估标准[1]

指标大类	指标小类	指标项	评估标准
定量指标（银行类）	资本充足性指标	资本充足率	10%（含）以上为满分，低于10%酌情赋分
		核心一级资本充足率	8%（含）以上为满分，低于8%酌情赋分
		资本积累率	10%（含）以上为满分，低于10%酌情赋分
定量指标（银行类）	流动性指标	人民币超额准备金比例	10%（含）以上为满分，低于10%酌情赋分
		流动性比例	60%（含）以上为满分，低于60%酌情赋分
		存贷款比例	60%（含）以下为满分，高于60%酌情赋分
		拆入资金比例	0为满分，高于0酌情赋分
	资产质量指标	不良贷款比例	3%（含）以下为满分，高于3%酌情赋分
		拨备覆盖率	100%（含）以上为满分，低于100%酌情赋分
		正常类贷款迁徙率	1%（含）以下为满分，高于1%酌情赋分
		关注类贷款迁徙率	1%（含）以下为满分，高于1%酌情赋分
	盈利能力指标	资本收益率（净资产收益率）	35%（含）以上为满分，低于35%酌情赋分
		资产收益率	1.5%（含）以上为满分，低于1.5%酌情赋分

[1] 参见《银行间市场清算所股份有限公司清算会员资信评估业务指引》。

第二章 清算机构场外金融衍生品集中清算业务成员资格制度

续表

指标大类	指标小类	指标项	评估标准
	盈利能力指标	成本收入比率	35%（含）以下为满分，高于35%酌情赋分
		注册资本金（股本）	2000亿元（含）以上为满分，低于2000亿元酌情赋分
		资产总额	60 000亿元（含）以上为满分，低于60 000亿元酌情赋分
		净资产	3000亿元（含）以上为满分，低于3000亿元酌情赋分
		营业收入	2500亿元（含）以上为满分，低于2500亿元酌情赋分
	规模指标	净利润	800亿元（含）以上为满分，低于800亿元酌情赋分
定量指标（证券公司类）	资本充足性指标	风险覆盖率	160%（含）以上为满分，低于160%酌情赋分
		净资本比例	90%（含）以上为满分，低于90%酌情赋分
		净资本负债率	500%（含）以上为满分，低于500%酌情赋分
		净资产负债率	500%（含）以上为满分，低于500%酌情赋分
	资产质量	自营权益类证券及证券衍生品/净资本	10%（含）以下为满分，高于10%酌情赋分
		自营固定收益类证券/净资本	100%（含）以下为满分，高于100%酌情赋分
	盈利能力指标	净资产收益率	20%（含）以上为满分，低于20%酌情赋分
		总资产收益率	10%（含）以上为满分，低于10%酌情赋分
		未分配利润率	25%（含）以上为满分，低于25%酌情赋分

续表

指标大类	指标小类	指标项	评估标准
定量指标（财务公司类）	规模指标	注册资本金（股本）	2000亿元（含）以上为满分，低于2000亿元酌情赋分
		资产总额	60 000亿元（含）以上为满分，低于60 000亿元酌情赋分
		净资产	3000亿元（含）以上为满分，低于3000亿元酌情赋分
		净资本	1500亿元（含）以上为满分，低于1500亿元酌情赋分
		营业收入	2500亿元（含）以上为满分，低于2500亿元酌情赋分
		净利润	800亿元（含）以上为满分，低于800亿元酌情赋分
	资本充足性指标	资本充足率	15%（含）以上为满分，低于15%酌情赋分
	流动性指标	资产流动性比例	60%（含）以上为满分，低于60%酌情赋分
		存贷款比率	25%（含）以下为满分，高于25%酌情赋分
		拆入资金比例	0%为满分，高于0%酌情赋分
	资产质量指标	不良贷款比例	5%（含）以下为满分，高于5%酌情赋分
		贷款损失准备充足率	120%（含）以上为满分，低于120%酌情赋分
		不良资产率	4%（含）以下为满分，高于4%酌情赋分
		资产损失准备充足率	120%（含）以上为满分，低于120%酌情赋分
		担保比例	50%（含）以下为满分，高于50%酌情赋分

第二章 清算机构场外金融衍生品集中清算业务成员资格制度

续表

指标大类	指标小类	指标项	评估标准
	盈利能力指标	资产收益率	1.5%（含）以上为满分，低于1.5%酌情赋分
		资本收益率	35%（含）以上为满分，低于35%酌情赋分
	市场风险指标	短期投资比例	20%（含）以下为满分，高于20%酌情赋分
		长期投资比例	15%（含）以下为满分，高于15%酌情赋分
	规模指标	注册资本金（股本）	2000亿（含）以上为满分，低于2000亿酌情赋分
		资产总额	60 000亿（含）以上为满分，低于60000亿酌情赋分
		净资产	3000亿（含）以上为满分，低于3000亿酌情赋分
		营业收入	2500亿（含）以上为满分，低于2500亿酌情赋分
		净利润	800亿（含）以上为满分，低于800亿酌情赋分
定性指标	经济实力	公司对外融资能力	及时获得充足资金的能力及融资成本控制能力
		人员结构	人员结构的合理性，是否能够有力支持业务发展
		表外业务影响	表外业务是否对表内财务状况及经营结果形成重大不利影响
		流动性风险	流动性覆盖率（资产不小于2000亿元的银行，证券公司等）或优质流动性资产充足率（资产小于2000亿元的银行）是否达到监管要求
	品质	公司治理	所有权及组织架构；监事会独立性
		风险控制	风控治理架构；风险管理体系和操作制度；信息系统和风险衡量工具

· 099 ·

续表

指标大类	指标小类	指标项	评估标准
		经营风格	经营是否稳健，业务多元性程度
		财务管理	财务制度和经营业绩标准；财务信息质量、披露及时性
	环境	行业发展环境	所属行业的整体盈利能力、风险水平、行业地位、监管情况
		区域金融环境	地域多元性程度，是否在各省市/地区均开展业务
	资信状况	违约记录	是否出现债券付息兑付违约或其他债务违约；在中国人民银行征信中心企业信用信息基础数据库等是否存在违约记录
		其他信用	声誉及品牌价值
	重大事件	利好	是否出现重大利好事件
		利空	是否出现重大异常交易、财务造假、内幕交易、其他受到监管机构警告或处分等负面事件
风险统计指标	违约情况统计	情形1	评估期间在上海清算所集中清算业务中发生运营性[1]违约且未及时消除的情形
		情形2	评估期间在上海清算所集中清算业务中发生除情形1以外的运营性违约情形

---

[1] 根据《银行间市场清算所股份有限公司集中清算业务规则》和《银行间市场清算所股份有限公司清算会员资信评估业务指引》，清算会员在上海清算所集中清算业务中发生运营性违约，是指清算会员因操作失误、系统故障、短期流动性不足等未能在规定时点前足额支付资金、债券等结算资产，或交纳集中清算业务保证金、清算基金等。

第二章 清算机构场外金融衍生品集中清算业务成员资格制度

表 2-2 资信评估财务数据表[1]

银行类申请机构/清算会员财务信息					
序号	指标	20××年/末	20××年/末	20××年/末	备注
1	资本充足率	%	%	%	资本净额/风险加权资产总额×100%
2	核心一级资本充足率	%	%	%	核心一级资本净额/风险加权资产总额×100%
3	资本积累率	%	%	%	(年末所有者权益-年初所有者权益)/年初所有者权益×100%
4	人民币超额准备金比例	%	%	%	人民币超额准备金/各项存款×100%
5	流动性比例	%	%	%	流动性资产余额/流动性负债余额×100%
6	存贷款比例	%	%	%	各项贷款/各项存款×100%
7	拆入资金比例	%	%	%	拆入资金/各项存款×100%
8	不良贷款比例	%	%	%	不良贷款余额/发放贷款和垫款总额×100%
9	拨备覆盖率	%	%	%	贷款减值准备/不良贷款余额×100%

---

[1] 《银行间市场清算所股份有限公司清算会员资信评估业务指引》。

续表

	银行类申请机构/清算会员财务信息				
序号	指标	20××年/末	20××年/末	20××年/末	备注
10	正常类贷款迁徙率	%	%	%	期初正常类贷款向下迁徙金额/（期初正常类贷款余额-期初正常类贷款期间减少金额）×100%
11	关注类贷款迁徙率	%	%	%	期初关注类贷款向下迁徙金额/（期初关注类贷款余额-期初关注类贷款期间减少金额）×100%
12	平均净资产收益率	%	%	%	净利润/期初期末净资产平均余额×100%
13	平均总资产收益率	%	%	%	净利润/期初期末总资产平均余额×100%
14	成本收入比例	%	%	%	业务及管理费/营业收入×100%
15	注册资本	亿元	亿元	亿元	合并报表口径
16	资产总额	亿元	亿元	亿元	
17	净资产	亿元	亿元	亿元	
18	营业收入	亿元	亿元	亿元	
19	净利润	亿元	亿元	亿元	
20	流动性覆盖率，或优质流动性资产充足率。	%	%	%	优质流动性资产储备/未来30日的资金净流出量×100%；或优质流动性资产/短期现金净流出×100%。

第二章 清算机构场外金融衍生品集中清算业务成员资格制度

续表

序号	指标	20××年/末	20××年/末	20××年/末	备注
	证券公司类申请机构/清算会员财务信息				
1	净资本	亿元	亿元	亿元	母公司口径
2	风险覆盖率	%	%	%	
3	净资本/净资产	%	%	%	
4	净资本/负债	%	%	%	
5	净资产/负债	%	%	%	
6	自营权益类证券及证券衍生品/净资本	%	%	%	
7	自营固定收益类证券/净资本	%	%	%	
8	平均净资产收益率	%	%	%	净利润/期初和期末净资产平均余额×100%
9	平均总资产收益率	%	%	%	净利润/期初和期末总资产平均余额×100%
10	未分配利润率	%	%	%	未分配利润/净资产×100%
11	注册资本	亿元	亿元	亿元	合并报表口径
12	资产总额	亿元	亿元	亿元	
13	净资产	亿元	亿元	亿元	
14	营业收入	亿元	亿元	亿元	
15	净利润	亿元	亿元	亿元	
16	流动性覆盖率	%	%	%	优质流动性资产储备/未来30日的资金净流出量×100%

续表

财务公司类申请机构/清算会员财务信息					
序号	指标	20××年/末	20××年/末	20××年/末	备注
1	资本充足率	%	%	%	资本净额/风险加权资产总额×100%
2	资产流动性比例	%	%	%	流动性资产余额/流动性负债余额×100%
3	存贷款比例	%	%	%	各项贷款/各项存款×100%
4	拆入资金比例	%	%	%	拆入资金/各项存款×100%
5	不良贷款比例	%	%	%	不良贷款/各项贷款×100%
6	贷款损失准备充足率	%	%	%	贷款实际计提准备/贷款应提准备×100%
7	不良资产率	%	%	%	不良信用风险资产/信用风险资产×100%
8	资产损失准备充足率	%	%	%	信用风险资产实际计提准备/信用风险资产应提准备×100%
9	担保比例	%	%	%	担保风险敞口/资本总额×100
10	平均净资产收益率	%	%	%	净利润/期初期末净资产平均余额×100%
11	平均总资产收益率	%	%	%	净利润/期初期末总资产平均余额×100%
12	短期投资比例	%	%	%	短期投资/资本总额×100%
13	长期投资比例	%	%	%	长期投资/资本总额×100%

续表

财务公司类申请机构/清算会员财务信息					
序号	指标	20××年/末	20××年/末	20××年/末	备注
14	注册资本	亿元	亿元	亿元	合并报表口径
15	资产总额	亿元	亿元	亿元	
16	净资产	亿元	亿元	亿元	
17	营业收入	亿元	亿元	亿元	
18	净利润	亿元	亿元	亿元	

（参见《银行间市场清算所股份有限公司清算会员资信评估办法》）

由于上海清算所目前未对参与不同场外金融衍生品集中清算业务的清算会员资格条件加以区分，其清算会员资格要求尚不足以反映上海清算所开展的不同清算业务的风险状况，未与上海清算所允许其参与不同清算业务而面临的特定风险相适应。

基于此，笔者建议在《中国人民银行关于建立场外金融衍生产品集中清算机制及开展人民币利率互换集中清算业务有关事宜的通知》要求上海清算所制定集中清算业务参与者标准的基础上，将来制定银行间市场清算机构清算业务监管部门规章时进一步明确银行间市场清算机构应确立与风险相关的成员资格要求制度。

同时，建议上海清算所在清算会员资格自律规则中，在现有清算会员资格要求的基础上，基于不同场外金融衍生品集中清算业务的不同风险特性，对参与不同场外金融衍生品集中清算业务的清算会员（如参与不同场外金融衍生品集中清算业务的代理清算的产品类综合清算会员）设定不同的清算会员资格要求。在清算会员准入定性和定量评估指标方面，建议从申请机构自身与其参与的场外金融衍生交易可能给上海清算所带来的风险两个角度进行指标设定，以确立与风险相关的场外金融衍生品集中清算业务会员资格要求自律规则。

二、场外金融衍生品集中清算业务成员头寸持续监控制度

为控制成员给清算机构带来的信用风险和流动性风险，清算机构应持续监控其成员是否符合成员资格要求。《欧洲市场基础设施监管条例》要求中央对手方应持续监控其成员是否符合成员资格要求，应至少每年对清算成员是否符合成员资格要求进行一次全面审核。[1]

上海清算所清算会员有可能不再满足清算会员资格要求，清算会员还可能对上海清算所带来风险，如上海清算所面临会员在结算时或之后无法履行支付义务的信用风险[2]。对此，《中国人民银行关于建立场外金融衍生产品集中清算机制及开展人民币利率互换集中清算业务有关事宜的通知》要求上海清算所应建立参与者信用风险监测和评估体系。上海清算所《清算会员资信评估业务指引》规定清算所对清算会员的资信评估工作包括动态跟踪与评估，并将动态跟踪与评估界定为清算所根据清算会员的外部信用评级、财务状况等，对清算会员的资信水平及其对集中清算业务可能带来的风险情况进行持续跟踪，用于清算会员动态风险管理。笔者建议将来制定银行间市场清算机构清算业务监管部门规章时进一步明确银行间市场清算机构应确立成员资格持续监控

---

〔1〕 European Parliament and the Council of the E.U., *Regulation (EU) No 648/2012 of the European Parliament and of the Council of 4 July 2012 on OTC Derivatives, Central Counterparties and Trade Repositories*, July 2012.

〔2〕 上海清算所：《上海清算所中央对手方清算业务金融市场基础设施原则信息披露（2023）》，载 https://www.shclearing.com.cn/cpyyw/ywgz/detail_38.html?productDocClient/detail/4028528186849b5b0186969a017c22fc，最后访问日期：2024 年 5 月 16 日。

制度。实践中上海清算所持续监控清算会员是否符合会员资格要求，通过中央对手方清算业务检查、会员资格年度评估[1]、持续资信评估[2]、会员头寸监控等方式控制清算会员给上海清算所带来的风险，并有权采取限制、暂停或取消清算会员参与相关中央对手清算业务资格或直接取消其会员资格[3]等措施。

下文将重点探讨旨在控制成员给清算机构带来风险的成员头寸持续监控制度。

（一）清算成员头寸限额和盯市制度

由于成员持有头寸的规模显著增加时可能给清算机构带来较高信用风险，实践中清算机构一般对其成员设定头寸限制。美国《衍生品清算组织一般条款和核心原则》2020年修正案要求衍生品清算组织应对每一成员设定风险限额以避免成员持有风险敞口头寸超出其预缴金融资源覆盖的风险暴露。

上海清算所对会员施加头寸监控，针对每项中央对手方清算业务设定各会员的清算限额，即衍生合约的持仓数量或合约组合

---

[1] 在会员资格年度评估中，上海清算所根据在中央对手清算业务检查中清算会员提交的经审计的上一会计年度财务报告和风险状况等信息，以及在年度会员资信评估中上海清算所确定的会员资信评分等进行会员资格年度评估，对于评估结果不合格或不符合会员资格条件的清算会员有权取消其清算会员资格。参见《银行间市场清算所股份有限公司清算会员资信评估办法》。

[2] 在年度会员资信评估中，上海清算所基于清算会员最近一个会计年度的财务状况、经营结果以及参与中央对手清算业务情况等，使用资信评估模型确定会员资信评分，对于经营、财务状况严重恶化，资信评分低于50的银行和低于45的非银行类会员有权暂停或限制其中央对手清算业务权限。参见《银行间市场清算所股份有限公司清算会员资信评估办法》。

[3] 依据《银行间市场清算所股份有限公司清算会员资信评估业务指引》，若清算会员出现下列情形，上海清算所有权终止清算会员参与相关集中清算业务或终止相关清算会员资质，如发生停业、整顿、托管、接管、撤销、关闭、解散、破产、重整、清算，经营状况、财务状况恶化无法清偿到期债务或明显缺乏清偿能力，或者被吊销法人营业执照或业务经营相关许可证，被监管机构处罚等。

的风险敞口[1]额度等，并根据会员头寸净额或风险敞口实时监测情况调整其风险敞口限额[2]。比如，上海清算所在人民币利率互换集中清算业务中根据风险监测情况限定会员总风险敞口或某一参考利率合约组合风险敞口最大值，会员清算限额原则上不低于月度或季度风险敞口均值×风险敞口调整因子，在标准利率互换、标准债券远期集中清算业务中设置单一清算会员总持仓限额，即清算限额+（容忍度/参考合约保证金比率）作为标准利率互换、标准债券远期交易达成前的限额控制[3]。上海清算所根据各项中央对手方清算业务每一会员的清算限额和信用风险因子计算该会员应交纳的最低保证金[4]。

在日间清算处理阶段风控合规性检查环节，上海清算所清算

---

[1] 根据《银行间市场清算所股份有限公司集中清算业务指南（2024年版）》，风险敞口是指基于损失分布假设及会员当前头寸数据，在历史及特殊场景下计算出的在平仓期间、一定置信度下该会员头寸组合可能产生的最大潜在损失。

[2] 比如，自人民币利率互换集中清算业务上线以来，上海清算所每月根据会员的实际历史风险敞口测算其风险敞口限额的理论值。鉴于部分人民币利率互换集中清算业务会员的风险敞口限额已不足以覆盖其实际风险敞口，上海清算所自2015年1月起根据会员实际历史风险敞口每月更新其风险敞口限额，自2016年1月起每季度调整会员的风险敞口限额。参见上海清算所：《人民币利率互换集中清算业务清算基金通知（2015年11月）》，载 http://www.shclearing.com/cpyyw/tzgg/201511/t20151116_478546.html，访问日期：2014年7月29日。

[3] 单一清算参与者总持仓限额采用事前控制原则。根据中国外汇交易中心2015年4月6日发布的《全国银行间债券市场标准债券远期交易规则（试行）》和《银行间市场清算所股份有限公司集中清算业务指南（2024年版）》，银行间市场成员通过外汇交易中心X-Swap系统进行标准利率互换、标准债券远期交易，应在上海清算所对其设置的单一清算会员总持仓限额内达成交易。上海清算所于T日日终及T+1日日间更新单一清算参与者总持仓限额，并发送外汇交易中心，作为T+1日交易达成前的限额控制。

[4] 信用违约互换或人民币利率互换集中清算业务、人民币外汇询价交易中央对手方清算业务最低保证金要求＝清算参与者风险敞口限额（自营/代理）×会员信用风险因子。上海清算所根据会员清算限额的调整情况，相应调整其最低保证金要求。

系统对提交集中清算的场外金融衍生交易数据进行成员头寸限额检查和最低保证金要求检查,[1]判断试算交易是否会引起清算会员或客户超出清算限额、容忍度等风险控制条件,并根据风控合规性检查结果进行相应的后续处理(详见表2-3和表2-4)。[2]

表2-3　信用违约互换、人民币利率互换(国内互换业务)集中清算业务风控合规性检查步骤[3]

检查步骤	风控条件	处理方式
1	交易双方合约组合风险敞口对应的保证金要求≤保证金余额	清算系统对该笔交易进行合约替代。
2	交易双方合约组合风险敞口对应的保证金要求≤保证金余额+容忍度[4]	清算系统对该笔交易进行合约替代。上海清算所对于保证金要求超出保证金余额部分提供授信。
3	交易一方或双方合约组合风险敞口对应的保证金要求>保证金余额+容忍度	上海清算所将该笔交易纳入后续批次风控检查,上海清算所有权于日终拒绝接单。

---

[1]　参见上海清算所:《上海清算所中央对手方清算业务金融市场基础设施原则信息披露(2023)》,载 https://www.shclearing.com.cn/cpyyw/ywgz/detail_38.html?productDocClient/detail/4028528186849b5b0186969a017c22fc,最后访问日期:2025年4月3日。
[2]　参见《银行间市场清算所股份有限公司集中清算业务指南(2024年版)》。
[3]　参见《银行间市场清算所股份有限公司集中清算业务指南(2024年版)》。
[4]　根据《银行间市场清算所股份有限公司集中清算业务指南(2024年版)》,容忍度是指日间上海清算所对于清算会员实时保证金缺口的最大容忍额度或比例。其中保证金缺口=保证金要求-保证金有效余额。会员自营及代理业务容忍度由上海清算所根据会员的资信情况、历史交易持仓水平等因素确定。根据上海清算所《清算会员资信评估业务指引》,上海清算所对利率互换、人民币外汇交易、外币对交易、信用违约互换等集中清算业务,可按各业务既定容忍度的100%、50%、20%、0%设置容忍度;对标准利率衍生品等集中清算业务,根据资信评分计算信用系数后设置持仓限额或容忍度。

表2-4　人民币外汇询价交易中央对手方清算业务风控合规性检查步骤[1]

检查步骤	风控条件	处理方式
1	成交双方对应的清算会员同时满足：接单后总风险值<接单前总风险值，或者接单后总风险值<保证金余额+容忍度。如成交双方任意一方为非清算会员，则代理非清算会员的综合清算会员需满足上述条件。	清算系统将该笔成交纳入后续的中央对手方清算处理。
2	成交双方对应的清算会员任意一方不满足前述条件。如成交双方任意一方为非清算会员，则代理非清算会员的综合清算会员不满足上述条件。	该笔成交进入等待队列，上海清算所将向超出方追缴保证金，保证金追缴成功后重新将该笔交易纳入中央对手方清算处理。

由此可见，上海清算所根据其针对各项中央对手方清算业务设定的每一会员清算限额和会员信用风险因子，分别计算每一会员参与中央对手方清算业务应交纳的最低保证金以覆盖该会员的潜在未来信用暴露。

在日间清算处理阶段风控合规性检查环节，基于会员持有头寸风险敞口超出其清算限额时该会员交纳的最低保证金可能不足以覆盖其潜在未来暴露，上海清算所有权对该会员追加日间超限保证金[2]为超出其头寸限额的交易产生的信用暴露提供担保，或者拒绝承接其新增交易而限制纳入集中清算的该会员参与的交易，以通过实施头寸限额来控制会员给上海清算所带来的信用风

---

[1]《银行间市场清算所股份有限公司集中清算业务指南（2024年版）》。

[2]　在日终清算处理环节，上海清算所计算各清算会员的保证金要求，当会员保证金余额低于其超限保证金要求时，向该会员追缴日终超限保证金。参见《银行间市场清算所股份有限公司集中清算业务指南（2024年版）》。

险。譬如，在人民币外汇掉期询价交易中央对手方清算业务中，上海清算所曾于2018年向受外汇交易量扩增影响而持有风险敞口头寸超出其清算限额的清算会员宁波银行多日追加超限保证金，抑制了其参与人民币外汇掉期询价交易中央对手方清算业务。[1]另外，上海清算所日间清算系统对会员的合约组合及其盯市盈亏[2]情况进行风险监控，当会员盯市亏损过大时有权实时重新计算其风险敞口及相应保证金要求，并对保证金余额低于盯市保证金要求的会员追缴日间盯市保证金以弥补盯市亏损，可见上海清算所通过对会员头寸进行逐日盯市并追加盯市保证金以覆盖会员未来信用暴露，以控制会员给上海清算所带来的信用风险。

问题是上海清算所是基于清算会员的业务规模、资信状况及其清算限额申请情况等因素核定会员的清算限额，[3]在设定会员清算限额时需考虑其业务规模和信用风险因素，但清算限额并不能完全反映会员参与单笔大额交易或高风险交易的情况，上海清算所自律规则也未针对会员参与单笔大额交易的异常情况明确规定清算所可采取的措施。

而会员参与大额交易或高风险交易可能因违约而给上海清算所带来较高信用风险，且上海清算所进行违约处置时在一个集中市场占据较大市场份额的违约会员头寸往往较难平仓。[4]针对成

---

[1] 符睿波：《十年上清之路——中小银行清算管理塑型之路》，载上海清算所内部刊物《会员通讯》2019年第10期。

[2] 盯市是指上海清算所根据会员头寸的成交价与最新公允价值计算其各项集中清算业务浮动盈亏的过程。参见2020年《银行间市场清算所股份有限公司集中清算业务规则》和《银行间市场清算所股份有限公司集中清算业务指南（2024年版）》。

[3] 参见2020年《银行间市场清算所股份有限公司集中清算业务规则》。

[4] 参见申自洁：《中央对手清算机制在防范系统性风险中的重要作用》，载上海清算所内部刊物《会员通讯》2014年第6期。

员参与大额交易,《金融市场基础设施原则》规定中央对手方应监控成员的大额交易风险。

笔者建议上海清算所在清算会员自律规则中增加对会员参与单笔大额交易、高风险交易的头寸监控规则,明确规定上海清算所针对会员参与单笔大额交易可采取的措施。同时,建议上海清算所在自律规则中规定在设定会员清算限额时除考虑其业务规模、资信状况等因素以外,还应考虑会员参与单笔大额交易或高风险交易的风险因素,以控制会员给上海清算所带来的信用风险。

(二) 清算成员头寸集中度监控制度

当成员因开展交易而持有头寸的集中度显著增加时,在极端但可能的市场条件下一旦发生一个或若干成员违约,清算机构的金融资源可能不足以覆盖成员违约造成的损失,[1]且在清算机构违约处置时集中度较高的违约成员头寸往往较难平仓[2]。针对成员头寸集中度风险,《金融市场基础设施原则》规定中央对手方可对成员施加头寸集中度限制。

上海清算所对头寸集中的会员追缴变动保证金,即日间清算系统对会员的合约组合集中度进行风险监控,当会员头寸过于集中时实时重新计算特殊保证金,并向会员追缴日间特殊保证金;在日终清算处理环节,当上海清算所计算的会员特殊保证金要求超出其保证金余额时,向该会员追缴日终特殊保证金。

从违约管理的角度来看,清算机构针对成员头寸集中度风险

---

[1] CPMI-IOSCO, *Principles for Financial Market Infrastructures*, April 2012.

[2] 参见 Edwin Budding、David Murphy:《危机中的 CCP:国际商品清算所、新西兰期货与期权交易所及斯蒂芬·弗朗西斯事件》,朱桦超、林嘉琪译,载上海清算所内部刊物《会员通讯》2020 年第 5 期;申自洁:《中央对手清算机制在防范系统性风险中的重要作用》,载上海清算所内部刊物《会员通讯》2014 年第 6 期。

收取变动保证金，将有利于抑制成员通过开展交易持有过度集中的头寸，使得清算机构持有更多流动性金融资源进行违约处置，但无法避免出现对难以平仓的集中度较高头寸进行违约处置的情况，而对成员参与清算业务设定集中度头寸限额有利于避免出现难以平仓的头寸。[1]

对于集中度头寸限额，上海清算所在标准利率互换、标准债券远期集中清算业务中设置单一清算会员单合约持仓限额以控制各机构对于单一合约的持仓规模，以避免发生操纵和逼仓等风险；设置单合约全市场单边持仓限额，以控制全市场对单一合约的持仓规模，降低结算风险。[2]

然而，上海清算所自律规则未规定标准利率互换、标准债券远期集中清算业务单一清算会员单合约持仓限额和单合约全市场单边持仓限额的计算方式，对会员参与其他场外金融衍生品集中清算业务未设定集中度头寸限额，且未规定针对会员头寸集中度风险追加特殊保证金的计算方式，这不利于上海清算所识别和监测会员头寸集中度风险。

笔者建议上海清算所在清算会员自律规则中完善会员头寸集中度风险监控自律规则，明确规定针对会员头寸集中度风险追加特殊保证金的计算方式，对各项场外金融衍生品集中清算业务每一会员设定集中度头寸限额，并规定标准利率互换、标准债券远期集中清算业务单一清算会员单合约持仓限额和单合约全市场单边持仓限额的计算方式。

---

[1] 参见 Edwin Budding、David Murphy：《危机中的 CCP：国际商品清算所、新西兰期货与期权交易所及斯蒂芬·弗朗西斯事件》，朱桦超、林嘉琪译，载上海清算所内部刊物《会员通讯》2020 年第 5 期；申自洁：《中央对手清算机制在防范系统性风险中的重要作用》，载上海清算所内部刊物《会员通讯》2014 年第 6 期。

[2] 参见《银行间市场清算所股份有限公司集中清算业务指南（2024 年版）》。

同时，建议上海清算所在自律规则中规定设定会员清算限额应考虑持有头寸集中的会员参与清算业务的风险因素，以降低因会员头寸过度集中而给上海清算所带来的风险。

附录：上海清算所场外金融衍生品集中清算业务参与者名单

附录一：人民币利率互换集中清算业务参与者名单[1]

一、综合清算会员（10家）

序号	机构名称
1	中国工商银行股份有限公司
2	交通银行股份有限公司
3	上海浦东发展银行股份有限公司
4	兴业银行股份有限公司
5	中信证券股份有限公司
6	国泰君安证券股份有限公司
7	中国银行股份有限公司
8	中国农业银行股份有限公司
9	中国建设银行股份有限公司
10	中信银行股份有限公司

---

〔1〕 上海清算所：《人民币利率互换集中清算业务参与者名单》，载https://www.shclearing.com/hyfw/qshy/qshymd/ptqshy/201312/t20131231_30693.html，最后访问日期：2025年4月3日。

二、普通清算会员（39 家）

序号	机构名称
1	国家开发银行
2	中国进出口银行
3	中国光大银行股份有限公司
4	华夏银行股份有限公司
5	中国民生银行股份有限公司
6	招商银行股份有限公司
7	广发银行股份有限公司
8	平安银行股份有限公司
9	渤海银行股份有限公司
10	中国邮政储蓄银行股份有限公司
11	北京银行股份有限公司
12	杭州银行股份有限公司
13	上海银行股份有限公司
14	宁波银行股份有限公司
15	南京银行股份有限公司
16	上海农村商业银行股份有限公司
17	中国国际金融股份有限公司
18	广发证券股份有限公司
19	招商证券股份有限公司
20	中信建投证券股份有限公司
21	东方证券股份有限公司
22	华泰证券股份有限公司

续表

序号	机构名称
23	汇丰银行（中国）有限公司
24	花旗银行（中国）有限公司
25	渣打银行（中国）有限公司
26	德意志银行（中国）有限公司
27	摩根大通银行（中国）有限公司
28	法国巴黎银行（中国）有限公司
29	法国兴业银行（中国）有限公司
30	澳大利亚和新西兰银行（中国）有限公司
31	东亚银行（中国）有限公司
32	星展银行（中国）有限公司
33	大华银行（中国）有限公司
34	华侨银行股份有限公司
35	三菱日联银行（中国）有限公司
36	瑞穗银行（中国）有限公司
37	浙商银行股份有限公司
38	中国银河证券股份有限公司
39	中国银行（香港）有限公司

第二章 清算机构场外金融衍生品集中清算业务成员资格制度

附录二：标准债券远期集中清算业务参与者名单[1]

一、综合清算会员（7家）

序号	机构名称
1	中国银行股份有限公司
2	交通银行股份有限公司
3	宁波银行股份有限公司
4	中信证券股份有限公司
5	国泰君安证券股份有限公司
6	上海浦东发展银行股份有限公司
7	东方证券股份有限公司

二、普通清算会员（44家）

序号	机构名称
1	国家开发银行
2	中国进出口银行
3	中国工商银行股份有限公司
4	中国农业银行股份有限公司
5	中国建设银行股份有限公司
6	兴业银行股份有限公司
7	中信银行股份有限公司

[1] 上海清算所:《标准债券远期集中清算业务参与者名单》,载 https://www.shclearing.com/hyfw/qshy/qshymd/ptqshy/201509/t20150902_103393.html,最后访问日期:2025年4月3日。

续表

序号	机构名称
8	中国光大银行股份有限公司
9	中国民生银行股份有限公司
10	招商银行股份有限公司
11	广发银行股份有限公司
12	平安银行股份有限公司
13	恒丰银行股份有限公司
14	浙商银行股份有限公司
15	渤海银行股份有限公司
16	中国邮政储蓄银行股份有限公司
17	上海银行股份有限公司
18	南京银行股份有限公司
19	杭州银行股份有限公司
20	厦门银行股份有限公司
21	大连银行股份有限公司
22	蒙商银行股份有限公司
23	威海市商业银行股份有限公司
24	长沙银行股份有限公司
25	上海农村商业银行股份有限公司
26	中国国际金融股份有限公司
27	广发证券股份有限公司
28	招商证券股份有限公司
29	中信建投证券股份有限公司
30	光大证券股份有限公司

续表

序号	机构名称
31	华泰证券股份有限公司
32	兴业证券股份有限公司
33	平安证券股份有限公司
34	国信证券股份有限公司
35	国投证券股份有限公司
36	国开证券股份有限公司
37	东海证券股份有限公司
38	大华银行（中国）有限公司
39	三菱日联银行（中国）有限公司
40	星展银行（中国）有限公司
41	江苏银行股份有限公司
42	汇丰银行（中国）有限公司
43	中国银河证券股份有限公司
44	中国银行（香港）有限公司

附录三：信用违约互换集中清算业务参与者名单[1]

一、综合清算会员（3家）

序号	机构名称
1	中国银行股份有限公司

---

[1] 上海清算所：《信用违约互换集中清算业务参与者名单》，载 http://www.s-hclearing.com/hyfw/qshy/qshymd/ptqshy/201801/t20180129_343973.html，最后访问日期：2024年7月29日。

续表

序号	机构名称
2	中国建设银行股份有限公司
3	交通银行股份有限公司

二、普通清算会员（21家）

序号	机构名称
1	中国工商银行股份有限公司
2	上海浦东发展银行股份有限公司
3	中信银行股份有限公司
4	中国民生银行股份有限公司
5	招商银行股份有限公司
6	兴业银行股份有限公司
7	广发银行股份有限公司
8	平安银行股份有限公司
9	浙商银行股份有限公司
10	上海银行股份有限公司
11	宁波银行股份有限公司
12	南京银行股份有限公司
13	厦门银行股份有限公司
14	中信证券股份有限公司
15	国泰君安证券股份有限公司
16	中国国际金融股份有限公司
17	招商证券股份有限公司

第二章 清算机构场外金融衍生品集中清算业务成员资格制度

续表

序号	机构名称
18	中信建投证券股份有限公司
19	广发证券股份有限公司
20	光大证券股份有限公司
21	申万宏源证券有限公司

附录四：人民币外汇交易中央对手清算业务参与者名单[1]

一、综合清算会员（9家）

序号	机构名称	清算品种
1	中国工商银行股份有限公司	远期、掉期、期权、T+1掉期、T+1期权、长期限远期、长期限掉期
2	中国银行股份有限公司	远期、掉期、期权、T+1掉期、T+1期权、长期限远期、长期限掉期
3	中国建设银行股份有限公司	远期、掉期、期权、T+1掉期、T+1期权、长期限远期、长期限掉期
4	交通银行股份有限公司	远期、掉期、期权、T+1掉期、T+1期权、长期限远期、长期限掉期

---

[1] 上海清算所：《人民币外汇交易中央对手清算业务参与者名单》，载 https://www.shclearing.com.cn/hyfw/qshy/qshymd/ptqshy/201507/t20150720_95515.html，最后访问日期：2025年4月6日。

续表

序号	机构名称	清算品种
5	中信银行股份有限公司	远期、掉期、期权、T+1掉期、T+1期权、长期限远期、长期限掉期
6	招商银行股份有限公司	远期、掉期、期权、T+1掉期、T+1期权、长期限远期、长期限掉期
7	上海浦东发展银行股份有限公司	远期、掉期、期权、T+1掉期、T+1期权、长期限远期、长期限掉期
8	宁波银行股份有限公司	远期、掉期、期权、T+1掉期、T+1期权、长期限远期、长期限掉期
9	兴业银行股份有限公司	远期、掉期、期权、T+1掉期、T+1期权、长期限远期、长期限掉期

二、衍生品普通清算会员（32家）

序号	机构名称	清算品种
1	国家开发银行	远期、掉期、期权、T+1掉期、T+1期权、长期限远期、长期限掉期
2	中国进出口银行	远期、掉期
3	中国农业银行股份有限公司	远期、掉期、T+1掉期、长期限远期、长期限掉期
4	中国光大银行股份有限公司	远期、掉期、期权、T+1掉期、T+1期权、长期限远期、长期限掉期

续表

序号	机构名称	清算品种
5	广发银行股份有限公司	远期、掉期、期权、长期限远期、长期限掉期
6	中国民生银行股份有限公司	远期、掉期、期权、T+1掉期、T+1期权、长期限远期、长期限掉期
7	华夏银行股份有限公司	远期、掉期、期权、T+1掉期、T+1期权、长期限远期、长期限掉期
8	平安银行股份有限公司	远期、掉期、期权、T+1掉期、T+1期权、长期限远期、长期限掉期
9	南京银行股份有限公司	远期、掉期、期权、T+1掉期、T+1期权、长期限远期、长期限掉期
10	浙商银行股份有限公司	远期、掉期、期权、T+1掉期、T+1期权、长期限远期、长期限掉期
11	东亚银行（中国）有限公司	远期、掉期、T+1掉期、长期限远期、长期限掉期
12	蒙特利尔银行（中国）有限公司	远期、掉期、期权、T+1掉期、T+1期权
13	大华银行（中国）有限公司	远期、掉期、期权、T+1掉期、T+1期权、长期限远期、长期限掉期
14	星展银行（中国）有限公司	远期、掉期、期权、T+1掉期、T+1期权、长期限远期、长期限掉期
15	瑞穗银行（中国）有限公司	远期、掉期、期权

续表

序号	机构名称	清算品种
16	富邦华一银行有限公司	远期、掉期、期权、长期限远期、长期限掉期
17	上海银行股份有限公司	远期、掉期、期权、T+1掉期、长期限远期、长期限掉期
18	三井住友银行（中国）有限公司	远期、掉期
19	法国巴黎银行（中国）有限公司	远期、掉期、期权、长期限远期、长期限掉期
20	厦门银行股份有限公司	远期、掉期
21	渣打银行（中国）有限公司	远期、掉期、长期限远期、长期限掉期
22	法国兴业银行（中国）有限公司	远期、掉期、长期限远期、长期限掉期
23	德意志银行（中国）有限公司	远期、掉期、长期限远期、长期限掉期
24	杭州银行股份有限公司	远期、掉期、期权、T+1期权、长期限远期、长期限掉期
25	三菱日联银行（中国）有限公司	远期、掉期、期权
26	江苏江南农村商业银行股份有限公司	远期、掉期、期权、T+1掉期、T+1期权、长期限远期、长期限掉期
27	江苏银行股份有限公司	远期、掉期、期权、长期限远期、长期限掉期
28	东方汇理银行（中国）有限公司	远期、掉期、长期限远期、长期限掉期

续表

序号	机构名称	清算品种
29	澳大利亚和新西兰银行（中国）有限公司	远期、掉期、长期限远期、长期限掉期
30	北京银行股份有限公司	远期、掉期、期权
31	华侨银行股份有限公司	远期、掉期、期权、长期限远期、长期限掉期
32	渤海银行股份有限公司	远期、掉期、期权、长期限远期、长期限掉期

附录五：外币对交易中央对手清算业务参与者名单[1]

一、综合清算会员（9家）

序号	机构名称	清算货币对
1	中国银行股份有限公司	欧元/美元、美元/日元、美元/港币、澳元/美元、英镑/美元
2	中国建设银行股份有限公司	
3	交通银行股份有限公司	
4	上海浦东发展银行股份有限公司	
5	宁波银行股份有限公司	

---

[1] 上海清算所：《人民币外汇交易中央对手清算业务参与者名单》，载 https://www.shclearing.com.cn/hyfw/qshy/qshymd/ptqshy/202303/t20230320_1204569.html，最后访问日期：2025年4月16日。

二、普通清算会员（13家）

序号	机构名称	清算货币对
1	中国工商银行股份有限公司	欧元/美元、美元/日元、美元/港币、澳元/美元、英镑/美元
2	中信银行股份有限公司	
3	中国光大银行股份有限公司	
4	中国民生银行股份有限公司	
5	平安银行股份有限公司	
6	兴业银行股份有限公司	
7	上海银行股份有限公司	
8	南京银行股份有限公司	
9	江苏银行股份有限公司	
10	宁波鄞州农村商业银行股份有限公司	
11	广发银行股份有限公司	
12	江苏江南农村商业银行股份有限公司	
13	恒丰银行股份有限公司	

第三章

清算机构场外金融衍生品集中清算业务风险管理制度

国际清算银行支付结算体系委员会和国际证监会组织技术委员会认为,确立中央对手方的风险管理国际标准对于促进金融市场安全是一个关键因素。[1]

在风险管理制度方面,中国人民银行 2011 年 3 月发布的《银行间市场清算所股份有限公司业务监督管理规则》原则性规定上海清算所应建立健全的内部控制机制和风险管理制度。

实践中清算机构作为中央对手方所面临的信用风险、流动性风险可能严重影响其提供关键服务,若清算机构发生流动性危机而导致其丧失清偿能力可能产生严重的系统性问题,特别当一家清算机构为多个市场提供服务时更易引发系统性风险,因此清算机构监控其所面临的信用风险、流动性风险等各种风险的能力对于其所提供服务的市场稳健运作至关重要。[2]

上海清算所开展场外金融衍生品集中清算业务主要面临清算会员违约而产生的信用风险和因成员以及流动性提供者、结算银

---

[1] See CPMI-IOSCO, *Recommendations for Central Counterparties*, March 2004, 转引自陈兰兰:《清算机构场外衍生品集中清算风险监管研究》,载《金融监管研究》2014 年第 1 期。

[2] CPMI-IOSCO, *Principles for Financial Market Infrastructures*, April 2012.

行、托管银行等其他实体违约而产生的流动性风险,以及因会员同时参加境外中央对手方、与其他金融市场基础设施连接而产生的相互关联风险,并可能因其所面临的信用风险和流动性风险而引发系统性风险。

本章着重研究旨在识别、度量和监测清算机构面临的信用风险、流动性风险以及相互关联风险与可能引发的系统性风险的压力测试制度、清算机构发生流动性危机时获得流动性制度等清算机构场外金融衍生品集中清算业务风险管理的两项关键制度。

压力测试是中央对手方一个核心的风险管理工具。[1]清算机构作为中央对手方为测试自身在市场压力场景下的韧性,可开展信用压力测试度量和监测因成员违约产生的信用风险,实施流动性压力测试度量和监测因成员违约以及流动性提供者、托管银行、结算银行等其他实体违约而产生的流动性风险,并可进行反向信用压力测试、反向流动性压力测试以识别信用压力测试和流动性压力测试模型的局限性,以确定分别可耗尽其金融资源、流动性金融资源的极端市场压力场景与成员违约场景的组合。

各国中央对手方监管机构在实施对清算机构等中央对手方的监管压力测试时,除了可开展对单个中央对手方的监管压力测试以实现微观审慎监管目标以外,主要通过实施对多个中央对手方的信用压力测试、流动性压力测试识别和监测多个中央对手方面临的信用风险、流动性风险是否会引发系统性风险,以实现宏观审慎监管目标。监管机构还可通过对多个中央对手方的反向压力

---

[1] CPMI-IOSCO, *Framework for Supervisory Stress Testing of Central Counterparties*, April 2018; Fernando Cerezetti、Mark Manning:《中央对手方监管压力测试:宏观审慎的双层式方法》,国文、林嘉琪译,载上海清算所内部刊物《会员通讯》2018年第8期。

第三章　清算机构场外金融衍生品集中清算业务风险管理制度

测试（目前为反向信用压力测试）确定可耗尽中央对手方金融资源的市场压力场景与成员违约场景的组合，旨在识别可引发系统性风险的市场压力场景与成员违约场景的组合。

通过压力测试，还可识别和监测中央对手方与成员、关键服务提供者以及其他金融市场基础设施相互关联而产生的风险。

下文将分别探讨清算机构内部压力测试制度、监管压力测试制度、监测关联风险压力测试制度。

一、清算机构内部压力测试制度

1. 信用压力测试制度

（1）信用压力测试中极端压力情景设置问题。

国际清算银行支付结算体系委员会和国际证监会组织技术委员会于 2004 年 3 月共同发布的《场外衍生品中央对手方建议》（RCCP）要求中央对手方每月进行信用压力测试。[1]《金融市场基础设施原则》则要求中央对手方每日进行信用压力测试，以监测其金融资源是否足以覆盖在极端压力情况下一家或两家成员违约对中央对手方造成的损失。

依据《金融市场基础设施原则》，中央对手方在实施信用压力测试时设置的压力情景应包括市场风险场景（包括历史价格波动峰值、价格决定因素和收益曲线等其他市场因素变化、融资和资产市场同时出现压力等）与不同期限的清算成员违约场景，以及在各种极端但可能出现的市场条件下的一系列前瞻性压力情景。关于极端但可能的压力情景，《金融市场基础设施原则》规定，对于涉及更为复杂的风险状况或在多个司法管辖区内具有系统重要性的中央对手方，设置的极端压力情景应包括但不限于极

---

[1] CPMI-IOSCO, *Recommendations for Central Counterparties*, March 2004.

端但可能的市场条件下两家成员及其附属机构违约对其产生的最大信用暴露；对于其他中央对手方，设置的极端压力情景应包括但不限于极端但可能的市场条件下一家成员及其附属机构违约产生的最大信用暴露。

但《金融市场基础设施原则》对信用压力测试设置的极端压力场景未作具体规定，同时还要求在信用压力测试中压力场景（包括极端压力场景）不应是静态的，而应随着市场条件的变化不断发展。[1]由于清算机构在相关市场价格易获取时相对较易监测其所面临的当前信用风险，但往往较难度量其所面临的潜在未来风险，[2]《金融市场基础设施原则》的上述规定进一步增加了清算机构进行极端压力情景下信用压力测试的难度。

国际清算银行支付和市场基础设施委员会与国际证监会组织2017年7月共同发布的《中央对手方的韧性》最终报告为中央对手方建立信用压力测试和流动性压力测试框架提供其应考虑的关键要素，提出极端但可能的市场条件是在成员违约场景下出现，基于大型成员违约后中央对手方对违约成员头寸执行平仓可能进一步恶化市场条件而导致第二家成员违约，[3]规定中央对手方在信用压力测试中确定极端但可能的市场条件，应以对中央对手方产生最大信用暴露的一家或两家成员及其附属机构违约为前提条

---

[1] Fernando Cerezetti、Mark Manning：《中央对手方监管压力测试：宏观审慎的双层式方法》，国文、林嘉琪译，载上海清算所内部刊物《会员通讯》2018年第8期。依据《金融市场基础设施原则》原则要点4.5，中央对手方在信用压力测试中设置的压力场景，应符合当前和变化的市场条件下中央对手方要求的违约保护水平，变化的市场条件包括清算的产品或所服务市场的波动率扩大、流动性降低、成员持有头寸规模或集中度显著增加等。

[2] CPMI-IOSCO, *Principles for Financial Market Infrastructures*, April 2012.

[3] See CPMI-IOSCO, *Resilience of Central Counterparties (CCPs): Further Guidance on the PFMI (Final Report)*, July 2017；David Hiscocks：《场外衍生品市场监管最新进展》，吴韵译，载上海清算所内部刊物《会员通讯》2018年第8期。

件。但《中央对手方的韧性》仍未明确规定信用压力测试中的极端压力场景。

（2）上海清算所信用压力测试中极端压力情景的探索与完善建议。

目前上海清算所中央对手方清算业务自律规则未对信用压力测试作出规定。在风险管理实践中，上海清算所每日进行各项中央对手清算业务的信用压力测试，[1]监测在极端压力情景下上海清算所的金融资源（包括清算会员缴纳的保证金、清算基金和上海清算所风险准备金等）是否足以覆盖最大两家会员违约造成的损失。

对于极端压力情景，上海清算所在信用压力测试中设置了产生最大信用暴露的两家会员违约的信用风险场景与极端市场风险场景，在设置市场风险场景时综合考虑历史价格波动、头寸变化以及市场流动性变化[2]等因素，针对各项中央对手方清算业务分别设置市场风险场景，并基于市场条件的变化调整市场风险场景（详见表3-1）。[3]

---

[1] 上海清算所：《上海清算所中央对手方清算业务金融市场基础设施原则信息披露（2023）》，载 https://www.shclearing.com/cpyyw/ywgz/detail_38.html?productDocClient/detail/40285 2817068ee1101708b2b093d1f88，最后访问日期：2024年7月29日。

[2] 市场流动性变化因素包含在历史价格波动因素中，并适当放大历史极端波动。参见上海清算所：《上海清算所中央对手方清算业务金融市场基础设施原则信息披露（2023）》，载 https://www.shclearing.com/cpyyw/ywgz/detail_38.html?productDocClient/detail/402852817068ee1101708b2b093d1f88，最后访问日期：2024年7月29日。

[3] 参见上海清算所：《上海清算所中央对手方清算业务金融市场基础设施原则信息披露（2023）》，载 https://www.shclearing.com/cpyyw/ywgz/detail_38.html?productDocClient/detail/402852817068ee1101708b2b093d1f88，最后访问日期：2024年7月29日。

表 3-1 上海清算所中央对手方清算业务信用压力测试中市场风险场景[1]

中央对手清算业务		市场风险场景
外汇中央对手方清算业务	2016	历史极端利率、汇率波动情况的组合。
	2017	历史极端利率、汇率波动情况的组合。
	2018	历史极端利率、汇率波动情况的组合，以及人民币大幅贬值2%和大幅升值2%的理论场景。
	2019	历史极端利率、汇率波动情况的组合，以及人民币大幅贬值2.45%和大幅升值2.45%的理论场景。
	2020	历史极端利率、汇率波动情况的组合，以及人民币大幅贬值2.78%和大幅升值2.78%的理论场景。
	2021	历史上出现的极端汇率、利率波动情况的组合以及人民币大幅贬值和大幅升值的理论场景

---

[1] 参见上海清算所:《上海清算所中央对手方清算业务金融市场基础设施原则信息披露 (2016)》, 载 http://www.shclearing.com/cpyyw/pfmi/detail_38.html?productDocClient/detail/4 0285281688bb7ba01688d2357660cc3, 最后访问日期: 2024 年 7 月 29 日; 上海清算所:《上海清算所中央对手方清算业务金融市场基础设施原则信息披露 (2017)》, 载 http://www.shclearing.com/cpyyw/pfmi/detail_38.html?productDocClient/detail/40285281688bb7ba01688d13679b0280, 最后访问日期: 2024 年 7 月 29 日; 上海清算所:《上海清算所中央对手方清算业务金融市场基础设施原则信息披露 (2018)》, 载 http://www.shclearing.com/cpyyw/pfmi/detail_38.html?productDocClient/detail/40285281688bb7ba01688d2d42fb0ccf, 最后访问日期: 2024 年 7 月 29 日; 上海清算所:《上海清算所中央对手方清算业务金融市场基础设施原则信息披露 (2019)》, 载 http://www.shclearing.com/cpyyw/pfmi/detail_38.html?productDocClient/detail/4028528169184205016922f08b680245, 最后访问日期: 2024 年 7 月 29 日; 上海清算所:《上海清算所中央对手方清算业务金融市场基础设施原则信息披露 (2021)》, 载 https://www.shclearing.com/cpyyw/ywgz/detail_38.html?productDocClient/detail/402852817068ee1101708b2b093d1f88, 最后访问日期: 2024 年 7 月 29 日。

续表

中央对手清算业务		市场风险场景
利率互换业务	2016	2013年6月银行间市场流动性危机期间的极端正、反向市场曲线波动。
	2017	2013年6月银行间市场流动性危机期间的极端正、反向市场曲线波动。
	2018	2013年6月银行间市场流动性危机期间的极端正、反向市场曲线波动，以及叠加利率曲线波动的各主成分因子正反向极端值构建的理论场景。
	2019	2013年6月银行间市场流动性危机期间的极端正、反向市场曲线波动，以及叠加利率曲线波动的各主成分因子正反向极端值构建的理论场景。
	2020	2013年6月银行间市场流动性危机期间的极端正、反向市场曲线波动，以及叠加利率曲线波动的各主成分因子正反向极端值构建的理论场景。
	2021	2013年6月流动性危机期间的极端正、反向市场曲线波动，以及叠加利率曲线波动的各主成分因子正反向极端值构建的理论场景
标准债券远期业务	2020	2018年4月18日国开债两日波动率扩大至1.3倍。
	2021	近一年各合约结算价波动情况，以及近一年现货指数价格波动乘以期现放大因子构建的理论场景

上海清算所在信用压力测试中设置的极端压力情景包括会员违约的信用风险场景和极端市场风险场景，契合了在极端但可能的市场条件下市场价格波动、成员持有头寸规模变化、市场流动性变化等市场风险引发甚至加剧成员违约，从而对清算机构产生信用风险的实践和理论假设。上海清算所在中央对手方清算业务

信用压力测试中设置的极端市场风险场景为极端的债券收益率波动、汇率利率波动或融资利率波动等历史情景，或者历史情景与理论场景的组合，包括历史价格波动峰值、价格决定因素（会员持有头寸变化、市场流动性变化等）和收益率曲线大幅波动等其他市场因素，以及利率市场、汇率市场等不同市场同时出现压力等市场风险场景，且上海清算所分别开展的各项中央对手方清算业务信用压力测试涵盖了其提供集中清算服务的相关市场和产品的特定风险因子。

然而，笔者认为，上海清算所在信用压力测试中设置的极端压力情景仅考虑到成员违约对其产生的信用暴露，却未考虑到在极端压力情景下因金融资源而产生的信用暴露，[1]如在极端但可能的市场条件下会员提交的非现金抵押品保证券的市场价值下跌风险、现金抵押品[2]的外汇风险等，即便压力测试结果显示上海清算所金融资源足以覆盖其面临的信用风险，也难以确保在极端压力情景下上海清算所金融资源的充足性。

建议上海清算所识别在极端市场条件下各种信用风险来源，包括因会员提交的担保品及清算所持有的其他金融资源市场价值下降而产生的信用暴露，并在信用压力测试设置的极端压力场景中涵盖这些风险因子。[3]

---

[1] See CPMI-IOSCO, *Implementation Monitoring of PFMI Level 3 Assessment：Report on the Financial Risk Management and Recovery Practices of 10 Derivatives CCPs*, August 2016, p.109.

[2] 上海清算所目前接受美元作为场外金融衍生品集中清算业务最低保证金。参见上海清算所：《上海清算所中央对手方清算业务金融市场基础设施原则信息披露（2023）》，载 https://www.shclearing.com/cpyyw/ywgz/detail_38.html?productDocClient/detail/40285 2817068ee1101708b2b093d1f88，最后访问日期：2024年7月29日

[3] See CPMI-IOSCO, *Resilience of Central Counterparties（CCPs）：Further Guidance on the PFMI（Final Report）*, July 2017.

第三章　清算机构场外金融衍生品集中清算业务风险管理制度

另外，上海清算所在信用压力测试中设置的极端市场风险场景虽考虑会员头寸变化的极端场景，即取各项中央对手清算业务成员测试期内出现的极端风险敞口，[1]但是否考虑违约会员所持头寸集中度因素不明确，而违约成员所持头寸集中将会影响执行平仓相关市场的流动性和资产平仓成本[2]。《金融市场基础设施原则》要求中央对手方在进行信用压力测试时应就违约成员的头寸和变卖期间可能出现的价格变化考虑各种相关压力情景的影响，并在成员持有头寸规模或集中度显著增加时更频繁地进行压力测试场景、模型和参数分析。[3]欧盟2012年中央对手方监管技术标准规定中央对手方定期审查极端但可能的市场条件时应考虑清算成员所持头寸的规模和集中度。欧洲证券和市场监管局在第三次欧盟范围内中央对手方清算机构监管压力测试中进行了集中度风险分析，采用不同资产类别的平仓成本模型和清算机构报告的集中头寸[4]分别计算不同清算成员和资产类别的潜在集中成本，以识别和量化因集中头寸而产生的潜在风险。[5]

针对会员所持头寸集中度这一价格决定因素，建议上海清算

---

[1]　参见上海清算所：《上海清算所中央对手方清算业务金融市场基础设施原则信息披露（2023）》，载 https://www.shclearing.com/cpyyw/ywgz/detail_38.html?productDocClient/detail/40285_2817068ee1101708b2b093d1f88，最后访问日期：2024年7月29日。

[2]　See European Securities and Markets Authority, *Methodological Framework: 3rd EU-wide Central Counterparty (CCP) Stress Test Exercise*, April 2019, pp. 13~14.

[3]　CPMI-IOSCO, *Principles for Financial Market Infrastructures*, April 2012.

[4]　欧洲证券和市场监管局使用清算机构平仓估值的总和为所有资产类别开发平仓成本模型。集中头寸即清算机构计算的每种工具或资产类别的头寸总和超出特定阈值的头寸。参见李鑫杰、陈思薇：《中央对手方量化评估规定、方法的初步梳理（美国、欧盟、日本和国际组织）》，载上海清算所内部刊物《会员通讯》2020年第1期。

[5]　European Securities and Markets Authority, *Methodological Framework: 3rd EU-wide Central Counterparty (CCP) Stress Test Exercise*, April 2019, pp. 6, 13~19.

所在进行信用压力测试时对各项中央对手方清算业务进行度量和监测会员头寸集中度风险，设置的市场风险场景应涵盖会员头寸集中度对上海清算所对违约会员头寸执行平仓时相关场外衍生品市场流动性和平仓成本的影响因素，特别对场外衍生品市场流动性较低的中央对手方清算业务更应密切监测会员头寸集中度风险，以减少因会员头寸集中度风险加剧市场风险，进而引发上海清算所面临信用风险的概率。

对于信用风险场景，上海清算所在信用压力测试中设置对其产生最大信用暴露的两家清算会员同时违约场景，但是否涵盖作为同一企业集团成员的若干清算会员同时违约的压力场景不明确。

《金融市场基础设施原则》原则要点 4.4 所规定的极端但可能的市场条件下对中央对手方产生最大信用暴露的成员违约包括清算成员及其附属机构违约，欧盟 2012 年中央对手方监管技术标准规定中央对手方确定极端但可能的市场条件时应考虑作为同一集团成员的若干清算成员同时破产对中央对手方带来的风险，均基于极端市场条件下违约集团成员可能对中央对手方产生较高信用风险的考量而作出上述规定。

值得关注的是，上海清算所中央对手方清算业务会员中，作为同一金融企业集团成员的中信银行、中信证券公司均为产品类综合清算会员，招商银行是产品类综合清算会员而招商证券公司为 A 类普通清算会员，兴业银行是产品类综合清算会员而兴业证券公司为 B 类普通清算会员，光大银行、光大证券公司均为 A 类普通清算会员，平安银行是 A 类普通清算会员而平安证券公司为 B 类普通清算会员。[1]

---

〔1〕 上海清算所：《上海清算所清算会员名单》，载 https://www.shclearing.com/hyfw/qshy/qshymd/ptqshy/201512/t20151202_118618.html，最后访问日期：2024 年 7 月 29 日。

为度量和监测作为同一企业集团成员的两家甚至两家以上清算会员同时违约对上海清算所产生的信用暴露,上海清算所在信用压力测试中设置的信用风险场景应涵盖作为同一企业集团成员的若干清算会员同时违约的压力场景。

2. 流动性压力测试制度

(1) 清算机构面临的流动性风险。

清算机构的流动性风险敞口远高于信用风险敞口。清算机构在成员违约时,其持有的足以覆盖信用风险的金融资源可能因流动性不足而无法满足清算机构对未违约成员的到期支付义务,比如,清算机构变现违约成员提交的担保品以履行到期支付义务时,可能产生超出信用暴露的流动性暴露,甚至未产生信用暴露时即产生了流动性暴露,将可能导致清算机构的金融资源足以覆盖信用暴露但其持有的流动性金融资源不足以覆盖流动性暴露。实践中一些清算机构面临的严重问题是针对未覆盖信用损失的工具不足以应对未覆盖流动性短缺。[1]

清算机构作为中央对手方开展场外金融衍生品集中清算业务时,主要面临因清算成员违约产生的流动性风险,还可能因流动性资源而产生流动性暴露,包括因影响清算机构获取流动性资源能力、影响流动性资源价值而分别产生的流动性风险[2]。比如,在发钞中央银行的现金、在商业银行的现金、政府债券、反回购协议和其他短期工具各种组合的存款等不同形式流动性资源的市场风险和流动性风险不同,流动性资源的不同存放、托管或投资

---

[1] See CPMI-IOSCO, *Implementation Monitoring of PFMI Follow-up Level 3 Assessment of CCPs' Recovery Planning, Coverage of Financial Resources and Liquidity Stress Testing*, May 2018, p. 21; CPMI-IOSCO, *Resilience of Central Counterparties (CCPs): Further Guidance on the PFM (IReport)*, July 2017.

[2] See CPMI-IOSCO, *Resilience of Central Counterparties (CCPs): Further Guidance on the PFMI (Final Report)*, July 2017.

方式也会影响流动性资源的市场风险和流动性风险。[1]

其中,清算机构所面临的因影响其获取流动性资源能力而产生的流动性风险,主要是因流动性提供者违约不提供流动性支持和信用额度、结算银行违约不提供日间流动性支持、托管银行违约不提供清算机构向其托管的预缴金融资源等其他实体违约而产生流动性暴露。其中,托管银行违约将导致清算机构在成员违约时无法及时获得其向托管银行托管的相关中央对手方清算业务的预缴金融资源(包括成员缴纳的保证金、违约基金份额等)以弥补违约损失。[2]

此外,清算机构面临的因影响其获取流动性资源能力产生的流动性风险还包括因市场中断而无法通过承诺的回购、外汇互换或未承诺的市场交易等获取流动性。[3]

清算机构面临的因影响流动性资源价值而产生的流动性风险,包括在极端但可能的市场条件下其集中持有的特定担保资产日间或日终变现价值下降或折扣率上升、担保品的发行人违约、各币种现金抵押品的外汇风险等。[4]

(2)清算机构流动性压力测试制度。

第一,监测成员违约产生的流动性风险。对于因成员违约产生的流动性风险,《金融市场基础设施原则》要求中央对手方定

---

[1] CPMI-IOSCO, *Implementation Monitoring of PFMI Level 3 Assessment: Report on the Financial Risk Management and Recovery Practices of 10 Derivatives CCPs*, August 2016, p. 111.

[2] See CPMI-IOSCO, *Resilience of Central Counterparties (CCPs): Further Guidance on the PFMI (Final Report)*, July 2017; BCBS, CPMI, FSB, IOSCO, *Analysis of Central Clearing Interdependencies*, August 2018, p. 6.

[3] See CPMI-IOSCO, *Resilience of Central Counterparties (CCPs): Further Guidance on the PFMI (Final Report)*, July 2017.

[4] See CPMI-IOSCO, *Resilience of Central Counterparties (CCPs): Further Guidance on the PFMI (Final Report)*, July 2017.

第三章 清算机构场外金融衍生品集中清算业务风险管理制度

期进行流动性压力测试以检验在极端压力情景下其持有的所有相关币种流动性资源[1]是否足以覆盖单日或连续多日成员违约时的结算需求,在流动性压力测试中设置的压力情景应包括市场风险场景[2]与不同期限的多个违约场景,以及在极端但可能的市场条件下一系列前瞻性压力情景,涉及复杂风险状况或多个司法管辖区系统重要性中央对手方设置的极端压力情景应包括但不限于极端市场条件下两家成员及其附属机构违约对其产生的最大债务总额,其他中央对手方设置的极端压力情景应包括但不限于极端市场条件下一家成员及其附属机构违约产生的最大债务总额,但《金融市场基础设施原则》对流动性压力测试中的极端压力场景未作具体规定。

由此可见,《金融市场基础设施原则》要求中央对手方在流动性压力测试中针对成员违约产生的流动性风险设置的压力场景与要求其在信用压力测试中设置的压力场景基本一致。《中央对手方的韧性》要求中央对手方在流动性压力测试中设置的极端压力场景应囊括在信用压力测试中使用的所有压力场景。实践中中央对手方在流动性压力测试和信用压力测试中使用的压力场景和假设通常是类似的。[3]

目前上海清算所中央对手方清算业务自律规则未对流动性压

---

[1] 清算机构可能需要以相关各币种履行对未违约成员的支付义务,因此应持有其负有支付义务的各币种充足流动性资源。See CPMI-IOSCO, *Resilience of Central Counterparties (CCPs): Further Guidance on the PFMI (Final Report)*, July 2017.

[2] 包括历史价格波动峰值、其他市场因素变化、融资和资产市场同时出现压力等。

[3] CPMI-IOSCO, *Implementation Monitoring of PFMI Level 3 Assessment: Report on the Financial Risk Management and Recovery Practices of 10 Derivatives CCPs*, August 2016, p. 50; CPMI-IOSCO, *Implementation Monitoring of PFMI Follow-up Level 3 Assessment of CCPs' Recovery Planning, Coverage of Financial Resources and Liquidity Stress Testing*, May 2018, p. 27.

力测试作出规定。在风险管理实践中,上海清算所定期进行流动性压力测试,主要监测极端市场风险场景下会员违约对清算所产生的流动性风险,即基于其不属于多个司法管辖区系统重要性中央对手方,分别检验在极端市场条件下各项中央对手方清算业务各币种流动性资源是否足以覆盖单日或连续多日(连续10日或15日)最大一家会员违约对上海清算所造成的各币种债务总额。上海清算所在进行流动性压力测试时假设各项中央对手方清算业务同时发生违约,测试与信用压力测试相同的极端市场压力场景(包括极端的债券收益率波动、汇率利率波动、融资利率波动、发行主体评级下降导致债券价格波动等)对流动性需求和缺口的影响。[1]

第二,监测因流动性资源产生的流动性风险。针对因流动性金融资源产生的流动性风险,《中央对手方的韧性》要求中央对手方在流动性压力测试设置的极端压力场景应包括可能影响流动性暴露而不影响信用暴露,或者影响其流动性资源数额而不影响全部金融资源总额的压力场景。

对于流动性提供者、结算银行等其他实体违约可能对中央对手方产生的流动性暴露,《金融市场基础设施原则》规定中央对手方应具有稳健的风险管理框架管理来自结算银行、托管银行、流动性提供者等其他实体的流动性风险,在实施流动性压力测试时设置压力情景还应考虑来自流动性提供者、结算银行、托管银行等其他实体违约而产生的流动性风险,笔者认为《金融市场基础设施原则》原则要点7.9规定的中央对手方设置不同时期的多个违约场景包括流动性提供者、结算银行等违约场景。欧盟2012

---

[1] 上海清算所:《上海清算所中央对手方清算业务金融市场基础设施原则信息披露(2023)》,载 https://www.shclearing.com/cpyyw/ywgz/detail_38.html? productDocClient/detail/402852817068ee1101708b2b093d1f88,最后访问日期:2024年7月29日。

第三章 清算机构场外金融衍生品集中清算业务风险管理制度

年中央对手方监管技术标准规定中央对手方应在流动性风险管理框架中考虑中央对手方与结算银行、托管银行、流动性提供者、其他服务提供者的相互关联关系,在压力测试中应考虑这种相互关联关系。

但实践中许多清算机构在流动性压力测试中未考虑在极端压力情景下因流动性资源不足而产生的流动性暴露。

国际清算银行支付和市场基础设施委员会与国际证监会组织2015年至2016年对其9个成员的10家提供衍生品清算服务的中央对手清算机构[1]风险管理和恢复计划进行了评估,并对17个成员的19家提供衍生品、债券、回购等产品清算服务的中央对手方清算机构(详见表3-2)的风险管理和违约管理进行后续评估,[2]分别于2016年8月、2018年5月发布《〈金融市场基础

---

[1] 10家接受评估的清算机构包括伦敦清算所、伦敦清算所法国公司、芝加哥商品交易所清算所、欧洲期货交易所清算公司、洲际交易所清算所、澳大利亚证券交易所清算公司、日本证券清算公司、巴西证券期货交易所、印度清算公司、新加坡交易所衍生品清算所。See CPMI-IOSCO, Implementation Monitoring of PFMI Level 3 Assessment: Report on the Financial Risk Management and Recovery Practices of 10 Derivatives CCPs, August 2016, pp. 2, 114~150.

[2] 《金融市场基础设施原则》于2012年4月发布后,国际清算银行支付和市场基础设施委员会与国际证监会组织同意对其中28个成员的《金融市场基础设施原则》实施情况进行监测,分三个阶段进行监测,在第一阶段监测成员通过立法和政策实施《金融市场基础设施原则》情况进展,第二阶段监测成员监管框架中相关内容是否完整并与《金融市场基础设施原则》是否相符,第三阶段监测《金融市场基础设施原则》实施效果是否具有一致性。参加《金融市场基础设施原则》实施情况监测的国际清算银行支付和市场基础设施委员会、国际证监会组织28个成员包括阿根廷、澳大利亚、比利时、巴西、加拿大、中国、欧盟、德国、法国、中国香港特别行政区、印度、印度尼西亚、意大利、日本、韩国、墨西哥、荷兰、俄罗斯、沙特阿拉伯、新加坡、南非、日本、瑞士、瑞典、西班牙、土耳其、英国和美国。See CPMI-IOSCO, *Implementation Monitoring of PFMI Level 3 Assessment: Report on the Financial Risk Management and Recovery Practices of 10 Derivatives CCPs*, August 2016, p. 1; 李鑫杰、陈思薇:《中央对手方量化评估规定、方法的初步梳理(美国、欧盟、日本和国际组织)》,载上海清算所内部刊物《会员通讯》2020年第1期。

设施原则〉实施监测报告——对10家衍生品中央对手方风险管理和恢复计划的第三阶段评估》和《〈金融市场基础设施原则〉实施监测报告——对中央对手方恢复计划、金融资源覆盖和流动性压力测试的第三阶段后续评估》。[1]根据《〈金融市场基础设施原则〉实施监测报告——对中央对手方恢复计划、金融资源覆盖和流动性压力测试的第三阶段后续评估》，接受评估的清算机构在流动性压力测试中未设置足够的压力场景考虑结算银行、托管银行、流动性提供者等违约给其带来的流动性风险。

其中，针对清算机构对流动性提供者的流动性暴露，在依赖清算成员为流动性提供者的15家清算机构中，12家清算机构在该成员违约将产生最大流动性暴露时在流动性压力测试中设置无法从其获得流动性支持的压力场景；在依赖非清算成员的流动性提供者满足其合格流动性资源要求的16家清算机构中，只有1家清算机构在流动性压力测试中设置的压力场景涵盖非清算成员的流动性提供者无法提供流动性支持的风险因素。针对清算机构对结算银行的流动性暴露，只有1家清算机构在流动性压力测试中设置结算银行违约的压力场景。在向托管银行托管非现金抵押品的7家清算机构中，只有1家清算机构在流动性压力测试中设置托管银行违约的压力场景。[2]

---

〔1〕 See CPMI-IOSCO, *Implementation Monitoring of PFMI Follow-up Level 3 Assessment of CCPs' Recovery Planning, Coverage of Financial Resources and Liquidity Stress Testing*, May 2018, pp. 1~2; CPMI-IOSCO, *Implementation Monitoring of PFMI Level 3 Assessment: Report on the Financial Risk Management and Recovery Practices of 10 Derivatives CCPs*, August 2016, pp. 1~2.

〔2〕 CPMI-IOSCO, *Implementation Monitoring of PFMI Follow-up Level 3 Assessment of CCPs' Recovery Planning, Coverage of Financial Resources and Liquidity Stress Testing*, May 2018, pp. 28~30.

第三章 清算机构场外金融衍生品集中清算业务风险管理制度

表 3-2 参加《金融市场基础设施原则》实施第三阶段后续评估 19 家清算机构[1]

中央对手方清算机构	司法管辖区
澳大利亚证券交易所清算公司（ASX Clear）	澳大利亚
巴西证券期货交易所（BM&FBOVESPA Clearinghouse, BM&F）	巴西
加拿大衍生品清算公司（CDCC）	加拿大
意大利 CC&G 清算公司（CC&G）	意大利
印度清算公司（CCIL）	印度
芝加哥商品交易所集团（CME Group）	美国
全国证券清算公司（NSCC）	美国
欧洲中央对手方公司（ECCP）	荷兰
欧洲期货交易所清算公司（Eurex）	德国
香港中央结算有限公司（HKSCC）	中国香港
洲际交易所清算所（ICC）	美国
日本证券清算公司（JSCC）	日本
韩国证券期货交易所（KRX）	韩国
伦敦清算所法国公司（LCH SA）	法国
伦敦清算所（LCH）	英国
纳斯达克清算所（NC）	瑞典
俄罗斯国家清算中心（NCC）	俄罗斯
瑞士 SIX 清算公司（SXC）	瑞士
新加坡交易所衍生品清算所（SGX）	新加坡

---

[1] CPMI-IOSCO, *Implementation Monitoring of PFMI Follow-up Level 3 Assessment of CCPs' Recovery Planning, Coverage of Financial Resources and Liquidity Stress Testing*, May 2018, pp. 6, 32~33.

再如，2019年9月美国证券交易委员会和美国商品期货交易委员会因流动性压力测试设置的压力场景有限、考虑流动性需求不全面等原因，对美国期权清算公司（OCC）进行了处罚。[1]

上海清算所按照资产规模、盈利能力、流动性提供能力、系统重要性等级、内控水平、技术系统支持能力、资信等级、风险资源等因素选择中央对手清算业务的流动性提供者，即授信银行，[2]目前已与多家国有商业银行和大型股份制商业银行签订授信协议，当会员发生运营性违约（如资金结算违约或保证金结算违约）时可启动银行授信机制获取无条件或有条件授信额度以完成对未违约会员的资金结算，针对各类中央对手方清算业务均选择多家授信银行。[3]

然而，商业银行提供授信存在潜在风险。一方面，商业银行在金融市场中面临市场风险和交易对手信用风险，在极端市场条件下可能因自身发生流动性危机而无法向清算机构提供流动性支持或无法就特定货币向清算机构提供流动性，也可能因其向清算机构提供流动性而引发自身的流动性短缺。另一方面，提供流动性的商业银行可能是清算机构的主要清算成员，[4]也负有履行

---

[1] 李鑫杰、陈思薇：《全球中央对手清算监管动态（2019年8月）》，载上海清算所内部刊物《会员通讯》2019年第9期。

[2] 上海清算所：《上海清算所中央对手方清算业务金融市场基础设施原则信息披露（2023）》，载https://www.shclearing.com.cn/cpyyw/ywgz/detail_38.html?productDocClient/detail/4028528186849b5b0186969a017c22fc，最后访问日期：2025年3月12日。

[3] 参见上海清算所：《上海清算所中央对手方清算业务金融市场基础设施原则信息披露（2023）》，载https://www.shclearing.com.cn/cpyyw/ywgz/detail_38.html?productDocClient/detail/40285 2817068ee1101708b2b093d1f88，最后访问日期：2024年7月30日；上海清算所：《上海清算所中央对手方清算业务金融市场基础设施原则信息披露（2019）》，载https://www.shclearing.com.cn/cpyyw/pfmi/detail_38.html?productDocClient/detail/4 028528169184205016922f08b680245，最后访问日期：2024年7月30日。

[4] 参见Rebecca Lewis：《芝加哥联储通讯专刊（2017-385号）——场外衍生品研讨会观点综述》，贾凡等译，载上海清算所内部刊物《会员通讯》2017年第9期，第9页。

第三章　清算机构场外金融衍生品集中清算业务风险管理制度

与清算机构之间合约的义务,而上海清算所的流动性提供者授信银行同时也是上海清算所的清算会员,[1]一旦授信银行发生流动性短缺而作为清算会员违约,可能同时引发无法向上海清算所提供流动性支持的风险。因此,清算机构在进行流动性压力测试时,应考虑在市场压力场景下仅从商业银行获得流动性的风险,[2]以及商业银行同时是清算机构成员的风险。

针对来自授信机构的流动性风险,上海清算所虽在流动性压力测试中假设授信机构违约,将授信机构按照其与上海清算所签订的授信协议所应提供的无条件和有条件授信额度从流动性资源中扣除,[3]但未考虑授信机构同时可能是上海清算所清算会员的风险因素,建议在流动性压力测试中设置同时是清算会员的授信机构违约与其作为清算会员违约同时发生的压力场景。

上海清算所在实施流动性压力测试时,还将结算便利一并从流动性资源中扣除,[4]但在流动性压力测试中是否考虑来自结算银行的流动性风险尚不明确。

---

[1] 参见上海清算所:《上海清算所中央对手方清算业务金融市场基础设施原则信息披露(2023)》,载 https://www.shclearing.com/cpyyw/ywgz/detail_38.html? productDocClient/detail/40285 2817068ee1101708b2b093d1f88,最后访问日期:2024 年 7 月 30 日。

[2] European Parliament and the Council of the E.U., *Regulation (EU) No 648/2012 of the European Parliament and of the Council of 4 July 2012 on OTC Derivatives, Central Counterparties and Trade Repositories*, July 2012.

[3] 参见上海清算所:《上海清算所中央对手方清算业务金融市场基础设施原则信息披露(2023)》,载 https://www.shclearing.com/cpyyw/ywgz/detail_38.html? productDocClient/detail/402852817068ee1101708b2b093d1f88,最后访问日期:2024 年 7 月 30 日。

[4] 参见上海清算所:《上海清算所中央对手方清算业务金融市场基础设施原则信息披露(2023)》,载 https://www.shclearing.com/cpyyw/ywgz/detail_38.html? productDocClient/detail/402852817068ee1101708b2b093d1f88,最后访问日期:2024 年 7 月 30 日。

关于中央对手方清算业务资金结算，上海清算所通过在中国人民银行大额支付系统开立的清算账户进行各项本币中央对手方清算业务的人民币资金批量结算；在外汇中央对手方清算业务中，通过人民银行大额支付系统进行人民币资金结算，通过上海清算所指定的外汇结算银行进行外汇资金结算。上海清算所外汇中央对手方清算业务的外币结算银行包括中国银行、中国工商银行和中国建设银行，[1]上海清算所已与这三家外币结算银行签订结算过程中的日间流动性支持协议。[2]

问题是上海清算所在流动性压力测试中将结算便利从流动性资源中扣除，是否假设外汇中央对手方清算业务的外汇结算银行违约不向上海清算所及会员提供资金结算的日间流动性支持并不明确。上海清算所的流动性压力测试结果表明偶尔会在连续多日的场景中其流动性资源有时不足以覆盖单个清算参与者违约对清算所造成的美元最大债务总额，[3]而在流动性压力测试中是否假设外汇结算银行不向上海清算所及会员提供资金结算的日间流动性支持将可能影响压力测试结果。

为准确识别和度量极端市场条件下上海清算所对结算银行的流动性暴露，建议应明确上海清算所在流动性压力测试中假设外汇结算银行违约不向清算所及会员提供资金结算的日间流动性

---

[1] 上海清算所：《上海清算所中央对手方清算业务金融市场基础设施原则信息披露（2020）》，载 https://www.shclearing.com/cpyyw/ywgz/detail_38.html?productDocClient/detail/402852817068ee1101708b2b093d1f88，最后访问日期：2024年7月30日。

[2] 参见上海清算所：《上海清算所中央对手方清算业务金融市场基础设施原则信息披露（2019）》，载 https://www.shclearing.com/cpyyw/pfmi/detail_38.html?productDocClient/detail/402852816918420501692208b680245，最后访问日期：2024年7月30日。

[3] 上海清算所：《上海清算所中央对手方清算业务金融市场基础设施原则信息披露（2023）》，载 https://www.shclearing.com/cpyyw/ywgz/detail_38.html?productDocClient/detail/40285 2817068ee1101708b2b093d1f88，最后访问日期：2024年7月30日。

支持。

针对因影响流动性资源价值产生的流动性风险，实践中有的清算机构在流动性压力测试中设置担保品价值大幅下降的压力场景。[1]上海清算所在流动性压力测试中设置的极端压力场景未考虑因影响流动性资源价值而产生的流动性暴露，如在极端市场条件下担保资产变现价值下降或折扣率上升、担保品发行人违约，以及现金抵押品的外汇风险等。即便流动性压力测试结果显示上海清算所持有充足的流动性资源，也可能因测算的流动性资源充足性不准确而实际上不足以覆盖其面临的流动性风险。对此建议上海清算所在流动性压力测试中设置在极端市场条件下因影响流动性资源价值而产生流动性风险的压力场景。

3. 反向压力测试制度

反向压力测试也是识别、度量和监测清算机构金融资源和流动性金融资源是否充足的一个风险管理工具，[2]包括反向信用压力测试和反向流动性压力测试。清算机构通过实施反向压力测试以确定将耗尽其金融资源、流动性金融资源的压力情景，可弥补信用压力测试和流动性压力测试仅分别监测其金融资源、流动性资源是否覆盖对其产生最大信用暴露、流动性暴露的一家或两家成员违约损失的局限性。

中央对手方监管机构在监管压力测试中，除了可对清算机构实施反向压力测试以确定将耗尽其金融资源的市场压力场景与成员违约场景的组合，还可将反向压力测试视作系统性风险的分析

---

[1] CPMI-IOSCO, *Implementation Monitoring of PFMI Level 3 Assessment*：*Report on the Financial Risk Management and Recovery Practices of 10 Derivatives CCPs*, August 2016, p.54.

[2] European Commission, *Commission Delegated Regulation (EU) No 153/2013 of 19 December 2012 Supplementing Regulation (EU) No 648/2012 of the European Parliament and of the Council with regard to Regulatory Technical Standards on Requirements for Central Counterparties*, December 2012.

工具。在本章"监管压力测试中反向压力测试"部分将探讨监管机构如何实施反向压力测试问题。《金融市场基础设施原则》规定中央对手方应实施反向压力测试以识别将导致其金融资源不充足的极端场景和市场条件。依据欧盟 2012 年中央对手方监管技术标准,中央对手方应至少每季度进行一次反向压力测试以识别信用压力测试、流动性压力测试模型的局限性,确定导致其金融资源无法覆盖信用暴露、流动性资源不充足的极端市场条件。在美国《衍生品清算组织一般条款和核心原则》公开征求意见阶段,国际掉期及衍生工具协会曾建议增加规定衍生品清算组织应进行反向压力测试以确定金融资源的规模,[1]但美国《衍生品清算组织一般条款和核心原则》2020 年修正案、《强化系统重要性衍生品清算组织风险监管标准》和《衍生品清算组织和国际标准》等现行立法并未要求衍生品清算组织(包括系统重要性衍生品清算组织)进行反向压力测试。

根据《〈金融市场基础设施原则〉实施监测报告——对 10 家衍生品中央对手方风险管理和恢复计划的第三阶段评估》,接受评估的 10 家清算机构一般每月或每季度进行一次反向信用压力测试,实施反向压力测试的方式不同,但均在信用压力测试假设基础上确定将耗尽其金融资源的压力情景,[2]即在《金融市场基础设施原则》规定的对中央对手方产生最大信用暴露的一家或

---

[1] U. S. CFTC, *Derivatives Clearing Organization General Provisionsand Core Principles*, See http://www.cftc.gov/ucm/groups/public/@lrfederalregister/documents/file/2011-27536a.pdf, November 2011, p. 16.

[2] 至少 1 家清算机构还在成员实际头寸组合的基础上调整成员头寸组合,如假设增减成员持有头寸的规模,并测算在市场风险场景下其损失将耗尽清算机构金融资源的成员头寸组合。See CPMI-IOSCO, *Implementation Monitoring of PFMI Level 3 Assessment: Report on the Financial Risk Management and Recovery Practices of 10 Derivatives CCPs*, August 2016, p. 42.

第三章　清算机构场外金融衍生品集中清算业务风险管理制度

两家成员违约场景的基础上增加违约成员数量，并使用在信用压力测试中并不采用的极端价格波动作为市场风险情景进行反向压力测试。[1]

上海清算所目前在风险管理实践中尚未进行反向压力测试。鉴于上海清算所在流动性压力测试中监测到偶尔会在连续多日会员违约的场景中出现美元这一结算金额较大的币种流动性缺口，建议上海清算所开发与其提供集中清算服务的场外金融衍生品市场和产品的风险特性相匹配[2]的反向信用压力测试模型和反向流动性压力测试模型，通过开展反向压力测试以确定在场外金融衍生品集中清算业务中可能导致耗尽其金融资源或流动性资源的压力情景。

但由于在反向流动性压力测试中除了应考虑成员违约产生的流动性暴露，还应考虑其他实体违约而产生的流动性风险，因此反向流动性压力测试模型、参数和假设更具复杂性。建议上海清算所现阶段对场外金融衍生品集中清算业务开展反向信用压力测试，测算可耗尽其金融资源的极端市场压力场景与成员违约场景的组合。

综上，基于清算机构实施压力测试将有助于其识别、监测和管理所面临的信用风险和流动性风险，笔者建议在《银行间市场清算所股份有限公司业务监督管理规则》要求上海清算所建立内部控制机制和风险管理制度的基础上，将来制定银行间市场清算机构清算业务监管部门规章时规定银行间市场清算机构应定期开

---

[1] CPMI-IOSCO, *Implementation Monitoring of PFMI Level 3 Assessment: Report on the Financial Risk Management and Recovery Practices of 10 Derivatives CCPs*, August 2016, p.42.

[2] See European Commission, *Commission Delegated Regulation (EU) No 153/2013 of 19 December 2012 Supplementing Regulation (EU) No 648/2012 of the European Parliament and of the Council with regard to Regulatory Technical Standards on Requirements for Central Counterparties*, December 2012.

展压力测试。

二、监管压力测试制度

1. 监管压力测试中包括信用压力测试和流动性压力测试

清算机构实施信用压力测试和流动性压力测试是根据微观审慎监管要求测试其在压力场景下的韧性，主要基于成员、所清算产品和开展的业务进行压力测试，但设置的压力场景可能未涵盖可影响金融系统的事件对其产生风险的因素，[1]且清算机构无法测试其发生信用风险、流动性风险对金融系统整体影响[2]。

(1) 对多家清算机构进行信用压力测试和流动性压力测试。

国际清算银行支付和市场基础设施委员会与国际证监会组织于2018年4月共同发布了《中央对手方监管压力测试框架》，旨在为监管机构设计和实施对多家中央对手方的监管压力测试（multi-CCP Supervisory Stress Testing）以实现宏观审慎监管目标提供指导。根据《中央对手方监管压力测试框架》，监管机构可设计对多家中央对手方的监管压力测试以实现不同的目标，主要目标是监测多家中央对手方在相同压力场景下所面临的信用风险和流动性风险，进而评估可能产生的潜在系统性风险。监管机构还可通过监管压力测试分析中央对手方的潜在脆弱性，如共同成员违约对多家中央对手方产生的最大信用暴露或流动性暴露、所依赖的流动性提供者给中央对手方带来的流动性风险、引发多家中央对手方同时产生大规模信用暴露或流动性短缺的压力场景等。

---

[1] See European Securities and Markets Authority, *Methodological Framework: 3rd EU-wide Central Counterparty (CCP) Stress Test Exercise*, April 2019, p.4; Fernando Cerezetti、Mark Manning：《中央对手方监管压力测试：宏观审慎的双层式方法》，国文、林嘉琪译，载上海清算所内部刊物《会员通讯》2018年第8期。

[2] Kimmo Soramäki：《系统性压力测试与中央对手方相互关联性》，载上海清算所内部刊物《会员通讯》2018年第7期。

第三章 清算机构场外金融衍生品集中清算业务风险管理制度

美国商品期货交易委员会目前已对中央对手方清算机构实施三次监管压力测试，分别为信用压力测试、流动性压力测试、反向压力测试和平仓压力测试，并于 2016 年 11 月、2017 年 10 月和 2019 年 4 月公布监管压力测试报告[1]。其中，美国商品期货交易委员会在第二次监管压力测试中对芝加哥商品交易所清算所、洲际交易所美国清算所的期货和期货期权清算业务与伦敦清算所、芝加哥商品交易所清算所的利率互换清算业务进行了流动性压力测试。[2]

依据《欧洲市场基础设施监管条例》第 21 (6) 条，欧洲证券和市场监管局应至少每年发起或联合发起[3]一次对欧盟范围内中央对手方清算机构应对不利市场条件变化的韧性方面测试。欧洲证券和市场监管局目前已对欧盟范围内中央对手方清算机构开展三次监管压力测试，于 2016 年完成旨在监测清算机构在成员违约和市场价格波动场景共同作用下所面临信用风险的第一次监管压力测试，2018 年 2 月公布包括信用压力测试和流动性压力测试的第二次监管压力测试结果，并于 2020 年 7 月公布《第三次欧盟范围中央对手方压力测试报告》。

欧洲证券和市场监管局在第三次监管压力测试中对欧盟范围

---

[1] U.S. CFTC, *CCP Supervisory Stress Tests: Reverse Stress Test and Liquidation Stress Test*, a Report by Staff of the U.S. Commodity Futures Trading Commission, April 2019; U.S. CFTC, *Evaluation of Clearinghouse Liquidity*, a Report by Staff of the U.S. Commodity Futures Trading Commission, October 2017; U.S. CFTC, Supervisory *Stress Test of Clearinghouses*, a Report by Staff of the U.S. Commodity Futures Trading Commission, November 2016.

[2] U.S. CFTC, *Evaluation of Clearinghouse Liquidity*, a Report by Staff of the U.S. Commodity Futures Trading Commission, October 2017, p.1.

[3] 欧洲证券和市场监管局对欧盟范围内中央对手方实施的三次监管压力测试均为单独发起，也可与欧盟系统性风险委员会（European Systemic Risk Board, ESRB）联合发起。See European Securities and Markets Authority, *Methodological Framework: 3rd EU-wide Central Counterparty (CCP) Stress Test Exercise*, April 2019, p.4.

内 16 家清算机构[1]进行了信用压力测试、流动性压力测试和反向信用压力测试等。为评估 16 家清算机构的总体韧性，欧洲证券和市场监管局在信用压力测试中设置了极端市场价格波动时清算机构共同成员违约的极端市场条件下压力情景，测算极端压力情景下清算机构金融资源是否足以覆盖成员违约产生的最大信用暴露，[2]并评估是否会引发系统性风险。

在流动性压力测试中，欧洲证券和市场监管局设置了一系列假设（包括成员未缴纳超限保证金、延迟两日结算、延迟一日从市场获得流动性、无法通过外汇市场交易获取特定货币）全部适用时对欧盟范围内清算机构产生最大流动性暴露的共同成员或其他实体（如流动性提供者、托管机构、结算银行、担保品发行人或回购交易对手方等）违约[3]和市场价格冲击的极端市场条件下压力情景，监测在极端压力情景下清算机构的流动性资源是否

---

[1] 包括欧洲期货交易所清算公司、洲际交易所欧洲清算所、洲际交易所荷兰清算所（ICE Clear Netherlands B. V.）、纳斯达克 OMX 清算所（Nasdaq OMX Clearing AB）、西班牙证券交易所清算所、葡萄牙 OMI 清算所（OMIClear-C. C., S. A.）、雅典证券交易所清算所（Athens Exchange Clearing House）等欧盟成员国监管机构认可的 13 家清算机构和伦敦清算所、伦敦清算所法国公司、伦敦金属交易所清算公司（LME Clear Ltd）等 3 家英国清算机构。See European Securities and Markets Authority, *Report 3rd EU-wide CCP Stress Test*, July 2020, p. 124.

[2] 在信用压力测试中，为逐一评估在市场压力场景下 16 家清算机构的韧性，欧洲证券和市场监管局还分别测算对每家清算机构产生最大信用暴露的两个集团成员违约场景与相同的市场压力场景共同作用下对每家清算机构造成的损失。压力测试结果显示，16 家清算机构在上述极端压力情景下具有韧性，均未出现预缴资源短缺。See European Securities and Markets Authority, *Report 3rd EU-wide CCP Stress Test*, July 2020, pp. 8, 65, 80.

[3] 在流动性压力测试中，欧洲证券和市场监管局选择违约实体的标准是对清算机构产生最大流动性暴露，而不论其是清算成员，还是流动性提供者、托管机构、结算银行、担保品发行人或回购交易对手方等其他实体。若清算成员同时是清算机构的流动提供性，在假设成员违约时，将同时假设其作为流动性提供者无法向该清算机构提供流动性。See European Securities and Markets Authority, *Report 3rd EU-wide CCP Stress Test*, July 2020, p. 34.

第三章 清算机构场外金融衍生品集中清算业务风险管理制度

足以覆盖违约实体对其产生的最大流动性暴露,[1]并评估是否会引发系统性风险。[2]

然而,监管机构目前已实施的对多家中央对手方清算机构的监管压力测试存在下列问题:

第一,通过对清算机构全系统的监管压力测试才能真正实现宏观审慎监管目标,但目前监管机构尚未开发出全系统的清算机构监管压力测试模型。

第二,监管机构在监管压力测试中还无法精确计算系统性压力冲击产生的影响。

根据《中央对手方监管压力测试框架》,监管机构在实施对多家中央对手方的信用压力测试、流动性压力测试时,应分别测算对参加测试所有中央对手方产生最大信用暴露的成员违约场景,或者产生最大流动性暴露的成员及其他实体(流动性提供者或其他服务提供者等)违约场景与不利市场冲击场景共同作用下对多家中央对手方可能造成的损失。

欧洲证券和市场监管局、美国商品期货交易委员会在监管压力测试中为监测多家清算机构的总体韧性,测算在违约场景与相同的市场压力场景共同作用下对多家清算机构产生的信用暴露或流动性暴露。对于违约场景,欧洲证券和市场监管局在信用压力测试、流动性压力测试中分别设置对 16 家清算机构总体上产生

---

〔1〕 在流动性压力测试中,欧洲证券和市场监管局还逐一评估 16 家清算机构的韧性,分别测算对每家清算机构产生最大流动性暴露的两个实体(清算成员或其他实体)同时违约场景与相同的市场压力场景共同作用下对每家清算机构造成的损失。压力测试结果显示,16 家清算机构均未耗尽其流动性资源。See European Securities and Markets Authority, *Report 3rd EU-wide CCP Stress Test*, July 2020, pp.10, 34~35, 110~112.

〔2〕 See European Securities and Markets Authority, *Report 3rd EU-wide CCP Stress Test*, July 2020, pp.8~10, 13, 19~21, 32~35, 65, 73~74.

最大信用暴露[1]的两个相同集团成员、产生最大流动性暴露的两个实体（成员或其他实体）违约场景；美国商品期货交易委员会在流动性压力测试中设置在极端市场价格波动时其违约会对3家清算所总体上造成最大损失的2家共同成员及其5家最大的利率互换清算业务客户同时违约场景。

然而，欧盟第三次监管压力测试和美国第二次监管压力测试结果虽显示在系统性压力冲击下欧盟范围内清算机构均未耗尽流动性资源，[2]芝加哥商品交易所清算所、伦敦清算所、洲际交易所美国清算所持有充足流动性资源履行在极端压力情景下产生的结算义务，伦敦金属交易所清算公司出现预缴金融资源短缺，但可通过向未违约成员追加额外资源以覆盖信用暴露，[3]也即通过监管压力测试可衡量行业应对多家清算机构同时违约的运营能力，但监管机构目前还无法量化在相同压力场景下多家清算机构共同成员（或者共同成员或其他实体）同时违约的系统性压力冲击对多家清算机构造成损失、流动性短缺而引发的风险，并未准确测算系统性压力冲击产生的风险。

（2）中央银行对上海清算所进行监管压力测试的建议。

第一，监测上海清算所面临的信用风险和流动性风险。中国人民银行起草并于2020年10月23日向社会公开征求意见的《中国人民银行法（修订草案征求意见稿）》规定，中国人民银

---

[1] 即造成最严重的预缴资源短缺。

[2] 只有少数几家清算机构出现至少一种货币短缺而需要兑换货币以及时履行结算义务，但与现货外汇市场规模相较，货币短缺金额可以忽略不计。See European Securities and Markets Authority, *Report 3rd EU-wide CCP Stress Test*, July 2020, p.10.

[3] See European Securities and Markets Authority, *Report 3rd EU-wide CCP Stress Test*, July 2020, pp. 8~10, 13, 19~21, 32~33, 65, 68~74, 120~122; U.S. CFTC, *Evaluation of Clearinghouse Liquidity, a Report by Staff of the U.S. Commodity Futures Trading Commission*, October 2017, pp. 1~2, 6, 8, 19.

第三章　清算机构场外金融衍生品集中清算业务风险管理制度

行可运用宏观审慎压力测试等宏观审慎政策工具，并组织对金融基础设施进行检查评估。

　　实践中中国人民银行自 2012 年起每年对商业银行开展监管压力测试，主要包括信用压力测试、流动性压力测试和市场压力测试，[1]但目前尚未对金融市场基础设施实施监管压力测试。鉴于中国人民银行是上海清算所中央对手方清算业务的监管机构，而上海清算所作为我国银行间市场唯一的中央对手方清算机构，高度集中了纳入集中清算的所有场外金融衍生品交易的信用风险和流动性风险，笔者建议在《中国人民银行法（修订草案征求意见稿）》上述规定的基础上进一步明确中国人民银行可对银行间市场清算机构等金融市场基础设施进行监管压力测试，并建议在实践中中国人民银行对上海清算所实施监管压力测试以评估上海清算所在不利市场条件下的韧性。

---

[1] 为评估单个商业银行或不同组别商业银行的风险状况，这些商业银行还开展内部压力测试，并由中国人民银行对其内部压力测试结果进行分析。参见中国人民银行金融稳定分析小组编：《中国金融稳定报告 2012》，中国金融出版社 2012 年版，第 127~131 页；中国人民银行金融稳定分析小组编：《中国金融稳定报告 2013》，中国金融出版社 2013 年版，第 135~143 页；中国人民银行金融稳定分析小组编：《中国金融稳定报告 2014》，中国金融出版社 2014 年版，第 133~141 页；中国人民银行金融稳定分析小组编：《中国金融稳定报告 2015》，中国金融出版社 2015 年版，第 157~175 页；中国人民银行金融稳定分析小组编：《中国金融稳定报告 2016》，中国金融出版社 2016 年版，第 145~155 页；中国人民银行金融稳定分析小组编：《中国金融稳定报告 2018》，中国金融出版社 2018 年版，第 67~73 页；中国人民银行金融稳定分析小组编：《中国金融稳定报告 2019》，中国金融出版社 2019 年版，第 54~60 页；中国人民银行金融稳定分析小组编：《中国金融稳定报告 2020》，中国金融出版社 2020 年版，第 47~55 页；中国人民银行金融稳定分析小组编：《中国金融稳定报告 2021》，中国金融出版社 2021 年版，第 38~44 页；中国人民银行金融稳定分析小组编：《中国金融稳定报告 2022》，中国金融出版社 2022 年版，第 36~42 页；中国人民银行金融稳定分析小组编：《中国金融稳定报告 2023》，中国金融出版社 2023 年版，第 22~24 页；中国人民银行金融稳定分析小组编：《中国金融稳定报告 2024》，中国金融出版社 2022 年版，第 26~27 页。

具体而言，笔者建议在实践中中国人民银行对上海清算所场外金融衍生品集中清算业务进行信用压力测试和流动性压力测试，监测在极端压力情景下上海清算所的金融资源是否足以覆盖两家会员违约产生的最大信用暴露、流动性资源是否足以覆盖两个实体违约（会员及流动性提供者、结算银行等关键服务提供者）对其产生的最大流动性暴露。

由于中央对手方的风险敞口是在清算成员违约后形成，且清算机构为特定市场提供清算服务而可能受到突然、快速发生的市场冲击，[1]监管机构在实施监管压力测试时设置的极端压力情景结合违约场景和市场冲击场景。通常情形下，同时发生成员违约和极端不利市场价格波动将会给清算机构带来信用风险，[2]并可能产生流动性风险。基于此，建议中国人民银行在对上海清算所进行信用压力测试和流动性压力测试时，监测在违约场景与极端市场冲击场景相结合的极端压力情景下上海清算所开展场外金融衍生品集中清算业务所面临的信用风险和流动性风险。

第二，监测系统性风险。《中央对手方监管压力测试框架》虽规定监管机构可基于微观审慎监管目标设计和实施监管压力测试以评估某一中央对手方在压力情景下的韧性，但主要将监管压力测试视为系统性风险的分析工具。由于上海清算所是我国金融市场具有系统重要性的金融市场基础设施，[3]一旦因发生流动性

---

[1] 参见 Fernando Cerezetti、Mark Manning：《中央对手方监管压力测试：宏观审慎的双层式方法》，国文、林嘉琪译，载上海清算所内部刊物《会员通讯》2018年第8期。

[2] See European Securities and Markets Authority, *Report 3rd EU-wide CCP Stress Test*, July 2020, p.65.

[3] 上海清算所：《上海清算所中央对手方清算业务金融市场基础设施原则信息披露（2025）》，载 https://www.shclearing.com/cpyyw/ywgz/detail_38.html?product-DocClient/detail/40285 2817068ee1101708b2b093d1f88，最后访问日期：2024年7月30日。

第三章 清算机构场外金融衍生品集中清算业务风险管理制度

危机而暂停清算某一场外金融衍生品造成该衍生品市场中断，将可能引发系统性风险，因而中国人民银行在监管压力测试中不应仅限于评估上海清算所自身的韧性，更为重要的是应识别和监测在极端压力情景下上海清算所面临的信用风险、流动性风险是否会引发系统性风险。

问题是中国人民银行对上海清算所进行信用压力测试和流动性压力测试时，可能难以准确识别和监测上海清算所面临的信用风险和流动性风险引发的系统性风险如何在金融体系中传递。

监管机构在实施具有宏观审慎监管目标的监管压力测试时，应重点监测系统性风险如何在金融体系中传递。[1]《中央对手方监管压力测试框架》要求监管机构主要监测多家中央对手方在相同压力场景下面临的信用风险或流动性风险以评估可能产生的系统性风险。

譬如，欧洲证券和市场监管局在第三次监管压力测试和美国商品期货交易委员会在第二次监管压力测试中，旨在通过监测多家清算机构的信用风险、流动性风险来评估是否会引发系统性风险，均未识别出可能产生系统性风险。[2]

然而，根据《第三次欧盟范围中央对手方压力测试报告》，欧洲证券和市场监管局在第三次监管压力测试中并未考虑清算机构在成员违约时向未违约成员追加额外资源而因成员之间关联关

---

[1] 参见 Fernando Cerezetti、Mark Manning：《中央对手方监管压力测试：宏观审慎的双层式方法》，国文、林嘉琪译，载上海清算所内部刊物《会员通讯》2018年第8期。

[2] See European Securities and Markets Authority, *Report 3rd EU-wide CCP Stress Test*, July 2020, pp. 10, 123; U.S. CFTC, *Evaluation of Clearinghouse Liquidity, a Report by Staff of the U.S. Commodity Futures Trading Commission*, October 2017, pp. 1, 19.

系（比如是同一企业集团成员）对市场波动产生的放大效应，[1]将难以准确监测系统性风险在金融体系中的传递。

囿于目前各国中央对手方监管机构对金融系统内部交互产生的风险放大效应和传导机制的理解尚不完整，[2]中国人民银行在对上海清算所进行信用压力测试和流动性压力测试时，可能难以准确监测上海清算所面临的信用风险和流动性风险引发的系统性风险如何在金融体系中传递。

此外，监管机构通过信用压力测试和流动性压力测试主要识别和监测清算机构在特定时间点静态的信用风险、流动性风险与引发的系统性风险，但实践中清算机构面临的风险暴露与引发的系统性风险是随着金融市场的发展而变化的。[3]对此建议中国人民银行定期开展对上海清算所的信用压力测试和流动性压力测试，动态监测上海清算所面临的信用风险、流动性风险与产生的潜在系统性风险。

2. 监管压力测试中反向压力测试

欧洲证券和市场监管局在第三次监管压力测试中，为修正信用压力测试中监测在相同市场压力场景下两家集团成员违约的极端压力情景下清算机构金融资源充足性的局限性，对欧盟范围内16家清算机构进行了反向信用压力测试。美国商品期货交易委员会在第三次监管压力测试中也对芝加哥商品交易所集团、伦敦清

---

[1] European Securities and Markets Authority, *Report 3rd EU-wide CCP Stress Test*, July 2020, pp. 18, 80.

[2] 参见 Fernando Cerezetti、Mark Manning：《中央对手方监管压力测试：宏观审慎的双层式方法》，国文、林嘉琪译，载上海清算所内部刊物《会员通讯》2018年第8期。

[3] 参见 Fernando Cerezetti、Mark Manning：《中央对手方监管压力测试：宏观审慎的双层式方法》，国文、林嘉琪译，载上海清算所内部刊物《会员通讯》2018年第8期。

第三章 清算机构场外金融衍生品集中清算业务风险管理制度

算所进行了反向信用压力测试。

欧洲证券和市场监管局、美国商品期货交易委员会在反向压力测试中均通过调整市场冲击水平与增加违约成员数量以确定可耗尽清算机构金融资源[1]的市场压力场景与成员违约场景的组合，[2]旨在监测是否会引发系统性风险。[3]

笔者建议中国人民银行对上海清算所场外金融衍生品集中清算业务进行反向压力测试，以识别和监测在各项场外金融衍生品集中清算业务中将耗尽其金融资源的市场压力场景与会员违约场景的组合，并分析可能产生的系统性风险。由于反向流动性压力测试非常复杂，并需要获取大量数据，[4]建议中国人民银行首先开展反向信用压力测试。

（1）设置市场压力场景。

欧洲证券和市场监管局、美国商品期货交易委员会在反向压力测试设置市场压力场景时均首先设置基本市场压力场景，并在

---

[1] 美国商品期货交易委员会在反向压力测试中测算的耗尽清算机构预缴金融资源包括违约成员缴纳的初始保证金和违约基金份额、清算机构自有资本、未违约成员缴纳的违约基金份额等。See U. S. CFTC, *CCP Supervisory Stress Tests：Reverse Stress Test and Liquidation Stress Test*, a Report by Staff of the U. S. Commodity Futures Trading Commission, April 2019, p. 6.

[2] 欧洲证券和市场监管局的反向压力测试结果显示增强市场冲击水平相较于增加违约成员数量将对清算机构造成更大损失。See European Securities and Markets Authority, *Report 3rd EU- wide CCP Stress Test*, July 2020, pp. 9, 82, 85~87, 122.

[3] European Securities and Markets Authority, *Methodological Framework：3rd EU-wide Central Counterparty（CCP）Stress Test Exercise*, April 2019, p. 29; European Securities and Markets Authority, *Report 3rd EU-wide CCP Stress Test*, July 2020, pp. 7, 9, 11, 13, 82; U. S. CFTC, *CCP Supervisory Stress Tests：Reverse Stress Test and Liquidation Stress Test*, a Report by Staff of the U. S. Commodity Futures Trading Commission, April 2019, pp. 1, 3, 5, 12.

[4] See European Securities and Markets Authority, *Methodological Framework：3rd EU-wide Central Counterparty（CCP）Stress Test Exercise*, April 2019, p. 29.

基本市场压力场景基础上通过调节市场波动振幅倍数[1]设置不同市场冲击水平的其他市场压力场景。

对于基本市场压力场景，欧洲证券和市场监管局采用信用压力测试中市场压力场景（即极端市场条件），美国商品期货交易委员会未采用信用压力测试中极端市场条件，而是设置取自过去10年内4个日期极端市场波动[2]的历史场景作为基本市场压力场景。[3]

中国人民银行在对上海清算所进行反向信用压力测试设置基本市场压力场景时，不应直接采用信用压力测试的市场压力场景。这是因为反向信用压力测试与信用压力测试目标不同，通过反向信用压力测试是测算将耗尽清算机构金融资源的压力情景，因而应根据反向压力测试的目标设置基本市场压力场景。

笔者认为，中国人民银行在进行反向压力测试时，可基于历史市场波动峰值，或者采用历史场景与理论场景的组合设置基本市场压力场景，并按基本市场压力场景的市场波动振幅一定倍数

---

[1] 欧洲证券和市场监管局设置的其他市场压力场景是基本市场压力场景的 0.7 倍、1.2 倍、1.5 倍和 2 倍振幅市场波动，美国商品期货交易委员会则在设置历史场景作为基本市场压力场景的基础上，设置历史场景的 2 倍、5 倍振幅市场波动作为理论场景。European Securities and Markets Authority, *Report 3rd EU-wide CCP Stress Test*, July 2020, p. 82; U.S. CFTC, *CCP Supervisory Stress Tests：Reverse Stress Test and Liquidation Stress Test*, a Report by Staff of the U.S. Commodity Futures Trading Commission, April 2019, p. 7.

[2] 即 2008 年至 2018 年期间的雷曼兄弟违约当日利率波动、英国脱欧公投次日市场波动、2008 年 11 月 20 日股票市场波动、2018 年 2 月 5 日市场波动。U.S. CFTC, *CCP Supervisory Stress Tests：Reverse Stress Test and Liquidation Stress Test*, a Report by Staff of the U.S. Commodity Futures Trading Commission, April 2019, pp. 6~7.

[3] European Securities and Markets Authority, *Report 3rd EU-wide CCP Stress Test*, July 2020, p. 82; U.S. CFTC, *CCP Supervisory Stress Tests：Reverse Stress Test and Liquidation Stress Test*, a Report by Staff of the U.S. Commodity Futures Trading Commission, April 2019, pp. 6~8.

第三章 清算机构场外金融衍生品集中清算业务风险管理制度

设置其他市场压力场景,在设置每一市场压力场景时应按照同一市场波动振幅倍数相应调整各种风险因子冲击[1]。

关于是否应区分清算业务设置不同的压力场景,欧洲证券和市场监管局、美国商品期货交易委员会在反向压力测试中对参加测试的清算机构不同清算业务适用相同的市场压力场景,如美国商品期货交易委员会对芝加哥商品交易所集团的期货和期权清算业务、伦敦清算所利率互换清算业务设置相同的市场压力场景。[2]

《中央对手方监管压力测试框架》要求监管机构为实现宏观审慎监管目标,需使用相同的一系列压力测试场景对多家中央对手方进行监管压力测试。其原因是监管机构在实施对多家清算机构的反向压力测试时,只有对参加测试的所有清算机构适用相同的压力场景,包括假设对所有清算机构不同清算业务施加相同的市场冲击,才能测算相同压力场景在同一时间对所有清算机构的总体影响,从而将更好地帮助监管机构理解在相同压力场景下多家清算机构面临共同压力时可能产生的系统性风险,[3]将有利于实现宏观审慎监管目标。

美国商品期货交易委员会在对两家清算机构不同清算业务设置相同市场压力场景的同时,还考虑到清算机构所清算产品的风险特性,设置的市场压力场景涵盖利率波动、股票市场波动、同

---

[1] European Securities and Markets Authority, *Report 3rd EU-wide CCP Stress Test*, July 2020, p. 82.

[2] European Securities and Markets Authority, *Report 3rd EU-wide CCP Stress Test*, July 2020, pp. 82~85; U.S. CFTC, *CCP Supervisory Stress Tests: Reverse Stress Test and Liquidation Stress Test, a Report by Staff of the U.S. Commodity Futures Trading Commission*, April 2019, pp. 7~12.

[3] 参见 Fernando Cerezetti、Mark Manning:《中央对手方监管压力测试:宏观审慎的双层式方法》,国文、林嘉琪译,载上海清算所内部刊物《会员通讯》2018 年第 8 期。

时发生利率波动和股票市场波动,其中针对伦敦清算所利率互换清算业务设置了极端利率波动场景。[1]

笔者认为,中国人民银行仅对上海清算所一家中央对手方进行反向压力测试时,无需测算相同压力场景对多家中央对手方的总体影响,而应根据上海清算所提供集中清算服务的不同市场和产品的风险特性,[2]针对各项场外金融衍生品集中清算业务分别设置不同的市场压力场景。比如,对于外汇衍生品中央对手清算业务,可设置历史极端利率、汇率波动情况组合的历史场景与人民币币值波动的理论场景相结合[3]的市场压力场景。

（2）设置成员违约场景。

欧洲证券和市场监管局在反向压力测试设置成员违约场景时,所选择的违约成员均为欧盟范围内前五大参与中央对手方清算机构清算业务的集团成员,在每一市场冲击水平与违约成员数量的组合中确定的违约成员是在该市场压力场景下将对清算机构产生最大违约损失的集团成员。[4]

美国商品期货交易委员会则需分别计算芝加哥商品交易所集团的期货和期权清算业务与伦敦清算所利率互换清算业务中每一

---

［1］ See U. S. CFTC, *CCP Supervisory Stress Tests: Reverse Stress Test and Liquidation Stress Test*, a Report by Staff of the U. S. Commodity Futures Trading Commission, April 2019, pp. 6~7.

［2］ See European Commission, *Commission Delegated Regulation (EU) No 153/2013 of 19 December 2012 Supplementing Regulation (EU) No 648/2012 of the European Parliament and of the Council with regard to Regulatory Technical Standards on Requirements for Central Counterparties*, December 2012.

［3］ 参见上海清算所:《上海清算所中央对手方清算业务金融市场基础设施原则信息披露（2020）》,载 https://www.shclearing.com/cpyyw/ywgz/detail_38.html?productDocClient/detail/402852817068ee1101708b2b093d1f88,最后访问日期:2024年7月30日。

［4］ European Securities and Markets Authority, *Report 3rd EU-wide CCP Stress Test*, July 2020, p. 82.

第三章 清算机构场外金融衍生品集中清算业务风险管理制度

市场压力场景下其违约造成损失可耗尽清算机构金融资源的违约成员数量，包括对清算机构产生最大信用暴露的违约成员最少数量、对清算机构产生最小信用暴露的违约成员最多数量（压力测试结果详见表3-3）。[1]

表3-3 可耗尽清算机构金融资源的压力情景[2]

清算机构	清算业务	可耗尽清算机构金融资源的市场压力场景与成员违约场景组合		
		市场压力场景	成员违约场景	
			产生最大信用暴露违约成员数量	产生最小信用暴露违约成员数量
芝加哥商品交易所集团	期货期权	2008年9月15日雷曼兄弟违约当日利率波动5倍振幅	1	24
		2008年11月20日股票市场波动2倍振幅	1	28
		英国脱欧公投后2016年6月24日市场波动5倍振幅	2	23
		2018年2月5日市场波动5倍振幅	2	18

---

[1] See U. S. CFTC, *CCP Supervisory Stress Tests: Reverse Stress Test and Liquidation Stress Test*, a Report by Staff of the U. S. Commodity Futures Trading Commission, April 2019, p. 6.

[2] See U. S. CFTC, *CCP Supervisory Stress Tests: Reverse Stress Test and Liquidation Stress Test*, a Report by Staff of the U. S. Commodity Futures Trading Commission, April 2019, pp. 4, 9, 11, 19.

续表

清算机构	清算业务	可耗尽清算机构金融资源的市场压力场景与成员违约场景组合		
		市场压力场景	成员违约场景	
			产生最大信用暴露违约成员数量	产生最小信用暴露违约成员数量
伦敦清算所	利率互换	2008年9月15日雷曼兄弟违约当日利率波动5倍振幅	1	23
		2008年9月15日雷曼兄弟违约当日利率波动2倍振幅	4	20
		2008年11月20日股票市场波动5倍振幅	1	25
		英国脱欧公投后2016年6月24日市场波动5倍振幅	5	30

建议中国人民银行重点关注大型清算会员（特别是集团会员）违约可能耗尽上海清算所金融资源的信用暴露，在分别确定在各项场外金融衍生品集中清算业务中将耗尽上海清算所金融资源的市场压力场景与成员违约场景的组合时，应针对不同的市场压力场景，分别选择在该特定市场压力场景下其违约将对上海清算所产生最大信用暴露的清算会员进行反向压力测试。

（3）监测系统性风险。

美国商品期货交易委员会在反向压力测试中进行了系统性风险监测，即测试在极端理论情景下两家清算机构的共同集团成员违约对其产生的信用暴露累积是否会引发系统性风险。压力测试

第三章　清算机构场外金融衍生品集中清算业务风险管理制度

结果显示,在2008年9月15日雷曼兄弟违约当日利率波动5倍振幅的理论场景下,芝加哥商品交易所集团和伦敦清算所的两家共同集团成员违约造成的损失总额将会耗尽两家清算机构金融资源,可能会引发系统性风险。[1]但美国商品期货交易委员会在《中央对手方监管压力测试:反向压力测试和平仓压力测试》中并未分析芝加哥商品交易所集团和伦敦清算所对两家共同集团成员的信用暴露累积如何对金融系统产生系统性风险。

值得关注的是,欧洲证券和市场监管局在2019年4月公布的第三次欧盟范围内中央对手方清算机构压力测试框架中提出反向压力测试目标是识别可能引发系统性风险的市场压力场景与成员违约场景组合,而非监测单个清算机构面临的信用风险,[2]但在实施反向压力测试时并未进行系统性风险监测。其原因是欧洲证券和市场监管局认为信用风险压力测试的核心并非分析极端场景下金融系统内部交互产生的风险放大效应,在反向信用压力测试中仅度量清算机构提供清算服务所面临的信用风险,将无法全面分析极端场景对金融系统产生的影响。[3]

鉴于上海清算所自成立起即被中国人民银行确认为具有系统重要性的金融市场基础设施,一旦耗尽金融资源将可能引发金融体系的系统性风险,中国人民银行应在反向压力测试中分析在极端市场压力场景与会员违约场景共同作用下耗尽上海清算所金融资源可能引发的系统性风险。

---

[1] U. S. CFTC, *CCP Supervisory Stress Tests*: *Reverse Stress Test and Liquidation Stress Test*, *a Report by Staff of the U. S. Commodity Futures Trading Commission*, April 2019, pp. 12~13.

[2] European Securities and Markets Authority, *Methodological Framework*: 3rd EU-wide Central Counterparty (CCP) Stress Test Exercise, April 2019, p. 29.

[3] European Securities and Markets Authority, *Report 3rd EU-wide CCP Stress Test*, July 2020, p. 87.

但由于目前监管机构对金融系统内部交互产生的风险放大效应和传导机制的理解尚不完整,[1]将反向压力测试作为系统性风险分析工具对耗尽清算机构金融资源对金融系统所产生影响的分析可能不够全面和准确。

三、监测关联风险压力测试制度

目前各国不同中央对手方（包括清算机构）分别与各成员、关键服务提供者之间形成了非常复杂的、往往跨国的相互关联关系，由此产生中央对手方与成员、关键服务提供者相互关联风险。

同时，清算机构作为中央对手方开展场外金融衍生品集中清算业务时，可能与其他中央对手方、支付系统、中央证券存管、证券结算系统等其他金融市场基础设施彼此业务关联或相互依存，可能依赖于其他一家或若干家金融市场基础设施以完成场外金融衍生品清算、结算业务的正常运作，若其中一家金融市场基础设施发生危机，可能引发该金融市场基础设施与清算机构之间的风险传递。

建议通过完善压力测试制度来加强识别和监测清算机构分别与成员、关键服务提供者和其他金融市场基础设施相互关联而产生的风险。

1. 监测清算机构与关键服务提供者关联风险

根据《中央对手方监管压力测试框架》，对多家中央对手方的监管压力测试可帮助监管机构更好地理解中央对手方与流动性提供者、托管银行等相互关联关系，可设计监管压力测试分析多

---

[1] Fernando Cerezetti、Mark Manning：《中央对手方监管压力测试：宏观审慎的双层式方法》，国文、林嘉琪译，载上海清算所内部刊物《会员通讯》2018年第8期。

第三章　清算机构场外金融衍生品集中清算业务风险管理制度

家中央对手方共同依赖于特定流动性提供者或其他服务提供者的风险敞口集中度。[1]

《中央对手方监管压力测试框架》要求监管机构通过监管压力测试监测中央对手方所面临的流动性风险时应设置流动性提供者、其他服务提供者违约场景，计算在该场景与不利市场冲击场景共同作用下可能产生的损失，应保守地选择在特定市场冲击压力场景下其违约将会对参加监管压力测试的所有中央对手方产生最严重流动性短缺的流动性提供者或其他服务提供者进行流动性压力测试。监管机构还应考虑设置同时是成员的流动性提供者或结算银行、托管银行丧失清偿能力而同时发生无法履行成员义务和关键服务提供者义务的压力场景。[2]

依据《中央对手方监管压力测试框架》，监管机构通过实施对多家中央对手方的监管压力测试，可监测多家中央对手方共同的流动性提供者或托管银行在极端市场条件下违约或破产风险，但未明确规定如何针对这一风险来源设置压力测试场景。

欧洲证券和市场监管局在三次监管压力测试中均分析了欧盟范围内中央对手方清算机构与关键服务提供者的相互关联关系，在第三次监管压力测试中分析了16家清算机构因共同的托管机构、流动性提供者等产生的关联关系。根据《第三次欧盟范围中央对手方压力测试报告》，向托管银行托管现金工具[3]的清算机

---

[1] CPMI-IOSCO, *Framework for Supervisory Stress Testing of Central Counterparties*, April 2018; Fernando Cerezetti、Mark Manning：《中央对手方监管压力测试：宏观审慎的双层式方法》，国文、林嘉琪译，载上海清算所内部刊物《会员通讯》2018年第8期。

[2] CPMI-IOSCO, *Framework for Supervisory Stress Testing of Central Counterparties*, April 2018.

[3] 包括在商业银行的现金、反向回购等，不包括在发钞中央银行的现金。See European Securities and Markets Authority, *Report 3rd EU-wide CCP Stress Test*, July 2020, p. 58.

构通过托管银行形成相互关联关系，多家清算机构依赖于少数托管银行，特别是一家非欧盟的托管银行。对于清算机构通过流动性提供者形成的关联关系，清算机构通过提供信用额度以及承诺回购的流动性提供者形成的关联度低于通过托管机构形成的关联度，但若增加考虑未承诺回购的流动性提供者则通过流动性提供者形成的相互关联将会增强[1]，清算机构的流动性提供者经常同时是清算成员进一步增强了清算机构通过流动性提供者形成的关联度，没有确切证据表明单一金融集团承诺同时向许多清算机构提供流动性支持。[2]但欧盟证券和市场监管局在三次监管压力测试中只是分析清算机构因共同的关键服务提供者而产生的关联关系，并未通过压力测试设置历史场景和理论场景、假设场景来监测清算机构与关键服务提供者之间相互关联而产生的风险。

根据美国商品期货交易委员会第二次监管压力测试报告《清算机构的流动性评估》，芝加哥商品交易所清算所、伦敦清算所、洲际交易所美国清算所在成员违约时组合运用到期反向回购协议、达成回购协议、从商业银行获取现金等方式获得流动性以履行结算义务，美国商品期货交易委员会针对清算机构共同流动性提供者可能带来的流动性风险，设置三家清算机构从同一家公司获得流动性的压力场景，测试结果是由此引起的流动性需求累积规模不会损害各清算机构及时履行结算义务的能力。[3]

---

〔1〕 在大多数情况下欧盟范围内清算机构选择从各类流动性提供者获得流动性，只有少数清算机构选择从承诺回购的流动性提供者获得流动性。See European Securities and Markets Authority, *Report 3rd EU-wide CCP Stress Test*, July 2020, pp. 59~60.

〔2〕 European Securities and Markets Authority, *Report 3rd EU-wide CCP Stress Test*, July 2020, pp. 58~60, 121.

〔3〕 U.S. CFTC, *Evaluation of Clearinghouse Liquidity*, *a Report by Staff of the U.S. Commodity Futures Trading Commission*, October 2017, p. 2.

2. 监测清算机构因共同成员相互关联风险

针对实践中国际主流清算机构成员与多家中央对手方关联度较高而产生的风险，《中央对手方监管压力测试框架》规定监管机构可设计监管压力测试分析多家中央对手方对共同成员的风险暴露。[1]

《中央对手方监管压力测试框架》要求监管机构通过监管压力测试监测中央对手方所面临的流动性风险时应设置成员违约或破产的场景，计算在该场景与不利市场冲击场景共同作用下可能产生的损失，还规定监管机构实施对多家中央对手方的监管压力测试时可监测多家中央对手方某一特定资产类别共同成员违约或破产风险，但未明确规定如何针对这一风险来源设置压力场景。

欧洲证券和市场监管局在三次监管压力测试中均分析了欧盟范围内清算机构与各成员的关联关系。根据《第三次欧盟范围中央对手方压力测试报告》，欧盟范围内清算机构通过共同清算成员而高度关联，其中许多成员与多个清算机构关联，大多数清算机构与欧盟前十大参与清算业务的集团成员中若干集团成员关联，特别是自第二次监管压力测试以来清算机构在市场压力条件下通过共同清算成员形成的关联关系更是显著增强。欧洲证券和市场监管局在信用压力测试中计算的压力场景下清算机构对集团成员的信用暴露已超出要求其缴纳的金融资源总额，[2]但未通过压力测试设置压力场景监测清算机构因共同成员相互关联而产生的风险。

美国商品期货交易委员会在第一次监管压力测试中对芝加哥商品交易所清算所、洲际交易所清算所、洲际交易所美国清算所、洲际交易所欧洲清算所和伦敦清算所等因共同成员而关联的

---

[1] CPMI-IOSCO, *Framework for Supervisory Stress Testing of Central Counterparties*, April 2018.

[2] European Securities and Markets Authority, *Report 3rd EU-wide CCP Stress Test*, July 2020, pp. 55~58, 121.

5家清算所进行信用压力测试，其中每一清算所最大的15家清算成员是23个企业集团，每一企业集团同时参加一家以上清算所。根据美国商品期货交易委员会2016年11月发布的《清算所监管压力测试报告》，美国商品期货交易委员会分析在11个极端压力场景下成员违约对5家清算所及其成员的影响，包括监测在同一压力场景下23个集团成员中其违约对各清算所分别造成最大信用暴露的两家成员违约时每一清算所金融资源（包括违约成员缴纳的初始保证金、违约基金和清算所自有资本等）的充足性，并测算在11个极端压力场景下5家清算所提供清算服务的信用违约互换、利率互换、期货共8个违约基金[1]是否覆盖成员在相应业务中违约造成的损失，压力测试结果显示在36次测试中5家清算所的金融资源足以覆盖对其产生最大信用暴露的两家成员违约损失，在23次测试中违约基金足以覆盖成员违约损失。[2]

值得研究的是清算机构共同成员对其中一家清算机构违约对关联清算机构的影响。美国第一次监管压力测试结果显示在同一压力场景下清算所共同成员对其中一家清算所产生最大信用暴露并不必然对相互关联的其他清算所造成损失，在36次测试中18个集团成员违约将会对其中一家或一家以上清算所造成最大损

---

[1] 包括5个场外衍生品集中清算业务违约基金（即芝加哥商品交易所清算所、洲际交易所清算所、洲际交易所欧洲清算所信用违约互换业务违约基金，芝加哥商品交易所清算所、伦敦清算所利率互换业务违约基金），以及不属于场外衍生品集中清算业务违约基金的芝加哥商品交易所清算所、洲际交易所欧洲清算所和洲际交易所美国清算所期货业务违约基金。See U.S. CFTC, Supervisory *Stress Test of Clearinghouses*, *a Report by Staff of the U. S. Commodity Futures Trading Commission*, November 2016, pp.1, 17.

[2] See U. S. CFTC, Supervisory *Stress Test of Clearinghouses*, *a Report by Staff of the U. S. Commodity Futures Trading Commission*, November 2016, pp.1, 12, 16~19, 26, 30, 32~33, 35, 42.

失,23个集团成员中没有一家在6次以上测试中对一家或一家以上清算所产生最大信用暴露。[1]

目前一些全球系统重要性银行子行、分行已参与上海清算所中央对手方清算自营业务,并同时参加境外中央对手方,上海清算所综合清算会员中国银行已成为伦敦清算所清算成员,上海清算所因共同成员与这些境外中央对手方相互关联。但从上海清算所在信用压力测试和流动性压力测试中设置的压力场景来看,并未监测上海清算所与境外中央对手方共同成员一旦在境外一家或多家中央对手方违约对上海清算所造成损失的风险。

笔者认为,针对上海清算所因共同成员与境外中央对手方关联而产生的风险,上海清算所在实施信用压力测试和流动性压力测试时,应设置中央对手方清算业务会员同时参加境外中央对手方给上海清算所带来信用风险和流动性风险的压力测试场景。

然而,实践中存在的问题是上海清算所难以获得该违约共同成员在境外中央对手方缴纳的初始保证金、违约基金份额等相关数据,将难以通过压力测试度量因共同成员与境外中央对手方关联而产生的风险。对此可通过两国金融市场基础设施监管机构进行跨境监管合作以及上海清算所与境外关联金融市场基础设施之间合作予以解决。

关于金融市场基础设施跨境监管合作,根据国际清算银行支付和市场基础设施委员会、国际证监会组织2019年12月发布的《职责E:监管机构合作经验汇编》,2008年金融危机爆发以来各国金融市场基础设施监管机构开始加强跨境监管合作,主要通过签署谅解备忘录、协议或其他类型文件(如意向书)等多种方式

---

[1] See U. S. CFTC, Supervisory *Stress Test of Clearinghouses*, *a Report by Staff of the U. S. Commodity Futures Trading Commission*, November 2016, p. 35, 42.

进行信息共享，开展跨境监管合作。[1]譬如，美国商品期货交易委员会于2009年9月、2014年6月、2015年9月、2016年1月和2016年8月分别与英国、澳大利亚、韩国、德国和墨西哥中央对手方监管机构[2]签署《跨境清算组织监管合作和信息共享谅解备忘录》[3]，均规定当跨境清算组织清算成员及客户违约或潜在违约时，两国中央对手方监管机构应当进行信息共享。国际清算银行支付和市场基础设施委员会、国际证监会组织在《职责E：监管机构合作经验汇编》中建议各国金融市场基础设施监管机构就金融市场基础设施成员情况的信息共享达成合作安排。[4]

中国人民银行起草的《中国人民银行法（修订草案征求意见稿）》规定，中国人民银行在符合国家安全、保密等法律、行政法规的前提下可与境外监管部门进行合作共享监管信息、实施跨

---

[1] CPMI-IOSCO, *Responsibility E: A Compilation of Authorities' Experience with Cooperation*, December 2019, pp. 4~11, 23.

[2] 分别是英国金融服务局（目前英国清算机构监管部门是英格兰银行）、澳大利亚储备银行和澳大利亚证券与投资委员会、韩国金融服务委员会与韩国金融监管委员会、德国联邦金融监管局与德国联邦银行、墨西哥国家银行和证券委员会与墨西哥银行。

[3] U.S. CFTC, U.K. Financial Services Authority, *Cooperation and the Exchange of Information related to the Supervision of Cross-Border Clearing Organizations*, September 2009; U.S. CFTC, Reserve Bank of Australia, Australian Securities and Investments Commission, *Cooperation and the Exchange of Information related to the Supervision of Cross-Border Clearing Organizations*, June 2014; U.S. CFTC, Korean Financial Services Commission, Korean Financial Supervisory Service, *Cooperation and the Exchange of Information related to the Supervision of Cross-Border Clearing Organizations*, September 2015; U.S. CFTC, BaFin, Deutsche Bundesbank, *Cooperation and the Exchange of Information related to the Supervision of Cross-Border Clearing Organizations*, January 2016; U.S. CFTC, National Banking and Securities Commission of Mexico, Bank of Mexico, *Cooperation and the Exchange of Information related to the Supervision of Cross-Border Clearing Organizations*, August 2016.

[4] CPMI-IOSCO, *Responsibility E: A Compilation of Authorities'Experiencewith Cooperation*, December 2019, p. 11.

境监管。对此笔者建议增加一款规定，即中国人民银行与其他国家和地区金融市场基础设施监管机构通过签署双边或多边谅解备忘录、协议、意向书等方式进行跨境监管合作。中国人民银行与境外中央对手方监管机构签署监管合作谅解备忘录时，应在谅解备忘录中明确规定清算机构参与者违约时进行信息共享。

关于上海清算所与境外中央对手方之间的合作，上海清算所已于 2009 年 11 月、2017 年 1 月、2018 年 11 月分别与德意志交易所、新加坡交易所、莫斯科交易所集团签署谅解备忘录，于 2014 年 8 月、2016 年 6 月分别与芝加哥商品交易所、加拿大 TMX 集团签署合作备忘录，于 2016 年 11 月与伦敦证券交易所集团（LSEG）、伦敦清算所集团签署三方合作备忘录，于 2012 年 12 月与波罗的海交易所签订数据信息合作协议，其中在与加拿大 TMX 集团签署的合作备忘录、与波罗的海交易所签订的数据信息合作协议中明确了双方信息共享事宜。[1]

建议上海清算所与境外关联中央对手方签署谅解备忘录或合作备忘录并明确信息共享的具体内容，包括共同成员对境外中央对手方违约、违约共同成员在境外中央对手方缴纳的初始保证金和违约基金份额、被追缴的初始保证金和变动保证金等数据，以利于上海清算所及时识别和监测因共同成员与境外中央对手方相互关联而产生的风险。

---

[1] 上海清算所：《上海清算所公司大事记》，载 https://www.shclearing.com/gywm/gsjs/gsdsj/201308/t20130830_8033.html，最后访问日期：2024 年 7 月 31 日；上海清算所：《上海清算所与德意志交易所签署合作协议》，载 https://www.shclearing.com/gywm/xwdt/201308/t20130830_7964.html，最后访问日期：2024 年 7 月 31 日；上海清算所：《上海清算所与芝商所签署合作备忘录》，载 https://www.shclearing.com/gywm/xwdt/201409/t20140904_46878.html，最后访问日期：2024 年 7 月 31 日；上海清算所：《上海清算所与加拿大 TMX 集团签署合作备忘录》，载 https://www.shclearing.com/gywm/xwdt/201606/t20160621_162656.html，最后访问日期：2024 年 7 月 31 日。

3. 监测与其他金融市场基础设施关联风险

对于金融市场基础设施相互关联产生的风险,《金融市场基础设施原则》要求中央对手方应定期评估并开发适当的风险管理工具管理来自其他金融市场基础设施的实质性风险,在实施流动性压力测试设置压力场景时应考虑其连接的金融市场基础设施。欧盟2012年中央对手方监管技术标准规定中央对手方应在流动性风险管理框架中考虑其与支付系统、证券结算系统、相互关联的中央对手方之间的关联关系,在压力测试中应考虑这种相互关联关系。

但从清算机构的风险管理实践来看,清算机构普遍未在流动性压力测试中考虑与其他金融市场基础设施(包括其他中央对手方)相互关联风险因素。根据《〈金融市场基础设施原则〉实施监测报告——对中央对手方恢复计划、金融资源覆盖和流动性压力测试的第三阶段后续评估》,接受评估的清算机构在流动性压力测试中未设置压力场景考虑其连接的金融市场基础设施无法运行对其带来的流动性风险。譬如,证券结算系统或支付系统无法运行或迟延运行将可能导致清算机构无法在压力市场及时获得流动性资源,应属于清算机构的一个流动性风险来源,[1]但在接受评估的19家清算机构中,依赖于其连接的中央证券存管和证券结算系统的13家清算机构均未在流动性压力测试中设置中央证券存管和证券结算系统无法运行的压力场景。[2]美国和欧盟已实施的三次监管压力测试也未针对清算机构与其他金融市场基础设

---

[1] CPMI-IOSCO, *Resilience of Central Counterparties (CCPs): Further Guidance on the PFMI (Final Report)*, July 2017.

[2] CPMI-IOSCO, *Implementation Monitoring of PFMI Follow-up Level 3 Assessment of CCPs' Recovery Planning, Coverage of Financial Resources and Liquidity Stress Testing*, May 2018, pp. 27, 29.

施相互关联风险进行分析或设置压力测试场景进行压力测试。这将不利于监测和管理清算机构与其他金融市场基础设施相互关联而产生的风险。

截至 2025 年 5 月，上海清算所尚未在场外金融衍生品集中清算业务中与境内其他中央对手方建立连接，与境内其他类型金融市场基础设施的连接包括与中国外汇交易中心、中国人民银行大额支付系统的连接。上海清算所通过综合业务系统 I 与外汇交易中心连接以接收外汇交易中心发送的外汇衍生品交易数据，并通过网络专线与人民银行大额支付系统连接以完成利率互换、标准债券远期、信用违约互换集中清算业务和外汇衍生品中央对手方清算业务的人民币资金结算，目前实时监控外汇交易中心的交易数据传输情况，持续监测在结算处理阶段与人民银行大额支付系统连接相关的风险。[1]

值得注意的是，在北向互换通业务中，上海清算所已与香港场外结算公司建立中央对手方清算机构互联互通，而可能产生中央对手方之间互相关联风险。目前上海清算所通过"北向互换通"资源池这一特殊风险准备资源以覆盖中央对手方违约产生的损失，一旦香港场外结算公司发生违约，将首先由两个中央对手方及其成员预缴的风险准备资源来弥补上海清算所因此产生的违约损失，将有助于降低上海清算所与境外中央对手方相互关联而产生的风险。

尤为值得关注的是，一旦上海清算所在场外金融衍生品集中清算业务中与境外系统重要性金融市场基础设施（特别是境外系统重要性中央对手方）建立连接，将可能发生与境外金融市场基

---

[1] 参见上海清算所：《上海清算所中央对手方清算业务金融市场基础设施原则信息披露（2025）》，载 https://www.shclearing.com/cpyyw/ywgz/detail_38.html?productDocClient/detail/40285 2817068ee1101708b2b093d1f88，最后访问日期：2024 年 7 月 31 日。

础设施风险传递问题。

上海清算所在流动性压力测试中设置的压力场景并未考虑与境内外金融市场基础设施相互关联风险因素。

建议上海清算所在流动性压力测试中设置外汇交易中心无法或延迟传输外汇衍生品交易数据、人民银行大额支付系统无法或延迟运行的压力场景，并在流动性压力测试中考虑与香港场外结算公司相互关联风险因素，以加强识别和监测上海清算所与境内外金融市场基础设施连接而产生的潜在风险。

国际清算银行支付和市场基础设施委员会、国际证监会组织在《职责E：监管机构合作经验汇编》中建议各国金融市场基础设施监管机构就金融市场基础设施全面风险状况（包括金融市场基础设施相互依存可能产生的风险）的信息共享达成合作安排。[1] 美国商品期货交易委员会与英国、澳大利亚、韩国、德国和墨西哥中央对手方监管机构分别签署的《跨境清算组织监管合作和信息共享谅解备忘录》均规定两国中央对手方监管机构认识到跨境清算组织发生潜在财务危机或者潜在金融危机危及跨境清算组织时紧密合作的重要性，当跨境清算组织无法存续时，运行、金融资源、管理、系统和控制等方面出现任何不利重要变化时应当进行信息共享。

建议中国人民银行在与境外中央对手方监管机构签署监管合作谅解备忘录时，在谅解备忘录中明确规定就中央对手方日常风险状况和发生危机情况进行信息共享。上海清算所与境外中央对手方建立连接应签署谅解备忘录或合作备忘录，并明确规定对连接的境外中央对手方所面临的风险和风险管理等方面信息进行共享，以利于上海清算所及时识别和监测与境外中央对手方连接而

---

[1] CPMI-IOSCO, *ResponsibilityE：A CompilationofAuthorities' Experiencewith Cooperation*, December 2019, p. 11.

产生的风险。

四、清算机构获得流动性制度

(一) 清算机构的流动性资源类型

《金融市场基础设施原则》规定中央对手方为满足流动性资源足以覆盖极端压力情景下成员违约产生最大流动性暴露的最低要求,应以各币种持有的合格流动性资源包括:在发行货币中央银行存放的现金;流动性提供者承诺的信用额度;向托管银行托管的现金抵押品与向其他托管机构[1]托管的高度市场化的非现金抵押品;其他第三方机构承诺的外汇互换或回购,以及即使在极端市场条件下通过可靠融资安排易于获得和变现的投资等。欧盟 2012 年中央对手方监管技术标准要求中央对手方应持有与其流动性需求相适应的各相关币种流动性资源,包括在发行货币中央银行存放的现金、在被许可信贷机构(即托管机构)存放的现金、未违约成员承诺的信用额度、其他第三方机构承诺的回购、高流动性金融工具以及通过可靠融资安排当日可获得和变现的流动性资源等。

从清算机构所持流动性资源的类型来看,根据《〈金融市场基础设施原则〉实施监测报告——对 10 家衍生品中央对手方风险管理和恢复计划的第三阶段评估》,实践中一些清算机构持有的特定类型流动性资源集中度较高,如在发行货币中央银行存放的现金、托管的高度市场化担保资产或承诺的信用额度等。[2]而

---

[1] 如中央证券存管 (CSD)。See BCBS, CPMI, FSB, IOSCO, *Analysis of Central Clearing Interdependencies*, August 2018, p. 6.

[2] CPMI-IOSCO, *Implementation Monitoring of PFMI Level 3 Assessment: Report on the Financial Risk Management and Recovery Practices of 10 Derivatives CCPs*, August 2016, pp. 49, 59.

有的清算机构则采用多种方式以获取流动性资源。譬如，根据美国商品期货交易委员会第二次监管压力测试报告《清算机构的流动性评估》，芝加哥商品交易所清算所、洲际交易所美国清算所、伦敦清算所在结算周期规定时间内通过变现担保品、取得商业银行现金余额、取得中央银行现金余额、货币兑换、回购等不同方式的组合获取流动性以履行每日结算义务。[1]从提供流动性的主体来看，清算机构通常从流动性提供者、结算银行、其他第三方机构、成员、中央银行等获得流动性。

目前上海清算所中央对手方清算业务自律规则未规定流动性资源类型和投资方式。实践中上海清算所中央对手方清算业务流动性资源包括存放在托管银行的保证金和清算基金、存放在商业银行的上海清算所风险准备金，授信银行提供的授信额度以及外币结算银行提供的资金结算日间流动性支持等。

具体而言，上海清算所将会员缴纳的现金形式的保证金和用于弥补违约损失中违约会员保证金未覆盖部分的清算基金存放于多家托管银行[2]，并将可用于弥补清算会员重大违约损失的上海清算所风险准备金存放于国有商业银行或股份制商业银行，在外汇中央对手方清算业务中还获得外币结算银行提供的外币资金结算的日间流动性支持。

---

[1] U. S. CFTC, *Evaluation of Clearinghouse Liquidity*, a Report by Staff of the U. S. Commodity Futures Trading Commission, October 2017, pp. 1~2, 13~19.

[2] 上海清算所选择多家大型国有商业银行或股份制商业银行作为托管银行，旨在分散总体风险敞口，避免信用风险过度集中于某一家托管银行。参见上海清算所：《上海清算所中央对手方清算业务金融市场基础设施原则信息披露（2025）》，载https://www.shclearing.com/cpyyw/ywgz/detail_38.html?productDocClient/detail/402852817068ee1101708b2b093d1f88，最后访问日期：2024 年 7 月 31 日。

第三章　清算机构场外金融衍生品集中清算业务风险管理制度

在中央对手清算业务会员发生资金结算违约[1]或交割违约[2]时，上海清算所有权冻结违约会员在托管银行的相关中央对手清算业务保证金账户和清算基金账户，与违约资金币种相同的违约会员保证金和应收资产可直接充当流动性资源；上海清算所还可启动授信银行授信机制融资以完成对未违约会员的资金结算。

(二) 探索建立清算机构获得中央银行流动性支持制度

清算机构发生流动性危机时能否及时获得流动性资源，特别在极端但可能的市场条件下能否获得流动性支持，对于清算机构能否持续提供关键服务往往是至关重要的。《欧洲市场基础设施监管条例》要求中央对手方应确保其在任何时候可获得充足流动性以能够持续提供服务。

下文将研究清算机构获得流动性制度。其中上海清算所从授信银行、结算银行获取流动性问题已在本章"监测因流动性资源产生的流动性风险"部分进行了探讨。

1. 清算成员提供流动性制度探讨

国际清算银行支付和市场基础设施委员会与国际证监会组织2014年10月共同发布并于2017年修订的《金融市场基础设施的恢复》规定中央对手方在恢复计划中可明确在极端压力情景下针对未覆盖流动性短缺可运用的恢复工具包括从第三方机构、成员或者两者获得流动性。

---

[1] 根据《银行间市场清算所股份有限公司集中清算业务指南（2019年版）》，资金结算违约是指在中央对手方清算业务的结算处理阶段资金结算处理环节，清算会员未在规定时点前在指定资金结算账户备足相应资金而导致资金结算失败。

[2] 在标准债券远期集中清算业务中，最后交易日日终上海清算所计算并发送交割资金结算清单，若清算会员未在现金交割结算规定时点前于指定资金结算账户备足相应资金而导致现金交割失败，即交割违约。参见上海清算所发布的《标准债券远期集中清算业务规则》和《银行间市场清算所股份有限公司集中清算业务指南（2024年版）》。

根据《〈金融市场基础设施原则〉实施监测报告——对中央对手方恢复计划、金融资源覆盖和流动性压力测试的第三阶段后续评估》，接受评估的 19 家清算机构中，一些清算机构可从第三方机构和成员获得流动性，少数清算机构仅从第三方机构或其成员获得流动性。[1]

清算机构从成员获得流动性是其可运用的一种重要恢复工具，清算机构可以不同形式从成员获得流动性。依据《金融市场基础设施的恢复》，中央对手方从成员获得流动性的一种形式是仅从没有履行缴纳违约基金份额义务的成员在其承担违约基金份额缴纳义务的范围内获得流动性，中央对手方可要求这些成员提供担保贷款，或者与这些成员进行回购或互换交易等。《金融市场基础设施的恢复》规定中央对手方还可在自律规则中规定可从所有成员获得流动性。以上两种形式在理论上均可采用成员提供担保贷款或无担保贷款的方式。

清算机构从没有履行缴纳违约基金份额义务的成员获得流动性具有一定的优势：一是不要求成员额外缴纳现金，可立即运用这一工具，通常不会产生成员无法履约的风险，因此是可靠及时的工具；二是成员潜在义务是基于成员头寸确定的，因此成员潜在义务的数额是可评估和控制的；三是清算机构可从成员获得流动性，将使得成员有动机监控清算机构的流动性风险管理以及其自身在系统中的流动性风险。[2]

若清算机构在自律规则中规定可从所有成员获得流动性，将

---

[1] CPMI-IOSCO, *Implementation Monitoring of PFMI Follow-up Level 3 Assessment of CCPs' Recovery Planning*, *Coverage of Financial Resources and Liquidity Stress Testing*, May 2018, p. 20.

[2] See CPMI-IOSCO, *Recovery of Financial Market Infrastructures*, October 2014 (Revised July 2017).

要求部分或全部成员缴纳现金,有可能无法实现,可能不可靠也不及时。尽管成员的潜在义务数额是可评估的,成员潜在义务数额的可控制程度取决于清算机构自律规则,如分摊损失的程度,因此成员将可能负有其无法完全控制的支付义务,[1]将可能增加成员流动性风险管理的难度,[2]特别在极端市场条件下可能给成员带来不合理的风险,增加成员无法对清算机构履约的概率,将使清算机构可能因此面临更高的交易对手信用风险。

由于上海清算所自律规则要求清算会员在参与中央对手方清算业务之前应以现金形式缴纳清算基金,通常不会出现清算会员未缴纳清算基金即参与中央对手方清算业务的情形,依据《金融市场基础设施的恢复》可采取从所有会员获得流动性的形式。但若上海清算所在中央对手方清算业务自律规则中规定其发生流动性短缺时可从相关清算业务所有会员获得流动性,在极端市场条件下可能导致向其提供流动性的清算会员产生流动性暴露,可能加剧上海清算所面临的信用风险和流动性风险,因此不建议上海清算所从清算会员中获得流动性。

2. 第三方机构提供流动性制度探讨

依据《金融市场基础设施的恢复》,中央对手方只有在满足《金融市场基础设施原则》所规定的流动性资源最低要求时,才能从第三方机构获得流动性。

关键问题是清算机构在成员违约时可获得流动性资源以及时履行结算义务,但在极端市场条件下可能难以获得其中一些流动性资源,将可能难以真正满足流动性资源最低要求而无法从第三

---

[1] See CPMI‐IOSCO, *Recovery of Financial Market Infrastructures*, October 2014 (Revised July 2017).

[2] 唐燕华等:《金融市场基础设施恢复与处置的理论基础与国际实践》,载上海清算所内部刊物《会员通讯》2018年第11期。

方机构获得流动性。

譬如,《金融市场基础设施原则》所规定的中央对手方合格流动性资源中,现金(尤其是在发行货币中央银行存放的现金)、通过可靠融资安排易于获得和变现的投资是相对可靠的流动性资源。[1]但有的清算机构因无法在中央银行开设存款账户,没有预先承诺的授信又缺乏其他安全的投资工具,可能将成员缴纳的保证金投资于回购市场与大型机构投资者进行回购交易,即参与承诺的回购交易。

问题是回购市场的净头寸风险虽低,但每笔交易均独立进行存在较高的本金风险,且抵押品重复使用比较普遍,[2]清算机构面临回购交易对手方违约的潜在信用风险,将可能导致即使成员头寸未受影响,仍遭受自有资本损失。更严重的是,金融市场发生流动性危机时回购市场将首先受到冲击,当清算机构需利用高质量的证券在回购市场获得流动性资源时,回购市场可能会关闭,将可能导致清算机构无法通过回购市场获得流动性。[3]

清算机构虽可通过未承诺的信用额度、互换或回购等其他形式的流动性资源补充其合格流动性资源,[4]但在极端市场条件下能否获得这些金融资源往往无法预先安排或予以保证。

3. 构建中央银行流动性支持制度

基于在极端压力情景下可能难以在回购市场获得流动性资源,有的清算机构提出在极端市场条件下中央银行应通过为清算机构开

---

[1] See CPMI-IOSCO, *Recovery of Financial Market Infrastructures*, October 2014 (Revised July 2017).

[2] 参见刘旸:《欧洲回购市场简析——欧洲金融市场相关法规》,载上海清算所内部刊物《会员通讯》2020年第5期。

[3] LCH. *Recovery and Resolution: a Framework for CCPs*, May 2019, p.7; 李鑫杰:《关于芝加哥联储跨境监管合作、恢复处置和英国退欧专题研讨会情况的报告》,载上海清算所内部刊物《会员通讯》2019年第5期。

[4] See CPMI-IOSCO, *Principles for Financial Market Infrastructures*, April 2012.

第三章 清算机构场外金融衍生品集中清算业务风险管理制度

通贴现窗口等方式向其提供紧急流动性支持。美国芝加哥联储行长 Charles Evans 提出应允许具有系统重要性的中央对手方开设中央银行账户，并在发生重大危机时获得中央银行的流动性支持。[1]

英格兰银行已最先采取行动，为英国和其他国家的中央对手方提供紧急流动性支持。

美联储只为本国中央对手方提供紧急流动性支持。在美国《多德-弗兰克法案》颁布之前，美联储依据《联邦储备法》第13条第3款规定，在非常或紧急情况下可授权联邦储备银行向无法从其他银行机构获得充足信贷支持的合伙企业或公司（包括中央对手方）提供紧急贷款，但中央对手方作为非存款机构无法向联邦储备银行申请贴现。2008年金融危机期间美联储提供的紧急流动性支持引起了很大争议。比如，美联储是否在符合《联邦储备法》第13条第3款所规定的非常情况下提供流动性支持、购买金融机构资产而非提供紧急贷款是否违反法定程序，是否应向贝尔斯登提供紧急流动性支持等。鉴于此，《多德-弗兰克法案》修改了《联邦储备法》第13条第3款的规定，调整为美联储提供紧急流动性支持旨在确保向金融系统提供流动性，而并非为救助陷于破产的金融机构，并在适用主体、程序等方面对美联储提供紧急流动性支持加以严格限制。[2] 同时，《多德-弗兰克法案》

---

[1] Rebecca Lewis：《芝加哥联储通讯专刊（2017-385号）——场外衍生品研讨会观点综述》，贾凡等译，载上海清算所内部刊物《会员通讯》2017年第9期。

[2] Evan A. Johnson，Ⅷ. *Revisions to the Federal Reserve's Emergency Lending Rules*, Review of Banking and Financial Law, spring 2016, pp.2~3; Jeremy C. Kress, *Credit Default Swaps, Clearinghouses, and Systemic Risk: Why Centralized Counterparties must Have Access to Central Bank Liquidity*, Harvard Journal on Legislation, winter 2011, pp.25~35, 80~83, 92; Christian Chamorro-Courtland, *The Trillion Dollar Question: Can a Central Bank Bail out a CentralCounterparty Clearing House which is "too Big to Fail"*? Brooklyn Journal of Corporate, Financial & Commercial Law, January 2012, pp.19~22.

将美联储提供流动性支持的方式扩展为涵盖授权联邦储备银行提供贴现和贷款。依据《多德-弗兰克法案》第806条，美联储可授权联邦储备银行为系统重要性金融市场基础设施（包括系统重要性中央对手方）开立存款账户，并可授权联邦储备银行在非常或紧急情况下为无法从其他银行机构获得充足信贷支持的系统重要性中央对手方提供贴现和贷款。实践中部分具有系统重要性的美国中央对手方已获准有限接入中央银行的流动性，但美联储接受抵押品的范围和额度相对有限。[1]

《欧洲市场基础设施监管条例》规定，发行欧盟成员国货币的中央银行有权要求系统重要性境外清算机构在该中央银行开设存款账户，旨在确保清算大量以欧盟货币计价交易的系统重要性境外清算机构能够管理自身的流动性头寸[2]。

由于一国金融市场中通常只有一家或少数几家清算机构为某一特定市场提供清算服务，清算机构在一国金融体系中很可能具有系统重要性，2008年金融危机爆发后各国中央对手方监管机构普遍对清算机构的流动性风险管理加强监管，同时各国普遍强化中央银行在加强宏观审慎监管、维护金融稳定中的职能，[3]中央银行作为金融系统最后贷款人，具有处理系统性流动性危机的必要工具。[4]

---

[1] 李鑫杰：《关于芝加哥联储跨境监管合作、恢复处置和英国退欧专题研讨会情况的报告》，载上海清算所内部刊物《会员通讯》2019年第5期；Rebecca Lewis：《芝加哥联储通讯专刊（2017-385号）——场外衍生品研讨会观点综述》，贾凡等译，载上海清算所内部刊物《会员通讯》2017年第9期。

[2] Costas Mourselas：《欧洲中央银行考虑扩大清算所对账户设施的访问范围，将CCP纳入欧元系统可能会消除其对银行牌照的需求》，李鑫杰、陈思薇译，载上海清算所内部刊物《会员通讯》2020年第3期。

[3] 参见《关于〈中华人民共和国中国人民银行法（修订草案征求意见稿）〉的说明》。

[4] Rebecca Lewis：《芝加哥联储通讯专刊（2017-385号）——场外衍生品研讨会观点综述》，载贾凡等译，载上海清算所内部刊物《会员通讯》2017年第9期。

第三章　清算机构场外金融衍生品集中清算业务风险管理制度

为避免流动性危机加剧甚至发生金融体系的系统性风险，应允许中央银行从宏观审慎监管的角度，在特定情形下对发生流动性危机的清算机构，特别是系统重要性清算机构提供流动性支持，但应在一国立法中明确规定中央银行对清算机构提供流动性支持的法定情形、适用主体（如清算机构被监管部门认定为合格中央对手方，或者已被本国中央银行确认为具有系统重要性的金融市场基础设施）、中央银行提供流动性支持的方式等。

为强化中央银行维护金融稳定和处置系统性金融风险的作用，[1]中国人民银行起草的《中国人民银行法（修订草案征求意见稿）》规定，中国人民银行可采取的系统性金融风险处置措施包括提供流动性支持。上海清算所作为我国银行间市场唯一的中央对手方清算机构，是我国金融市场具有系统重要性的金融市场基础设施，[2]一旦发生流动性危机甚至丧失清偿能力将可能引发系统性风险，且上海清算所作为中国人民银行大额支付系统的特许参与者已获得日常中央银行账户服务，具备从中国人民银行获取流动性的技术系统支持。[3]鉴于此，笔者建议在《中国人民银行法（修订草案征求意见稿）》关于中国人民银行处置系统性金融风险时可提供流动性支持的规定基础上，进一步明确规定中国人民银行在法定情形下可向银行间市场清算机构提供流动性

---

[1]　参见《关于〈中华人民共和国中国人民银行法（修订草案征求意见稿）〉的说明》。

[2]　参见上海清算所：《上海清算所中央对手方清算业务金融市场基础设施原则信息披露（2025）》，载http://www.shclearing.com/cpyyw/pfmi/detail_38.html?productDocClient/detail/402852 8169184205016922f08b680245，最后访问日期：2024年7月31日。

[3]　参见上海清算所：《上海清算所中央对手方清算业务金融市场基础设施原则信息披露（2023）》，载https://www.shclearing.com/cpyyw/ywgz/detail_38.html?productDocClient/detail/40285 2817068ee1101708b2b093d1f88，最后访问日期：2024年7月31日。

支持。

对于是否要求清算机构获得银行牌照才能从中央银行获取流动性，欧盟与美国、英国现行立法有不同规定，其中，依据《多德-弗兰克法案》美国中央对手方从联邦储备银行获得贴现和贷款并不要求其申请银行牌照，英国中央对手方无需获得银行牌照即可接入英格兰银行的流动性，而欧盟范围内中央对手方则须通过申请银行牌照以接入欧洲中央银行的流动性。截至2020年3月欧洲期货交易所清算公司和伦敦清算所法国公司是欧盟范围内仅有的两家获得银行牌照的中央对手方，可向欧洲中央银行提供清算成员所提交的抵押品以获取现金流动性，欧洲中央银行只接受高质量的抵押品（如政府债券）以提供现金流动性。

问题是获得银行牌照的清算机构还同时受到商业银行监管机构的监管，如欧洲期货交易所清算公司还受德国联邦金融监管局监管，伦敦清算所法国公司还受法国审慎监管管理局（ACPR）监管，但监管机构对商业银行的监管并不完全适用于清算机构，也可能发生重复监管的问题。[1]

国际货币基金组织2018年发布的欧元区金融体系稳定性评估报告建议允许欧盟成员国监管机构根据《欧洲市场基础设施监管条例》认可的所有中央对手方开设中央银行账户并获得流动性。欧洲中央银行正在考虑是否允许欧盟范围内中央对手方在无银行牌照的情况下接入欧洲中央银行账户设施。[2]

笔者认为，我国不应要求上海清算所申请商业银行经营许可

---

[1] Costas Mourselas：《欧洲中央银行考虑扩大清算所对账户设施的访问范围，将CCP纳入欧元系统可能会消除其对银行牌照的需求》，李鑫杰、陈思薇译，载上海清算所内部刊物《会员通讯》2020年第3期。

[2] Costas Mourselas：《欧洲中央银行考虑扩大清算所对账户设施的访问范围，将CCP纳入欧元系统可能会消除其对银行牌照的需求》，李鑫杰、陈思薇译，载上海清算所内部刊物《会员通讯》2020年第3期。

第三章 清算机构场外金融衍生品集中清算业务风险管理制度

证以获得中央银行流动性支持,若上海清算所获批商业银行经营许可证须同时遵循商业银行监管的相关规定,而上海清算所的核心职能是为银行间市场提供中央对手方清算服务。实质上清算机构与商业银行所面临的风险和风险管理存在本质区别：一是清算机构的风险敞口在清算成员违约后形成,并且可能受到突然、快速发生且具有特定风险的其所提供清算服务的市场冲击,而大部分银行的风险敞口来自表内金融工具,更受缓慢发生、长周期的宏观经济场景影响；二是清算机构是风险管理者,而商业银行是风险承担者。[1]基于此,在将来制定《中国人民银行法》修正案配套规章时不应要求银行间市场清算机构获得中央银行流动性支持的前提条件包括获批商业银行经营许可证。

关于中央银行提供流动性支持的方式,欧盟范围内获得银行牌照的中央对手方是通过向欧洲中央银行提供抵押品获取现金流动性,即从欧洲中央银行获得常规信用,[2]而美联储只有在紧急情况下向本国系统重要性中央对手方提供流动性支持。《金融市场基础设施原则》规定,中央对手方可将其能够获得发行货币的中央银行常规信用算作合格流动性资源最低要求的一部分,但不应将中央银行紧急信贷的可得性作为其流动性计划的一部分。

清算机构从中央银行获得常规信用通常是提供担保的,一般采用提供清算成员提交的合格抵押品或回购的形式。清算机构从

---

[1] Fernando Cerezetti、Mark Manning：《中央对手方监管压力测试：宏观审慎的双层式方法》,国文、林嘉琪译,载上海清算所内部刊物《会员通讯》2018年第8期；David Hughes, Mark Manning, *CCPs and Banks: Different Risks, Different Regulations*, Reserve Bank of Australia Bulletin, December 2015, pp. 68~69, 78.

[2] 实践中有的清算机构通过作为其附属机构的特殊目的银行,可间接从中央银行获得流动性,该特殊目的银行的业务范围即为向清算机构提供流动性和结算服务。See CPMI-IOSCO, *Implementation Monitoring of PFMI Level 3 Assessment: Report on the Financial Risk Management and Recovery Practices of 10 Derivatives CCPs*, August 2016, p. 61.

中央银行获得常规信用将有利于清算机构进行风险管理和违约管理，也即清算机构将成员保证金存放在中央银行以快速获取现金流动性，一方面可减少成员提交的抵押品被再投资于回购市场或商业账户中产生非违约损失的风险，另一方面可利用中央银行流动性额度以满足紧急追加保证金要求。[1]基于此，笔者建议在将来制定的《中国人民银行法》修正案配套规章中规定中国人民银行向银行间市场清算机构提供流动性支持主要采取清算机构提供担保的常规信用方式。

同时，为抑制清算机构在压力情景下从中央银行获得紧急信贷引发道德风险问题，建议在将来制定的《中国人民银行法》修正案配套规章中对清算机构从中央银行获得紧急信贷的法定情形予以严格限制，比如规定在清算机构面临可耗尽金融资源或流动性资源的严重信用风险或流动性风险并可能引发系统性风险的情形下人民银行可提供紧急信贷。

值得关注的是，中央银行对发生流动性危机的清算机构提供流动性支持，可能因清算机构太大不能倒而引发道德风险问题。如清算机构可能为吸引更多成员而降低抵押品要求或违约基金份额的分摊，而牺牲了清算机构的安全稳健经营。清算机构成员可能认为中央银行会在金融危机来临时救助清算机构，而诱发其过度承担风险行为，同时也不像认为清算机构可能会破产那样来监控清算机构是否拥有充足资本。[2]

---

[1] See CPMI-IOSCO, *Implementation Monitoring of PFMI Level 3 Assessment: Report on the Financial Risk Management and Recovery Practices of 10 Derivatives CCPs*, August 2016, pp. 56, 61；李鑫杰、陈思薇：《全球中央对手清算监管动态（2020年2月）》，载上海清算所内部刊物《会员通讯》2020年第3期。

[2] 《信用违约互换集中清算机制研究——以美国〈华尔街改革和消费者保护法案〉为研究中心》，载郭锋、周友苏主编：《国际化视野下的金融创新、金融监管与西部金融中心建设》，法律出版社2013年版，第551~552页。

第三章 清算机构场外金融衍生品集中清算业务风险管理制度

针对因清算机构太大而不能倒可能引发道德风险问题,《金融市场基础设施的恢复》建议中央对手方不应期望获得外部融资以维持其持续提供关键服务。笔者认为,应在将来制定的《中国人民银行法》修正案配套规章中规定中国人民银行对银行间市场清算机构提供流动性支持的前提条件包括清算机构必须安全稳健经营,中国人民银行在对上海清算所流动性风险管理进行监管时须关注上海清算所是否存在未发生极端但可能的市场条件下保证金、清算基金等金融资源不足的问题,如上海清算所是否因来自清算会员的压力而导致其设定保证金或清算基金水平过低,但中国人民银行不应明确保证金和清算基金的具体水平[1]。

---

[1] 参见郭渝、陈湛宇:《芝加哥联邦储备银行中央对手方(CCP)风险管理第三届年会及美国期货业协会(FIA)2016年博览会综述》,载上海清算所内部刊物《会员通讯》2017年第1期。

第四章

清算机构场外金融衍生品集中清算业务违约管理制度

在成员违约时,清算机构将按照违约处理规则和程序进行违约处理,并以其金融资源弥补违约损失,一般首先使用违约成员交纳的保证金、违约基金份额等预缴金融资源,当违约成员预缴金融资源不足以覆盖其违约损失时,通常以清算机构自有资本和未违约成员缴纳的违约基金份额等损失分摊机制弥补违约损失,其目的是确保成员违约时清算机构即便在极端市场条件下也能及时完成结算,并解决成员违约后的金融资源补充问题,避免清算机构终止提供服务。[1]

中央对手方通过违约基金分摊成员违约损失的一个例子是:2013年韩国证券期货交易所(KRX)在一家小型经纪商成员的交易员失误造成该成员违约后,通过韩国证券期货交易所清算成员共同缴纳的违约基金分摊违约损失,未违约清算成员因此分摊了超过4亿美元的违约损失。[2]

在违约管理制度方面,《中国人民银行关于建立场外金融衍

---

[1] See CPMI-IOSCO, *Principles for Financial Market Infrastructures*, April 2012; CPMI-IOSCO, *Recovery of Financial Market Infrastructures*, October 2014 (Revised July 2017).

[2] See Umar Faruqui, Wenqian Huang, Elöd Takáts, *Clearing Risks in OTC Derivatives Markets: the CCP-bank Nexus*, BIS Quarterly Review, December 2018, p. 75.

第四章　清算机构场外金融衍生品集中清算业务违约管理制度

生产品集中清算机制及开展人民币利率互换集中清算业务有关事宜的通知》原则性规定上海清算所应建立保证金、清算基金、风险准备金制度和集中清算业务参与者违约处理机制等。

上海清算所在中央对手方清算业务会员违约时进行违约处理，并使用违约会员交纳的保证金、所有会员交纳的清算基金和上海清算所风险准备金[1]等相关

风险准备资源[2]弥补会员违约损失，具体如下：

当中央对手清算业务会员在规定时点前保证金[3]、清算基金、结算资产（包括不限于资金[4]、债券和实物资产）或违约金未足额到账时，[5]上海清算所有权判定该会员运营性违约并进

---

[1] 依据上海清算所《清算基金与风险准备金管理办法》，清算基金是指清算会员参与中央对手清算业务时向上海清算所缴纳的现金，用于弥补相关中央对手清算业务过程中出现的违约损失中保证金覆盖不足的部分。风险准备金是指上海清算所根据主营业收入的一定比例提取的专项资金，用于弥补会员重大违约损失以及与上海清算所金融市场清算业务活动有关的重大风险事故损失。

[2] 截至2018年底，上海清算所风险准备金15.75亿元人民币；中央对手方清算业务初始保证金、变动保证金、清算基金合计约786.26亿元，其中初始保证金总额为703.90亿元，日均变动保证金总额为21.42亿元，清算基金规模为60.94亿元，从产品分布看外汇产品的风险准备资源为667.31亿元，占比84.87%，利率互换的风险准备金规模为110.70亿元，占比14.08%。上海清算所研究统计部：《上海清算所中央对手清算业务运行分析报告（2018年）》，载上海清算所内部刊物《会员通讯》2019年第3期。

[3] 根据《银行间市场清算所股份有限公司集中清算业务指南（2024年版）》，在中央对手清算业务结算处理阶段资金结算处理环节，若会员未在规定时点前在指定资金结算账户备足相应资金而导致资金结算失败，即发生资金结算违约。

[4] 目前在标准债券远期集中清算业务初期实行现金交割机制，最后交易日日终上海清算所计算并发送交割资金结算清单，若会员未在现金交割结算规定时点（T+1日11：00）前于指定资金结算账户备足相应资金而导致现金交割失败，即发生交割违约。参见上海清算所2015年《标准债券远期集中清算业务规则》和《银行间市场清算所股份有限公司集中清算业务指南（2019年版）》《标准债券远期集中清算业务指南》。

[5] 在中央对手方清算业务的结算处理阶段保证金结算处理环节，上海清算所发出日终保证金（日终最低保证金、超限保证金、特殊保证金）或日间保证金（日间超限保证金、盯市保证金、特殊保证金）追加通知后规定时间内，清算会员未在指定资金结算账户备足相应资金而导致保证金结算失败，即发生保证金结算违约。

行违约处理，包括限制或暂停违约会员相关中央对手清算业务、冻结违约会员相关中央对手方清算业务保证金账户和清算基金账户、启动授信机制完成对未违约会员的资金结算等。

若违约会员未在违约处置关键时点[1]前未能补足违约资金、保证金及违约金或者发生上海清算所认定的其他违约情形，上海清算所有权判定该会员永久性违约，[2]将采取以下措施进行后续违约处理：

上海清算所首先将使用违约会员预缴金融资源弥补违约损失[3]，包括使用违约会员应收资产（包括资金、债券和实物资产）和保证金以完成违约处置期间相关支付义务或偿还银行授信、变现违约会员提交的初始保证金中非现金抵押品以弥补违约处置损失等，以促使清算会员对其给上海清算所带来的风险进行审慎风险管理，特别是进行信用风险管理。[4]当违约会员预缴金融资源不足以覆盖违约损失时，上海清算所将采取对违约会员未平仓头寸执行平仓拍卖，乃至终止合约等强行平仓措施，在执行强行平仓后将动用自有资金风险准备金，并启动所有成员损失分摊机制以弥补强行平仓造成的损失，即依次使用上海清算所风险准备

---

[1] 各中央对手清算业务的违约处置关键时点为《银行间市场清算所股份有限公司集中清算业务指南》所规定的违约资金种类对应的正常结算时点。参见《银行间市场清算所股份有限公司集中清算业务违约处置指引（2024年版）》若清算会员因操作失误、系统故障、短期流动性不足等而导致暂时无法履约的为运营性违约。参见《银行间市场清算所股份有限公司集中清算业务规则》和《银行间市场清算所股份有限公司集中清算业务指南（2024年版）》。

[2] 当清算会员发生运营性违约时，上海清算所还有权采取冻结违约清算会员的应收资产、计算和征收违约金等措施。参见上海清算所《集中清算业务规则》和《银行间市场清算所股份有限公司集中清算业务指南（2024年版）》。

[3] 根据《银行间市场清算所股份有限公司集中清算业务指南（2024年版）》，上海清算所从授信银行融入资金的费用以及由于采取平仓拍卖、合约终止、风险对冲、头寸分摊、冻结违约会员资产处置产生的损失等各项费用与成本，加总为违约损失。

[4] See CPMI-IOSCO, *Principles for Financial Market Infrastructures*, April 2012.

第四章 清算机构场外金融衍生品集中清算业务违约管理制度

金、未违约会员缴纳及补充缴纳的相关中央对手方清算业务清算基金份额、上海清算所剩余的风险准备金。[1]

本章着重探讨旨在限制顺周期效应的保证金逆周期调节制度、对违约成员头寸进行违约处置的强制平仓制度。

一、清算机构场外金融衍生品集中清算业务保证金逆周期调节制度

清算机构的保证金制度旨在覆盖清算机构对成员的信用暴露。[2]国际上主要清算机构的保证金主要分为初始保证金和变动保证金两大类。其中，清算机构收取初始保证金[3]以覆盖成员未来一定时期违约而产生的潜在未来信用暴露，并收取变动保证金以覆盖因市场波动、成员持有头寸集中等因素而产生的对成员当前信用暴露。

需要指出的是，在双边清算的场外衍生交易市场中，复杂衍生品交易双方之间往往签订保证金合约，但通常仅要求缴纳变动保证金。场外衍生品纳入中央对手方集中清算后，则增加了清算

---

[1] 上海清算所进行违约处置后将向违约会员追偿。参见上海清算所 2020 年《银行间市场清算所股份有限公司集中清算业务规则》和《银行间市场清算所股份有限公司集中清算业务违约处置指引（2024 年版）》。

[2] CPMI-IOSCO, *Principles for Financial Market Infrastructures*, April 2012.

[3] 实践中清算机构控制数额庞大的金融资源，能够显著影响金融市场的流动性。根据全球中央对手方协会（CCP12）2019 年第二季度量化披露报告，截至 2019 年第二季度末，全球中央对手方清算机构要求缴纳的初始保证金总额高达 7461 亿美元。2012 年"桑迪"飓风期间，美国许多商业银行由于金融市场休市而向洲际交易所信用衍生品清算所提交国债以置换现金获得流动性，在此情形下清算所的角色与中央银行类似，需要关注由此可能产生的潜在风险。CCP12, *Public Quantitative Disclosure*: *Newsletter Q2/2019*, October 2019, p.5；陈兰兰：《清算机构场外衍生品集中清算风险监管研究》，载《金融监管研究》2014 年第 1 期。

成员缴纳初始保证金要求。[1]

上海清算所中央对手方清算业务保证金包括初始保证金和变动保证金,其中初始保证金包括最低保证金和超限保证金,变动保证金包括盯市保证金和特殊保证金。

(一) 初始保证金逆周期调节制度

清算机构向成员收取的初始保证金通常覆盖每一成员头寸潜在变化,即覆盖成员违约时平仓期间潜在未来信用暴露,[2]而计算清算机构对成员的潜在未来信用暴露,则要求清算机构在保证金模型中涵盖其集中清算的每一产品潜在价格波动因素以及与产品相关的其他风险因子,即考虑因成员参与场外衍生品交易的相关产品价格波动、与产品相关其他风险因子等导致成员违约而产生的信用风险。

但实践中清算机构计算极端市场条件下的初始保证金很困难,其原因是产品市场发生不频繁但严重的价格波动往往很难建立模型和定量,特别难以计算极端事件的发生概率,以及在这些极端事件中价格波动的幅度,这使得设定适当的初始保证金水平和追加初始保证金更加困难,可能导致初始保证金不足以反映场外金融衍生交易的实际风险,或者初始保证金设定过高而给清算机构成员造成过重负担。[3]

---

[1] [英]乔恩·格雷戈里:《中央对手方场外衍生品强制集中清算和双边保证金要求》,银行间市场清算所股份有限公司译,中国金融出版社2017年版,第323~324页。David Murphy, Michalis Vasios, Nicholas Vause, *A Comparative Analysis of Tools to Limit the Procyclicality of Initial Margin Requirement*, Bank of England Staff Working Paper, No. 597, April 2016, pp. 1~24.

[2] CPMI-IOSCO, *Principles for Financial Market Infrastructures*, April 2012.

[3] CGFS, *The Role of Margin Requirements and Haircuts in Procyclicality*, CGFS Papers, No. 36, 2010, pp. 12, 20, 转引自陈兰兰:《清算机构场外衍生品集中清算风险监管研究》,载《金融监管研究》2014年第1期。

第四章 清算机构场外金融衍生品集中清算业务违约管理制度

更为严重的是，清算机构向成员收取和追加初始保证金具有顺周期效应，比如在价格波动加剧或清算成员信用风险较高时因向其追加初始保证金而加剧了市场压力和波动率，可能造成或加剧金融市场的不稳定。[1]

针对保证金的顺周期效应，《金融市场基础设施原则》要求中央对手方应审慎采用前瞻性的相对稳定保守的保证金要求以限制顺周期效应，《欧洲市场基础设施监管条例》规定中央对手方应考虑调整保证金可能产生的潜在顺周期效应。

顺周期通常是指与市场、业务活动或信用周期波动正相关的调整风险管理要求或实践。[2]清算机构的初始保证金顺周期效应是由外部金融经济波动的周期性特征与保证金模型缺陷两方面原因所导致。[3]清算机构虽难以建立独立于大幅价格波动或周期变化的保证金制度，[4]但可试图通过保证金模型和参数的设计和校验调整以寻求风险敏感度与顺周期性之间的平衡。[5]

1. 初始保证金模型使用较长回溯期

清算机构可在初始保证金模型中使用较长的回溯期以涵盖历史价格波动峰值，以此来限制初始保证金的顺周期效应。

具体而言，清算机构通常设定初始保证金以高置信度（通常

---

[1] CPMI-IOSCO, *Principles for Financial Market Infrastructures*, April 2012.

[2] CPMI-IOSCO, *Principles for Financial Market Infrastructures*, April 2012.

[3] 王翔宇、陈湛宇、肇沫：《中央对手方顺周期性风险研究及保证金逆周期调节方案——基于谱分析对银行间市场利率周期性波动风险研究》，载上海清算所内部刊物《会员通讯》2020年第3期。

[4] See CPMI-IOSCO, *Principles for Financial Market Infrastructures*, April 2012.

[5] 参见朱小川：《近年欧盟场外衍生品市场的规范发展历程及对我国的启示》，载上海清算所内部刊物《会员通讯》2017年第6期。

为99%以上的置信度[1])覆盖平仓期间成员潜在违约损失,一般基于历史数据和概率模型计算成员预缴的初始保证金金额。

但实践中清算机构初始保证金模型通常回溯期较短,往往是基于市场平静时期的数据,而市场波动很大的时期(如雷曼兄弟违约后的时期)可能不包含在数据集内,这将造成初始保证金要求的大额下降,无法完全覆盖压力时期陡然上升的成员违约产生的信用风险,由此导致在压力时期清算机构可能被迫提高初始保证金要求。[2]

而若清算机构设计的保证金模型回溯期较长,将会涵盖较长时期的历史波动率,可能包括历史价格波动峰值,将可能减少在压力时期市场波动超出预期成员预缴的初始保证金不足以覆盖潜在违约损失而向其追加初始保证金的概率,从而有利于减轻基于产品价格波动频繁调整初始保证金而产生的顺周期效应。

另外,若清算机构保证金模型回溯期过短,将会因波动大的交易日数据频繁进入或退出数据集而导致初始保证金要求变化过

---

[1] 《金融市场基础设施原则》规定中央对手方收取的最低保证金应以99%以上的置信度覆盖平仓期间成员潜在信用风险暴露。欧盟2012年中央对手方监管技术标准要求中央对手方的场外衍生品清算业务初始保证金应满足在99.5%以上的置信水平下能够覆盖潜在信用风险,但对其他金融工具清算业务初始保证金则要求应以99%的置信度覆盖风险暴露。由于对某一产品业务初始保证金置信度要求越高,由违约成员以其缴纳的保证金承担违约损失的比例就越高,欧盟2012年中央对手方监管技术标准的这一规定体现了场外衍生品市场中更倾向于由违约成员承担违约损失,而不是由所有成员分摊违约损失的行业惯例。See CPMI-IOSCO, *Implementation Monitoring of PFMI Level 3 Assessment: Report on the Financial RiskManagement and Recovery Practices of 10 Derivatives CCPs*, August 2016, p. 76.

[2] Wenqian Huang, Elöd Takáts, *The CCP-Bank Nexus in the Time of Covid*-19, BIS Bulletin, No. 13, 11 May 2020, pp. 1, 3~5;[英]乔恩·格雷戈里:《中央对手方场外衍生品强制集中清算和双边保证金要求》,银行间市场清算所股份有限公司译,中国金融出版社2017年版,第182~188页;李鑫杰、陈思薇:《全球中央对手清算监管动态(2020年5月)》,载上海清算所内部刊物《会员通讯》2020年第5期。

第四章 清算机构场外金融衍生品集中清算业务违约管理制度

快。而使用长期数据会缓和这种影响,因为某一特定时期的效果对计算指标的整体效果影响更小。[1]

针对实践中清算机构的初始保证金模型回溯期通常较短的问题,国际清算银行全球金融体系委员会（CGFS）建议设定初始保证金模型时使用长期市场波动数据。[2]欧盟2012年中央对手方监管技术标准规定中央对手方初始保证金模型回溯期至少应为12个月且应涵盖压力时期的历史波动率,为限制初始保证金的顺周期效应,同时规定中央对手方可采取保证金要求不低于使用10年回溯期的波动率计算出的初始保证金金额的逆周期调节措施。国际清算银行支付和市场基础设施委员会与国际证监会组织2017年7月共同发布的《中央对手方的韧性》建议中央对手方的初始保证金模型涵盖历史波动峰值,以降低因突然发生市场高度波动向成员追加保证金而导致金融市场不稳定的概率。

根据《〈金融市场基础设施原则〉实施监测报告——对10家衍生品中央对手方风险管理和恢复计划的第三阶段评估》,实践中已有一些清算机构通过延长回溯期以涵盖市场波动时期或历史市场波动峰值,同时设定保证金最低要求来抑制保证金的顺周期效应。[3]有的清算机构则对保证金模型中的风险因子波动率设置下限。[4]

基于清算机构设定的初始保证金水平应与其集中清算的产品

---

[1] [英]乔恩·格雷戈里:《中央对手方场外衍生品强制集中清算和双边保证金要求》,银行间市场清算所股份有限公司译,中国金融出版社2017年版,第182~188页。
[2] CGFS, *The Role of Margin Requirements and Haircuts in Procyclicality*, CGFS Papers, No. 36, 2010, pp. 12, 20.
[3] 王翔宇、陈湛宇、肇沫:《中央对手方顺周期性风险研究及保证金逆周期调节方案——基于谱分析对银行间市场利率周期性波动风险研究》,载上海清算所内部刊物《会员通讯》2020年第3期。
[4] 王翔宇、陈湛宇、肇沫:《中央对手方顺周期性风险研究及保证金逆周期调节方案——基于谱分析对银行间市场利率周期性波动风险研究》,载上海清算所内部刊物《会员通讯》2020年第3期。

和所服务市场的风险和特性相匹配,[1]上海清算所针对各项中央对手方清算业务分别设置了较为保守的平仓天数[2]、压力场景观测值、头寸限额等初始保证金模型的假设条件,[3]以期使其保证金模型较为稳定保守,以减轻保证金的顺周期效应。

然而,上海清算所设定和追加初始保证金并未考虑其清算的产品价格波动(包括历史价格波动)这一产品风险特征[4],笔者认为上海清算所的中央对手方清算业务初始保证金制度设计将难以限制初始保证金的顺周期效应。

具体而言,上海清算所中央对手方清算业务初始保证金中,最低保证金是清算会员在参与中央对手方清算业务之前缴纳的、用于弥补会员违规违约情况下上海清算所进行违约处理所产生的一定置信度下潜在损失。[5]根据《银行间市场清算所股份有限公司集

---

[1] CPMI-IOSCO, *Principles for Financial Market Infrastructures*, April 2012.

[2] 清算机构对集中清算业务设置的平仓天数取决于产品的市场流动性和平仓复杂性等因素。上海清算所根据各项中央对手方清算业务的特性和市场流动性设置风险审慎的平仓天数。其中,基于人民币利率互换、外汇业务交易体量巨大带来违约处置的体量较大以及可能涉及头寸分割等操作,上海清算所对这两类业务设置较长的平仓处置天数,其中人民币利率互换业务平仓天数设置为10天,外汇业务平仓天数设置为5天;标准债券远期业务为标准化合约,采用T+1保证金结算,考虑到隔夜风险设定标准债券远期业务平仓天数为2天;信用违约互换业务设定平仓天数为10天,并采用历史VaR方法计算99.9%置信度下的10天平仓价差损失,即当日合约的风险敞口。See ISDA, *CCP Best Practices*, January 2019, pp. 10, 16; 上海清算所:《上海清算所中央对手方清算业务金融市场基础设施原则信息披露(2023)》, 载 https://www.shclearing.com.cn/cpyyw/pfmi/202002/t20200228_644520.html, 最后访问日期:2024年7月30日。

[3] 上海清算所:《上海清算所中央对手方清算业务金融市场基础设施原则信息披露(2023)》, 载 https://www.shclearing.com.cn/cpyyw/pfmi/202002/t20200228_644520.html, 最后访问日期:2024年7月30日。

[4] 中央对手方确定保证金水平应考虑的产品风险特征包括价格波动和相关性、非线性价格特征、突然违约风险、市场流动性等。See CPMI-IOSCO, *Principles for Financial Market Infrastructures*, April 2012.

[5] 参见上海清算所2020年《银行间市场清算所股份有限公司集中清算业务规则》。

第四章 清算机构场外金融衍生品集中清算业务违约管理制度

中清算业务指南（2024年版）》，上海清算所信用违约互换或人民币利率互换集中清算业务、人民币外汇询价交易和外币对交易中央对手清算业务最低保证金要求=清算参与者风险敞口限额（自营/代理）×会员信用风险因子。

其中，非清算会员的会员资信因子为其综合清算会员的会员资信因子。可见上海清算所计算会员最低保证金时主要考虑会员清算限额、信用风险状况等要素，而核定清算限额是基于会员的业务规模、资信状况及其清算限额申请情况等因素，因此上海清算所计算中央对手清算业务最低保证金时无须考虑产品价格波动因素。

上海清算所清算会员缴纳的初始保证金除包括最低保证金以外，还包括超限保证金。在日间清算处理阶段风控合规性检查环节，当会员持有风险敞口头寸超出其清算限额时，上海清算所有权向该会员追加超限保证金用于弥补清算所进行违约处理所产生的潜在损失中最低保证金无法覆盖部分。

根据《银行间市场清算所股份有限公司集中清算业务指南（2024年版）》，信用违约互换集中清算业务超限保证金要求=Max（实际风险敞口-风险敞口限额，0）×会员信用风险因子×保证金超限因子，人民币外汇询价交易中央对手方清算业务超限保证金要求=MaxMax（Max（ES1，ES2，ES3）[1]×会员资信因子[2]-

---

[1] Max（Max（ES1，ES2，ES3）为清算会员风险敞口。其中，ES1为不含T+1日及逾期结算头寸的风险敞口，ES2为不含逾期结算头寸的风险敞口，ES3为所有存续头寸的风险敞口。参见《银行间市场清算所股份有限公司集中清算业务指南（2024年版）》。

[2] 根据《银行间市场清算所股份有限公司清算会员资信评估办法》，在信用违约互换或人民币利率互换集中清算业务、人民币外汇询价交易中央对手方清算业务中，上海清算所根据年度会员资信评估中所确定的会员资信评分等情况，将清算会员分为四类并实施分类管理，对四类会员分别设置1、1.17、1.33、1.5不同等级的资信因子，用于计算会员初始保证金要求。而会员资信评分是上海清算所根据会员的财务状况、经营状况和参与中央对手方清算业务情况确定的，可见上海清算所在计算中央对手方清算业务会员初始保证金要求时考虑了会员信用风险。

风险敞口限额×会员资信因子，0），人民币利率互换集中清算业务超限保证金要求＝Max（清算参与者利率互换合约组合总风险敞口－风险敞口限额，0）×会员资信因子×可变倍数，标准利率互换集中清算业务超限保证金要求＝Max（清算参与者持仓总数－清算限额，0）×参考合约保证金率×风控乘数。

可见上海清算所计算中央对手方清算业务超限保证金时主要考虑会员清算限额及其信用风险状况等要素，也无须考虑产品价格波动因素。

然而，上海清算所的中央对手方清算业务初始保证金模型虽重点监测清算会员的信用风险，但未涵盖其集中清算的场外金融衍生品价格波动因素，包括历史价格波动，将难以准确识别和度量因会员参与场外衍生品交易的相关产品价格波动导致会员违约而产生的信用风险，因此难以覆盖对各项中央对手方清算业务的每一会员违约时平仓期间潜在未来信用暴露。对此建议上海清算所在各项中央对手方清算业务的保证金模型中涵盖其集中清算的每一场外金融衍生品的潜在价格波动因素和与产品相关的其他风险因子。

针对上海清算所的中央对手清算业务初始保证金模型未涵盖场外金融衍生品的历史波动率，建议上海清算所在计算各项中央对手方清算业务初始保证金时使用较长的回溯期以涵盖各相关产品的历史价格波动峰值，以预期包括压力时期的未来潜在价格波动及其对会员违约产生信用风险的影响，以抑制因场外金融衍生品价格波动频繁调整初始保证金而产生的顺周期效应。

2. 通过敏感性分析校准初始保证金模型

《金融市场基础设施原则》要求中央对手方应至少每月进行一次敏感性分析监测保证金模型的表现和保证金覆盖总体情况。《欧盟2012年中央对手方监管技术标准》规定中央对手方应至少

第四章 清算机构场外金融衍生品集中清算业务违约管理制度

每月进行一次敏感性分析评估保证金模型在历史压力市场条件和假设压力市场条件下的覆盖情况。根据《〈金融市场基础设施原则〉实施监测报告——对10家衍生品中央对手方风险管理和恢复计划的第三阶段评估》，实践中许多中央对手方通常每月进行一次敏感性分析，一些清算机构通过敏感性分析验证历史和假设压力时期保证金模型的表现。[1]上海清算所每月开展一次保证金模型敏感性分析。[2]

清算机构可通过敏感性分析分别验证使用各项清算业务保证金模型计算出的保证金要求在各种历史市场条件和假设市场条件下对成员信用暴露的覆盖率，包括清算机构提供服务的市场历史极端波动，以及价格相关性极端变化等极端市场条件下保证金的覆盖率。[3]因此，清算机构可通过敏感性分析检验使用初始保证金模型计算出的初始保证金金额是否足以覆盖极端市场条件下成员的潜在未来信用暴露，并根据敏感性分析结果对初始保证金模型和参数、假设进行校验。

基于此，建议上海清算所将保证金模型敏感性分析视作限制初始保证金顺周期效应的一个工具，根据敏感性分析结果校准各项中央对手方清算业务的初始保证金模型以使其涵盖相关市场历史极端波动，这将有利于上海清算所预期压力时期会员违约对其产生的潜在信用暴露，从而减轻中央对手方清算业务初始保证金的顺周期效应。

---

[1] CPMI-IOSCO, *Implementation Monitoring of PFMI Level 3 Assessment：Report on the Financial Risk Management and Recovery Practices of 10 Derivatives CCPs*, August 2016, pp.5, 71.

[2] 上海清算所：《上海清算所中央对手方清算业务金融市场基础设施原则信息披露（2023）》，载 https://www.shclearing.com.cn/cpyyw/pfmi/202002/t20200228_644520.html，最后访问日期：2024年7月30日。

[3] See CPMI-IOSCO, *Principles for Financial Market Infrastructures*, April 2012.

《金融市场基础设施原则》还要求中央对手方每日进行一次回溯测试以监测保证金模型的表现和保证金覆盖总体情况。[1]欧盟2012年中央对手方监管技术标准规定中央对手方应至少每日进行一次回溯测试验证保证金模型的适当性。实践中央对手方通常每日进行一次保证金模型回溯测试，[2]上海清算所每日开展中央对手方清算业务回溯测试以检验保证金模型和参数的合理性[3]。

清算机构通过回溯测试主要验证使用初始保证金模型计算出的最低保证金是否以99%以上的置信度覆盖对各项清算业务平仓期间每一成员潜在未来信用暴露，[4]但《金融市场基础设施原则》和欧盟2012年中央对手方监管技术标准均未要求中央对手方通过回溯测试验证使用初始保证金模型计算的最低保证金在极端市场条件下的覆盖率，因而通过回溯测试将不足以评估预期压力时期成员的潜在违约损失，笔者认为回溯测试难以充当清算机构限制初始保证金顺周期效应的工具。

3. 设置保证金缓冲

针对初始保证金的顺周期效应，《中央对手方的韧性》还建议中央对手方设置保证金缓冲。欧盟2012年中央对手方监管技

---

[1] 由于保证金模型本身的有效性随着时间和市场变化而变化，因此需要不断进行回溯测试。此外，清算机构保证金模型中的损失分布必须是条件分布（Conditional Distribution），也即在计算损失概率时是以成员违约为前提，保证金模型往往不考虑信用风险，但违约事件带来的额外影响有可能被忽略，因此有必要对保证金模型表现进行回溯测试。参见郭渝、陈湛宇：《芝加哥联邦储备银行中央对手方（CCP）风险管理第三届年会及美国期货业协会（FIA）2016年博览会综述》，载上海清算所内部刊物《会员通讯》2017年第1期。

[2] CPMI-IOSCO, *Implementation Monitoring of PFMI Level 3 Assessment: Report on the Financial Risk Management and Recovery Practices of 10 Derivatives CCPs*, August 2016, pp. 70~71.

[3] 上海清算所：《上海清算所中央对手方清算业务金融市场基础设施原则信息披露（2023）》，载 https://www.shclearing.com.cn/cpyyw/pfmi/202002/t20200228_644520.html，最后访问日期：2024年7月30日。

[4] See CPMI-IOSCO, *Principles for Financial Market Infrastructures*, April 2012.

术标准规定中央对手方可收取至少占计算的保证金要求 25% 的逆周期缓冲保证金，在保证金要求显著增加时可暂时耗尽缓冲保证金，欧洲证券和市场监管局 2018 年 5 月发布的《〈欧洲市场基础设施监管条例〉中央对手方保证金逆周期调节指南》进一步明确中央对手方收取的逆周期缓冲保证金占保证金要求的具体比例应根据风险因子影响确定。

实践中有的清算机构对使用较短回溯期计算保证金要求的产品设置保证金缓冲。[1]《〈欧洲市场基础设施监管条例〉中央对手方保证金逆周期调节指南》要求中央对手方应对其清算的具有非线性价格特征的产品（如期权）设置逆周期保证金缓冲。由于期权具有非线性价格特征，这一产品风险特征决定了中央对手方的期权清算业务初始保证金模型通常回溯期较短，[2]因而难以通过在初始保证金模型中使用较长回溯期以涵盖历史价格波动峰值来限制顺周期效应。

基于此，笔者建议上海清算所在自律规则中规定对人民币外汇期权中央对手方清算业务设置占保证金要求一定比例的逆周期保证金缓冲，并在压力时期使用缓冲保证金，以减少在极端压力时期向会员追加预期外的高额初始保证金[3]。

(二) 初始保证金中非现金抵押品逆周期调节制度

从清算机构成员缴纳保证金的形式来看，实践中成员缴纳的变动保证金为现金形式，初始保证金包括现金抵押品和非现金抵

---

[1] CPMI-IOSCO, *Implementation Monitoring of PFMI Level 3 Assessment: Report on the Financial Risk Management and Recovery Practices of 10 Derivatives CCPs*, August 2016, p. 70.

[2] See Wenqian Huang, Elöd Takáts, *The CCP-Bank Nexus in the Time of Covid-19*, BIS Bulletin, No. 13, 11 May 2020, p. 5.

[3] See European Securities and Markets Authority, *Guidelines on EMIR Anti-Procyclicality Margin Measures for Central Counterparties*, May 2018.

押品[1]。

基于信用风险、流动性风险和市场风险较低的非现金抵押品、外币抵押品在危机市场条件下更易变现或者在外汇市场兑换为结算货币,《金融市场基础设施原则》《欧洲市场基础设施监管条例》、日本金融服务局 2013 年 12 月发布的《金融市场基础设施监管全面指引》[2]、新加坡金融管理局 2015 年发布的《监管金融市场基础设施标准》和《关于金融市场基础设施标准的通知》[3]要求中央对手方应将其的抵押品限于低信用风险、低流动性风险和低市场风险的资产[4]以覆盖对成员的风险暴露。[5]

---

[1] CPMI-IOSCO, *Implementation Monitoring of PFMI Level 3 Assessment: Report on the Financial Risk Management and Recovery Practices of 10 Derivatives CCPs*, August 2016, p. 79.

[2] Financial Services Agency of Japan, *Comprehensive Guidelines for Supervision of Financial Market Infrastructures*, December 2013.

[3] Monetary Authority of Singapore, *Standards for MAS-Operated Financial Market Infrastructures*, January 2015; Monetary Authority of Singapore, *Notice on Financial Market Infrastructure Standards*, August 2015 (Revised June 2016).

[4] 对于中央对手方成员能否提交信用风险、流动性风险或市场风险较高的抵押品,《金融市场基础设施原则》规定中央对手方在特定情形下可接受超过最低信用风险、流动性风险或市场风险的某些类型抵押品,但应设定适当的保守折扣和资产集中度限制。美国商品期货交易委员会认为,将初始保证金的资产类型确定为信用风险、市场风险和流动性风险极低的资产是适当的,但当某一资产对特定产品具有风险转移作用,且衍生品清算组织计算保证金要求所使用的保证金模型能够适当反映该资产的风险时,可接受成员提交的信用风险、市场风险较高,或者流动性较低(如流动性较低的长期政府债券)的抵押品充抵初始保证金。无论清算机构是否接受超过最低信用风险、流动性风险或市场风险的抵押品类型,关键是要确保特别是危机市场条件下抵押品的变现价值以及清算机构迅速处置抵押品的能力。See CPMI-IOSCO, *Principles for Financial Market Infrastructures*, April 2012; U. S. CFTC, *Derivatives Clearing Organization General Provisionsand Core Principles*, http://www.cftc.gov/ucm/groups/public/@lr-federalregister/documents/file/2011-27536a.pdf, November 2011, pp. 59~60, 转引自陈兰兰:《清算机构场外衍生品集中清算风险监管研究》,载《金融监管研究》2014 年第 1 期。

[5] 基于中央对手方集中持有某类抵押品在不对价格产生重大不利影响的情况下

第四章　清算机构场外金融衍生品集中清算业务违约管理制度

国际上主要清算机构自律规则对抵押品充抵初始保证金虽有不同规定，但可接受的场外衍生品清算业务抵押品主要分为现金抵押品和非现金抵押品两大类，[1]通常清算机构倾向于接受其可获得的中央银行发行货币作为现金抵押品。[2]上海清算所收取以人民币缴纳的各项中央对手方清算业务的初始保证金和变动保证金，目前可接受以美元缴纳的人民币外汇询价交易、外币对交易中央对手清算业务的外币保证金[3]。

对于初始保证金中非现金抵押品，《金融市场基础设施原则》规定中央对手方可接受有价证券或其他金融工具作为非现金抵押品。目前国际上主要清算机构在场外衍生品清算业务中可接受的

（接上页）会显著损害其快速变现该类资产的能力，《金融市场基础设施原则》要求中央对手方应避免集中持有某些资产，欧盟2012年中央对手方监管技术标准规定中央对手方应根据金融工具发行人类型和信用风险与金融工具的信用风险、流动性和价格波动等因素，从单一发行人和发行人类型、资产类型、每一清算成员和所有清算成员提交的抵押品等方面设定抵押品集中度限制。实践中央对手方通常基于资产类型、发行人或发行等因素设定抵押品集中度限制。See CPMI-IOSCO, *Implementation Monitoring of PFMI Level 3 Assessment*: *Report on the Financial Risk Management and Recovery Practices of 10 Derivatives CCPs*, August 2016, p.85.

[1] 张颂、陈宗涵、孙欣欣：《影响CCP客户风险资源成本相关因素的分析》，载上海清算所内部刊物《会员通讯》2019年第7期。

[2] CCP12, *Progress and Initiatives in OTC Derivatives*: *A CCP12 Report*, February 2020, p.32; CPMI-IOSCO, *Implementation Monitoring of PFMI Level 3 Assessment*: *Report on the Financial Risk Management and Recovery Practices of 10 Derivatives CCPs*, August 2016, p.79.

[3] 上海清算所每日进行外币保证金估值，自2019年8月23日起按季调整现金抵押品基准汇率和外币抵押品折扣率，以覆盖因抵押品与风险暴露的计价币种不同而导致的外汇风险，并在季中汇率出现大幅波动（如出现当日阈值汇率小于折算汇率）时进行临时调整。参见上海清算所2019年8月23日发布的《关于上海清算所现金抵押品基准汇率和折扣率调整的通知》和《银行间市场清算所股份有限公司集中清算业务指南（2024年版）》。

·205·

非现金抵押品主要为政府债券。[1]值得关注的是，基于现金能够给整个金融体系提供更多的流动性，美国市场上已出现用现金替代证券作为初始保证金的趋势。[2]为确保成员违约时中央对手方可获得充足流动性，伦敦清算所2019年5月公布的《中央对手方恢复和处置框架》白皮书建议中央对手方设定成员提交现金抵押品的最低要求，以控制初始保证金中现金抵押品与非现金抵押品的比例。[3]

自2014年10月起，上海清算所在人民币利率互换集中清算业务中接受成员提交的信用风险、流动性风险和市场风险较低的债券、基金份额等合格保证券[4]作为非现金抵押品充抵该成员不超过50%的最低保证金要求，并要求单只债券充抵面额、单只基金充抵额度不超过设定的集中度上限。上海清算所在确定合格债券保证券时，综合考虑债券的市场风险（债券剩余期限、价格波动）、流动性风险（市场流动性）和主体信用水平等因素，[5]

然而，因非现金抵押品的折扣率问题可能产生顺周期效应，即在危机市场时期清算机构可能因资产价格下降和非现金抵押品折扣率上升而向成员追加保证金，但向成员追加保证金可能会加

---

[1] CCP12, *Progress and Initiatives in OTC Derivatives: a CCP12 Report*, February 2020, p. 31.

[2] Rebecca Lewis:《芝加哥联储通讯专刊（2017~385号）——场外衍生品研讨会观点综述》，贾凡等译，载上海清算所内部刊物《会员通讯》2017年第9期。

[3] LCH, *Recovery and Resolution: A Framework for CCPs*, May 2019, p. 9.

[4] 截至2018年底，已有15家上海清算所清算会员在人民币利率互换集中清算业务中参与非现金抵押品充抵最低保证金，抵押品有效余额11.19亿元。上海清算所研究统计部：《上海清算所中央对手清算业务运行分析报告（2018年）》，载上海清算所内部刊物《会员通讯》2019年第3期。

[5] 参见《银行间市场清算所股份有限公司集中清算业务保证券业务指引（2024年修订）》和《银行间市场清算所股份有限公司集中清算业务保证券管理规程（2021年修订）》。

第四章 清算机构场外金融衍生品集中清算业务违约管理制度

剧市场危机,与其他因素一道导致资产价格进一步下降,将会造成清算机构进一步向成员追加保证金,可能进一步增加资产价格下降的压力,[1]从而产生非现金抵押品的顺周期效应。如果清算机构的非现金抵押品自律规则是市场危机较低时期调低抵押品的折扣率,市场危机较高时期调高抵押品的折扣率,将会强化非现金抵押品的顺周期效应。

针对非现金抵押品的顺周期效应,《金融市场基础设施原则》规定中央对手方应对非现金抵押品价值进行审慎估值并采用稳定保守的折扣。欧盟2012年中央对手方监管技术标准要求中央对手方应设定审慎的抵押品折扣率以尽可能限制顺周期效应。

根据《〈金融市场基础设施原则〉实施监测报告——对10家衍生品中央对手方风险管理和恢复计划的第三阶段评估》,实践中清算机构在设定抵押品折扣率时通常使用回溯期,普遍采用风险估值法(VaR)设定抵押品折扣率旨在以高置信度覆盖回溯期内抵押品的价格波动,有的清算机构还同时设定担保品折扣率下限,以抑制抵押品的顺周期效应。[2]

为确保非现金抵押品的变现价值,同时限制顺周期效应,上海清算所在人民币利率互换集中清算业务中对债券、基金份额等不同类型的合格保证券分别设定审慎的折扣率[3],在设定保证

---

[1] CPMI-IOSCO, *Principles for Financial Market Infrastructures*, April 2012.

[2] See CPMI-IOSCO, *Implementation Monitoring of PFMI Level 3 Assessment*: *Report on the Financial Risk Management and Recovery Practices of 10 Derivatives CCPs*, August 2016, pp. 38~39, 79, 82~83.

[3] 根据《银行间市场清算所股份有限公司集中清算业务保证券管理规程(2021年修订)》和《银行间市场清算所股份有限公司集中清算业务保证券业务指引(2024年修订)》,保证券价值=保证券面额×保证券抵押率,其中债券保证券价值=Σ债券总面额×折扣率,基金保证券价值=基金质押份额×基金单位盯市价值×基金折扣率×风险分散系数。基金份额的折扣率参考成分券的加权平均折扣率。参见上海清算所:《上海清算所中央对手方清算业务金融市场基础设施原则信息披露(2023)》,载https://

券折扣率时综合考虑保证券的市场风险、流动性风险（如市场流动性）和发行人信用风险等因素。

针对抵押品的市场风险，上海清算所在设定保证券折扣率时考虑保证券剩余期限、历史价格波动等因素，如在确定债券保证券的折扣率时考虑债券剩余期限、价格波动等因素；对保证券进行逐日盯市，如对债券进行每日盯市[1]，在计算基金保证券价值时对基金单位价值采用盯市价值[2]，当债券保证券盯市价值低于面值一定比例时可调整折扣率。[3]

针对抵押品发行人的信用风险，上海清算所在设定保证券折扣率时考虑发行人类型、主体评级等因素，如在确定债券保证券折扣率时考虑债券主体信用水平；每日监测发行人的信用风险，当发行人评级调低或发生信用风险事件时可调整保证券折扣率。[4]

然而，上海清算所中央对手方清算业务保证券管理规则未考虑极端市场条件下非现金抵押品的市场风险上升因素，且未考虑

（接上页）www.shclearing.com.cn/cpyyw/ywgz/detail_38.html?productDocClient/detail/402 8528186849b5b0186969a017c22fc，最后访问日期：2025年3月12日。

〔1〕 参见《银行间市场清算所股份有限公司集中清算业务指南（2024年版）》。

〔2〕 基金单位盯市价值即合格保证券列表调整日前一工作日基金管理人公布的收盘净值。参见《银行间市场清算所股份有限公司集中清算业务保证券业务指引（2024年）》和《银行间市场清算所股份有限公司集中清算业务保证券管理规程（2021年修订）》。

〔3〕 当保证券的市场风险较高（市场价格大幅波动）或流动性风险较高（基金清盘）时，上海清算所将不再接受该债券、基金份额充抵最低保证金。参见《银行间市场清算所股份有限公司集中清算业务保证券业务指引（2024年版）》《银行间市场清算所股份有限公司集中清算业务保证券管理规程（2021年修订）》和《银行间市场清算所股份有限公司集中清算业务指南（2024年版）》。

〔4〕 上海清算所每月根据发行人评级变化更新合格保证券列表。参见《银行间市场清算所股份有限公司集中清算业务保证券业务指引（2024年修订）》《银行间市场清算所股份有限公司集中清算业务保证券管理规程（2021年修订）》和《银行间市场清算所股份有限公司集中清算业务指南（2024年版）》。

第四章 清算机构场外金融衍生品集中清算业务违约管理制度

清算会员信用风险对抵押品市场风险和流动性风险的影响因素，将不利于抑制非现金抵押品的顺周期效应。

首先，清算机构是在成员违约时，且往往在压力市场条件下变现抵押品。[1]而针对抵押品的市场风险，上海清算所中央对手方清算业务保证券管理规则虽规定清算所在计算和调整抵押品折扣率时考虑保证券资产价值和流动性潜在下降的市场风险，却未要求上海清算所在设定保证券折扣率时考虑极端市场条件下保证券价格波动和市场价值下降风险，这将不利于确保在极端但可能的市场条件下实现保证券的变现价值，将可能造成上海清算所向违约会员追加保证金，从而可能产生顺周期效应。

针对压力市场条件下抵押品变现问题，欧盟2012年中央对手方监管技术标准要求中央对手方在设定抵押品折扣时考虑压力市场条件下抵押品的历史价格波动和假设价格波动，应确保在极端但可能的市场条件下至少以折扣价值变现抵押品。

实践中清算机构在计算抵押品折扣率时通常考虑回溯期内抵押品价格波动因素，但使用的回溯期不同。根据《〈金融市场基础设施原则〉实施监测报告——对10家衍生品中央对手方风险管理和恢复计划的第三阶段评估》，接受评估的10家清算机构在设定抵押品折扣时使用的回溯期从1年到20年不等。[2]《〈金融市场基础设施原则〉实施监测报告——对中央对手方恢复计划、金融资源覆盖和流动性压力测试的第三阶段后续评估》显示，接

---

〔1〕 See European Commission, *Commission Delegated Regulation (EU) No 153/2013 of 19 December 2012 Supplementing Regulation (EU) No 648/2012 of the European Parliament and of the Council with regard to Regulatory Technical Standards on Requirements for Central Counterparties*, December 2012.

〔2〕 CPMI-IOSCO, *Implementation Monitoring of PFMI Level 3 Assessment: Report on the Financial Risk Management and Recovery Practices of 10 Derivatives CCPs*, August 2016, pp. 82~83.

受评估的19家清算机构中，其中1家清算机构在设定抵押品折扣时使用20年的回溯期，1家清算机构使用10年回溯期，1家清算机构对不同类型的抵押品分别使用7天到1年回溯期计算折扣率。[1]

但若清算机构在设定抵押品折扣时使用较短的回溯期，将可能难以涵盖抵押品的极端历史价格波动，可能难以确保在极端市场条件下抵押品的变现价值。对此，日本金融服务局2013年《金融市场基础设施监管全面指引》、新加坡金融管理局2015年《监管金融市场基础设施标准》和《关于金融市场基础设施标准的通知》要求清算组织设定抵押品折扣时在可行和审慎情况下使用的回溯期应涵盖压力市场条件。

上海清算所在设定保证券折扣率时已考虑历史价格波动因素，笔者建议上海清算所在设定保证券折扣率时使用较长的回溯期以涵盖极端历史价格波动，并考虑在极端但可能的市场条件下抵押品价格波动因素，以减少在压力时期进行抵押品顺周期调整的概率。

其次，上海清算所中央对手方清算业务保证券管理规则虽要求清算所在计算和调整保证券折扣率时考虑抵押品发行人的信用风险对抵押品市场价值的影响，但未要求上海清算所在设定保证券折扣率时考虑会员的信用风险与抵押品的市场风险和流动性风险之间的相关性因素。

然而，当成员违约或信用状况恶化（如信用评级调低）时其提交的非现金抵押品，尤其是信用违约互换集中清算业务抵押品[2]

---

〔1〕 See CPMI-IOSCO, *Implementation Monitoring of PFMI Follow-up Level 3 Assessment of CCPs' Recovery Planning, Coverage of Financial Resources and Liquidity Stress Testing*, May 2018, pp. 30~31.

〔2〕 CPMI-IOSCO, *Resilience of Central Counterparties (CCPs): Further Guidance on the PFMI (Final Report)*, July 2017.

的市场价值可能随之下降,并可能产生抵押品的流动性风险,清算机构所面临的信用风险和流动性风险将会上升。[1]

当成员违约而清算机构的流动性资源无法满足结算需求时,清算机构可能将违约成员提交的非现金抵押品变现以履行对未违约成员的支付义务,但若清算机构在设定抵押品折扣时未考虑成员信用风险对抵押品市场风险和流动性风险的影响因素,将可能无法以折扣价值变现抵押品,可能引发清算机构向违约成员追加保证金,从而可能产生抵押品的顺周期效应。对此《金融市场基础设施原则》建议中央对手方设定更保守的抵押品折扣,《欧洲市场基础设施监管条例》要求中央对手方应考虑成员违约可能产生的抵押品流动性风险。[2]

基于成员信用风险、抵押品市场风险和流动性风险之间的相关性,建议上海清算所将抵押品市场价值波动和流动性管理与成员头寸风险管理相结合,并在场外金融衍生品集中清算业务违约管理规则中增加规定上海清算所评估和监测会员信用风险与抵押品的市场风险和流动性风险之间的相关性,在设定保证券折扣率时考虑会员信用风险对其提交的抵押品市场价值和流动性的影响因素,以限制抵押品的顺周期效应。

(三) 变动保证金逆周期调节制度

清算机构通常向发生头寸亏损或持有头寸过度集中的成员收取变动保证金,以限制对成员当前信用暴露的累积。

由于不利市场价格波动可能迅速增加清算机构对成员的当前信用暴露,清算机构通常对成员头寸进行逐日盯市以识别对

---

[1] See CPMI-IOSCO, *Principles for Financial Market Infrastructures*, April 2012.

[2] European Parliament and the Council of the E. U., *Regulation (EU) No 648/2012 of the European Parliament and of the Council of 4 July 2012 on OTC Derivatives, Central Counterparties and Trade Repositories*, July 2012.

每一成员的当前暴露,于每日日终向发生头寸亏损的成员追加变动保证金,并向成员追加预期内和预期外的日间变动保证金。[1]

当成员开展交易而持有头寸过度集中时,该产品市场中对其不利的价格波动可能造成该成员较大损失,[2]使其更易违约不履行支付义务,将会影响清算机构对成员的当前信用暴露。针对成员头寸集中度风险,清算机构通常收取变动保证金以限制对成员的当前暴露。

上海清算所中央对手方清算业务变动保证金包括盯市保证金和特殊保证金。其中,上海清算所对会员头寸进行逐日盯市,向盯市亏损过大且保证金余额低于盯市保证金要求的会员追缴日间盯市保证金用于弥补盯市亏损,当日终计算的盯市保证金要求超出其保证金余额时向该会员追缴日终盯市保证金[3]。

在日间出现市场价格异常波动、会员持有头寸过度集中等异常情况下,上海清算所有权向会员追加日间特殊保证金用于弥补异常情况下会员违约造成的潜在额外损失,[4]当日终计算的特殊保证金要求超出其保证金余额时向该会员追缴日终特殊保证金。比如,人民币外汇交易、外币对交易中央对手清算业务的特殊保证金触发事件主要包括外汇市场汇率异常波动、清算参与者待交

---

[1] See CPMI-IOSCO, *Principles for Financial Market Infrastructures*, April 2012.

[2] ISDA, *Response to the SEC's Proposed Clearing Agency Standards for Operation and Governance*, 2011, p.6, 转引自陈兰兰:《清算机构场外衍生品集中清算风险监管研究》,载《金融监管研究》2014年第1期。

[3] 比如,信用违约互换集中清算业务日终盯市保证金要求 = Max (-会员盯市损益, 0),盯市损益 = 当日盯市价值(调整)-前一日盯市价值(调整)×(1+当日SHIBOR_O/N×当日与后一日间隔自然日天数/360)。参见《银行间市场清算所股份有限公司集中清算业务指南(2024年版)》。

[4]《银行间市场清算所股份有限公司集中清算业务指南(2024年版)》。

第四章 清算机构场外金融衍生品集中清算业务违约管理制度

割本金金额过大、清算参与者风险敞口过大和会员违约四类。[1]上海清算所每日监测外汇市场人民币对外币的汇率波动情况,当外汇市场汇率发生异常波动时,有权向人民币外汇询价交易中央对手方清算业务会员追加特殊保证金。[2]

需要指出的是,对成员头寸进行逐日盯市并向头寸亏损成员收取变动保证金这一将成员与合约市场价值紧密联系的变动保证金机制,将使清算成员面临盯市波动风险,可能发生日终甚至日间巨额变动保证金交收。这种因市场价格大幅变动引起的变动保证金要求大幅变化,加之实践中清算机构只接受现金作为变动保证金,将可能导致清算成员发生流动性短缺,增加了成员违约的可能性。[3]

值得关注的是,清算机构的变动保证金机制,尤其是因市场波动追加变动保证金机制具有顺周期性。譬如,新冠疫情期间清算机构向头寸亏损的清算成员发出了大量的变动保证金追缴通知,而在价格剧烈波动时清算成员一方面因头寸亏损而导致资产减值、自有资本降低,另一方面还需使用现金支付追缴的变动保证金,只得抛售持有的头寸,这将进一步加剧价格下跌。[4]

针对变动保证金的顺周期效应,可采取《金融市场基础设施

---

[1] 参见 2020 年《银行间市场清算所股份有限公司集中清算业务规则》。

[2] 特殊保证金要求 = Max (VaR_1, VaR_2, VaR_3) × 特殊保证金因子汇率 × C,其中特殊保证金因子汇率由上海清算所根据外汇市场汇率波动情况确定。

[3] [英]乔恩·格雷戈里:《中央对手方外衍生品强制集中清算和双边保证金要求》,银行间市场清算所股份有限公司译,中国金融出版社 2017 年版,第 293~295 页。

[4] Wenqian Huang, Elöd Takáts, *The CCP-Bank Nexus in the Time of Covid-19*, BIS Bulletin, No. 13, 11 May 2020, pp. 1~2;李鑫杰、陈思薇:《全球中央对手清算监管动态(2020 年 5 月)》,载上海清算所内部刊物《会员通讯》2020 年第 5 期。

原则》所建议的在未发生市场危机时增加违约基金规模的措施，以减少在市场危机时期向成员追加预期外的高额变动保证金。但这涉及的是更多由违约成员以其交纳的保证金承担违约损失，还是更多由所有成员通过违约基金分摊违约损失的问题。

违约基金是清算机构建立的用以弥补违约损失中保证金不足以覆盖部分的成员预缴金融资源。由于违约基金是用于覆盖极端情况下的风险，计算出适当的违约基金规模非常困难，清算机构耗尽违约基金的实际概率难以精确量化，因为这取决于一个或若干成员违约、市场极端波动以及流动性不足等一系列因素。实践中中央对手方通常通过压力测试来定性地调整违约基金的总额，并按一定方式将这一违约基金分配给各清算成员，[1]成员交纳的违约基金份额通常与清算机构对该成员的风险暴露成比例[2]。

上海清算所针对各项中央对手方清算业务分别设立清算基金并计算每项清算业务应收取的清算基金总额[3]，依据各项中央对手方清算业务每一会员日常风险敞口规模分别计算其对相应清

---

〔1〕 ［英］乔恩·格雷戈里：《中央对手方场外衍生品强制集中清算和双边保证金要求》，银行间市场清算所股份有限公司译，中国金融出版社 2017 年版，第 202~204、311 页。

〔2〕 See European Parliament and the Council of the E. U., *Regulation (EU) No 648/2012 of the European Parliament and of the Council of 4 July 2012 on OTC Derivatives, Central Counterparties and Trade Repositories*, July 2012; CPMI-IOSCO, *Implementation Monitoring of PFMI Level 3 Assessment: Report on the Financial Risk Management and Recovery Practices of 10 Derivatives CCPs*, August 2016, pp. 27, 33; ISDA, *CCP Best Practices*, January 2019, p. 14.

〔3〕 上海清算所应收取的每项中央对手方清算业务清算基金总额等于通过压力测试计算的在极端压力场景下该项清算业务最大的两家会员同时违约产生的额外损失（即两家会员在同一压力场景下的损失与两家会员已缴纳保证金的差额）最大值。参见《银行间市场清算所股份有限公司集中清算业务指南（2019 年版）》。

算基金总额的分摊比例,[1]即要求每一会员按照上海清算所对该会员的风险暴露比例缴纳清算基金份额。

在清算机构的违约管理规则和损失分摊机制中,保证金(包括初始保证金和变动保证金)通常用于覆盖违约成员自身的违约损失,未违约成员交纳的保证金通常无须用来弥补其他成员违约造成的损失,而违约成员和未违约成员交纳的违约基金份额可用于弥补违约成员违约损失,也即通过违约基金可在所有成员中分摊某一成员因违约造成的损失。

比如,上海清算所对于每次违约事件按以下顺序使用风险准备资源弥补违约损失:违约会员交纳的相关中央对手方清算业务保证金;违约会员交纳的相关清算业务清算基金份额;上海清算所风险准备金;未违约会员交纳的相关清算业务清算基金份额;未违约会员补充交纳的相关清算业务清算基金份额;上海清算所剩余的风险准备金。[2]

可见上海清算所使用保证金弥补会员违约损失时,仅可使用违约会员在涉及违约的中央对手方清算业务中交纳的保证金,因而会员缴纳和追加交纳的保证金仅用于弥补其违约损失,并不用于分摊其他会员违约造成的损失。

而上海清算所可使用违约会员交纳与未违约会员交纳及补充

---

[1] 根据《银行间市场清算所股份有限公司集中清算业务指南(2024年版)》,人民币利率互换集中清算业务中,清算基金=清算会员自营和代理季度风险敞口限额测算值×清算基金比例,其中清算基金比例=压力测试结果÷清算会员季度风险敞口限额测算值之和,上海清算所根据每日压力测试结果每月/每季测算并调整清算会员的清算基金比例及金额;人民币外汇询价交易、外币对交易中央对手清算业务和标准债券远期、标准利率互换集中清算业务中,清算基金=清算会员自营和代理风险敞口日均值×清算基金比例,其中清算基金比例=压力测试结果÷所有会员风险敞口日均值之和,上海清算所根据每日压力测试结果每季测算并调整清算会员的清算基金比例及金额。

[2] 参见2020年《银行间市场清算所股份有限公司集中清算业务规则》。

交纳的相关清算业务清算基金份额弥补违约损失,因而可通过清算基金在违约会员与未违约会员之间分摊违约损失。

由此可见,保证金和违约基金覆盖风险敞口的比例问题,实质上是更多由违约成员自身承担违约损失,还是更多由所有成员分摊违约损失的问题。若在未发生市场危机时增加违约基金规模,将会更多由所有成员来分摊市场危机时期某一或某些成员违约造成的损失。

笔者认为,若针对变动保证金的顺周期效应采取在未发生市场危机时增加违约基金规模的逆周期调节措施,清算机构场外金融衍生品集中清算业务违约管理规则应确保清算机构首先使用违约成员交纳的保证金和违约基金份额、其后使用未违约成员交纳的违约基金份额和其他金融资源弥补违约损失,以在限制变动保证金的顺周期效应,与抑制违约成员因更多通过违约基金在所有成员中分摊违约损失而缺乏动机管理其给清算机构带来风险[1]之间寻求一个平衡。

二、清算机构场外金融衍生品集中清算业务违约处置强制平仓制度

清算机构在违约处置时应管理违约成员的头寸并进行平仓。通常违约成员及其客户的头寸在清算机构账簿中停留时间越长,清算机构因价格波动或其他因素所面临的成员潜在信用风险就越高,因此清算机构应有迅速平仓的工具。[2]依据《金融市场基础设施原则》,中央对手方应建立便利于迅速平仓的规则和程序,在中央对手方迅速平仓不可行的情形下应有对冲头寸的工具作为

---

[1] See CPMI-IOSCO, *Principles for Financial Market Infrastructures*, April 2012.
[2] See CPMI-IOSCO, *Principles for Financial Market Infrastructures*, April 2012.

临时风险管理工具，中央对手方还可进行平仓拍卖或将违约成员的未平仓头寸转移给其他成员。

《金融市场基础设施的恢复》将中央对手方可运用的恢复工具分为五类：分摊成员违约造成未覆盖损失的工具、针对未覆盖流动性短缺的工具、补充金融资源的工具、成员违约后中央对手方平仓工具、分摊非由成员违约造成损失的工具。

对于成员违约后中央对手方平仓工具，《金融市场基础设施的恢复》将其区分为自愿平仓工具和强制平仓工具，并建议中央对手方应尽可能运用自愿平仓工具，通常方式为将违约成员未平仓头寸以拍卖或其他方式出售给其他成员及客户或第三方、购买违约成员已出售但未完成交割的证券或其他资产、出售违约成员已购买但未完成支付的证券或其他资产等，还包括自愿终止合约方式，即中央对手方邀请未违约成员参加特定合约的终止。同时，《金融市场基础设施的恢复》规定中央对手方应确立规则在运用自愿工具无法平仓时进行强制平仓，强制平仓工具主要包括强制拍卖、强制分割合约、强制终止合约等。

根据《〈金融市场基础设施原则〉实施监测报告——对中央对手方恢复计划、金融资源覆盖和流动性压力测试的第三阶段后续评估》，接受评估的19家清算机构中，大多数清算场外衍生品的清算机构在运用自愿工具无法平仓时将使用强制平仓工具，一些清算场外金融衍生品的清算机构仍缺乏强制平仓工具。[1]

中央对手方违约处置的一个成功例子是：2008年金融危机时期雷曼兄弟在全球一些中央对手方已提交清算衍生品组合，在雷曼兄弟违约后的几周内，除了香港中央结算有限公司以外，其他

---

[1] CPMI-IOSCO, *Implementation Monitoring of PFMI Follow-up Level 3 Assessment of CCPs' Recovery Planning, Coverage of Financial Resources and Liquidity Stress Testing*, May 2018, pp.18~19.

中央对手方对雷曼兄弟的衍生品组合进行平仓、对冲和转移而没有耗尽雷曼兄弟缴纳的担保资产。其中，雷曼兄弟提交伦敦清算所清算名义本金为 9 万亿美元、66 390 笔利率互换组合交易，伦敦清算所进行违约处置没有耗尽雷曼兄弟的担保资产，仅使用了雷曼兄弟缴纳的约 1/3 保证金，伦敦清算所及其他成员没有因此遭受损失。[1]

根据上海清算所 2020 年《银行间市场清算所股份有限公司集中清算业务规则》《银行间市场清算所股份有限公司集中清算业务指南（2024 年版）》和《银行间市场清算所股份有限公司集中清算业务违约处置指引（2024 年版）》，上海清算所可运用的强制平仓工具包括平仓拍卖、终止合约两种方式，其中优先采用平仓拍卖方式，若平仓拍卖失败可采用合约多边净额终止方式。[2] 上海清算所按照以下流程执行平仓拍卖：头寸分割、风险对冲、拍卖激励池、头寸拍卖。[3]

下文将着重探讨清算机构违约处置强制平仓制度。

（一）强制拍卖和强制分割合约风险控制制度

强制拍卖是清算机构处理违约成员未平仓头寸组合的常用方式。[4] 譬如，芝加哥商品交易所集团 2020 年 3 月 20 日公告称，基于其清算成员浪人资本（Ronin Capital, LLC）违约不再满足只参与交易所期货、期权或农产品互换清算业务的非银行清算成员 500 万美元最低资本金要求，已完成对浪人资本投资组合头寸的

---

〔1〕 Umar Faruqui, Wenqian Huang, Elöd Takáts, *Clearing Risks in OTC Derivatives Markets: the CCP-bank Nexus*, BIS Quarterly Review, December 2018, p. 75.

〔2〕 在标准债券远期集中清算业务中，强行平仓委托在平仓当日未全部成交的，上海清算所可采用强制结算方式处理未平仓头寸。参见《银行间市场清算所股份有限公司集中清算业务违约处置指引（2024 年版）》。

〔3〕《银行间市场清算所股份有限公司集中清算业务违约处置指引（2024 年版）》。

〔4〕 LCH. *Recovery and Resolution: a Framework for CCPs*, May 2019, pp. 9.

第四章 清算机构场外金融衍生品集中清算业务违约管理制度

拍卖,这是新冠疫情导致国际金融市场急剧波动情况下首例清算机构违约处置。[1]强制拍卖的一个争议焦点问题是可参加竞拍的主体范围。《金融市场基础设施原则》要求中央对手方违约管理规则和程序应明确规定拍卖参与者的范围。《欧洲市场 基础设施监管条例》规定中央对手方可对清算成员设定参加违约成员未平仓头寸拍卖的义务。问题是是否应将参加强制拍卖的主体限定为未违约成员,是否允许客户参加竞拍。

上海清算所场外金融衍生品集中清算业务违约管理规则虽规定平仓拍卖的强制平仓工具,对于平仓拍卖参与者的范围,《银行间市场清算所股份有限公司集中清算业务违约处置指引(2024年版)》规定人民币利率互换集中清算业务、外汇交易中央对手清算业务的所有未违约清算会员有义务参与平仓拍卖,但未明确可参加平仓拍卖的主体是否包括客户,且未明确规定其他场外金融衍生品集中清算业务中可参加强制拍卖的主体。

上海清算所若将参加竞拍的主体限定为未违约会员,或者通过平仓拍卖自律规则设计使得违约会员未平仓头寸拍卖给未违约会员,可确保其仅对清算会员参与的衍生品交易进行集中清算。而向过多拍卖参与者提供拍卖信息将会增加信息泄露的可能性,并相应增加市场对资产组合产生不利影响的风险。

但若允许客户参与竞拍,将增加平仓拍卖的竞争性,在更多市场参与者之间分散待拍卖资产组合,有利于吸引那些非清算会员的主要市场参与者,[2]特别是资产管理机构、对冲基金等买方机构参加拍卖,而如果缺乏拍卖参与者,清算机构将不得不以较

---

[1] 塞芮等:《首家清算参与者风险处置事件有关情况简介——芝加哥商品交易所拍卖浪人资本投资组合头寸》,载上海清算所内部刊物《会员通讯》2020年第4期。

[2] See ISDA, *CCP Best Practices*, January 2019, pp. 8, 16~17.

低价格抛售违约成员未平仓头寸组合,[1]因此建议上海清算所在场外金融衍生品集中清算业务违约管理规则中明确符合条件的客户可通过综合清算会员间接参与违约会员头寸拍卖,以增加平仓拍卖的成功概率。

在中央对手方清算业务中,集中度较高的违约成员头寸或在一个集中市场占据较大市场份额的头寸往往较难拍卖,特别对于清算规模较小的清算机构而言更是如此。[2]当无法通过强制拍卖对违约成员头寸进行违约处置时,清算机构可通过强制分割合约或强制终止合约进行强制平仓。

对于强制分割合约,《金融市场基础设施的恢复》规定,中央对手方若在恢复计划中明确其可运用分割违约成员未平仓头寸的恢复工具,可在违约管理规则中规定中央对手方有权按照其所确定的价格在未违约成员中分割违约成员未平仓头寸。实践中一些清算机构可使用强制分割合约进行强制平仓,有的清算机构将强制分割合约作为最后一项恢复工具。[3]

上海清算所对违约会员执行强制平仓的步骤包括头寸分割。

---

〔1〕 See CPMI-IOSCO, *Central Counterparty Default Management Auctions—Issues for Consideration*, June 2020, p.21;贾凡、林嘉琪、朱桦超:《中央对手方违约处置拍卖监管白皮书(讨论稿)》,载上海清算所内部刊物《会员通讯》2019 年第 8 期;李鑫杰、陈思薇:《全球中央对手清算监管动态(2020 年 1 月)》,载上海清算所内部刊物《会员通讯》2020 年第 2 期。

〔2〕 参见 Edwin Budding、David Murphy:《危机中的 CCP:国际商品清算所、新西兰期货与期权交易所及斯蒂芬·弗朗西斯事件》,朱桦超、林嘉琪译,载上海清算所内部刊物《会员通讯》2020 年第 5 期;申自洁:《中央对手清算机制在防范系统性风险中的重要作用》,载上海清算所内部刊物《会员通讯》2014 年第 6 期。

〔3〕 CPMI-IOSCO, *Implementation Monitoring of PFMI Follow-up Level 3 Assessment of CCPs' Recovery Planning, Coverage of Financial Resources and Liquidity Stress Testing*, May 2018, p.18; CPMI-IOSCO, *Implementation Monitoring of PFMI Level 3 Assessment:Report on the Financial Risk Management and Recovery Practices of 10 Derivatives CCPs*, August 2016, p.89.

第四章　清算机构场外金融衍生品集中清算业务违约管理制度

然而，不论上海清算所允许未违约会员和客户参加平仓拍卖，还是采取未违约会员参加违约会员头寸分割的方式进行强制平仓，关键问题是如何限制这些主体因参加违约会员头寸拍卖或分割承担过高风险而给上海清算所带来信用风险。

譬如，清算机构通过强制分割合约进行违约处置时，参加违约成员头寸分割的未违约成员主要为未平仓合约对手方或者持有与未平仓头寸相关头寸的成员，也可是在此前头寸拍卖中竞拍成功的成员。在某些情形下清算机构一些成员可能被强制参加系列未平仓合约的分割，这些成员可能将承担过高风险，甚至风险高度集中于这些清算成员。[1]

美国 2012 年 1 月 9 日生效的《衍生品清算组织一般条款和核心原则》规定应将违约成员未平仓头寸按未违约成员持有该产品类别头寸的比例进行分割，《衍生品清算组织一般条款和核心原则》2020 年修正案将其修改为：衍生品清算组织不得通过强制拍卖或强制分割合约对违约成员未平仓头寸以超出未违约成员持有该产品类别头寸的比例进行分配，而允许未违约成员自愿参加竞拍或分割超出其持有该产品类别头寸比例的违约成员头寸，以增加违约成员头寸平仓的成功概率，但同时可能产生因未违约成员不受持有头寸比例限制自愿参加违约成员头寸平仓而给衍生品清算组织带来风险的问题。

为控制未违约成员参加强制平仓而可能给中央对手方带来的风险，《金融市场基础设施原则》建议中央对手方在未违约成员中分割违约成员未平仓头寸时应考虑未违约成员的风险状况和组合，《欧洲市场基础设施监管条例》要求中央对手方对清算成员

---

〔1〕 CPMI-IOSCO, *Recovery of Financial Market Infrastructures*, October 2014 (Revised July 2017).

· 221 ·

设定参加强制拍卖的义务应与其给中央对手方带来的风险相匹配。根据国际清算银行支付和市场基础设施委员会与国际证监会组织2020年6月公布的《中央对手方违约管理拍卖应予考虑的问题》研究报告，对拍卖参与者自有资本、流动性要求、头寸限额等方面法定监管要求将会影响其对某些资产组合报价或参与违约成员头寸分割的能力，违约资产组合中某些资产可能要求拍卖参与者具备涉及清算或头寸限额等方面的特定业务许可或能力。[1]

同时，清算机构内部风险管理也会对成员参加强制平仓产生限制。[2] 笔者认为，清算成员应在清算机构对其设定的每项清算业务头寸限制或头寸集中度限制内参加违约成员未平仓头寸的拍卖或分割。

在美国《衍生品清算组织一般条款和核心原则》2020年修正案公开征求意见阶段，美国商品期货交易委员会提出衍生品清算组织应基于成员初始保证金要求来控制该成员因参加违约成员头寸拍卖或分割而承担的风险。[3]

但清算机构计算成员初始保证金要求主要是基于该成员的信用风险、清算机构清算的产品和所服务市场的风险特性等因素，而仅基于初始保证金要求对成员参加违约成员头寸拍卖或分割施加限制，将难以全面衡量成员的风险管理能力、自有资本和信用

---

[1] See CPMI-IOSCO, *Central Counterparty Default Management Auctions—Issues for Consideration*, June 2020, p.21；参见贾凡、林嘉琪、朱桦超：《中央对手方违约处置拍卖监管白皮书（讨论稿）》，载上海清算所内部刊物《会员通讯》2019年第8期。

[2] 参见贾凡、林嘉琪、朱桦超：《中央对手方违约处置拍卖监管白皮书（讨论稿）》，载上海清算所内部刊物《会员通讯》2019年第8期。

[3] U.S. CFTC, *Derivatives Clearing Organization General Provisions and Core Principles*, https://www.cftc.gov/sites/default/files/2020/01/2020-01065a.pdf, January 2020.

第四章 清算机构场外金融衍生品集中清算业务违约管理制度

状况,[1]而这些因素将影响其在竞拍成功或参加违约成员头寸分割后履行义务,在成员履行义务后可能导致其承担与自身风险管理能力、自有资本和信用状况不相匹配的风险,从而给清算机构带来较高信用风险。

基于此,笔者建议上海清算所在场外金融衍生品集中清算业务违约管理规则中明确规定在对每一会员设定的各项清算业务头寸限制和头寸集中度限制的基础上,综合考虑会员的风险管理能力、自有资本和信用状况等因素,对会员参加平仓拍卖或头寸分割施加限制,以控制因会员参加强制平仓而给上海清算所带来的信用风险。

同时,对于客户参加平仓拍卖,基于客户无须缴纳清算基金份额而分摊违约会员造成的损失,为控制因客户进行与其自有资本、风险管理能力或信用状况不相匹配的竞拍或竞拍成功后不履行义务而给上海清算所带来信用风险,建议上海清算所在场外金融衍生品集中清算业务违约管理规则中规定综合清算会员应对其客户参加平仓拍卖设定头寸限额,[2]并由综合清算会员根据其客户的自有资本、风险管理能力和信用状况等因素对客户间接参加平仓拍卖施加限制。

(二) 明确强制终止合约的范围

根据《〈金融市场基础设施原则〉实施监测报告——对10家衍生品中央对手方风险管理和恢复计划的第三阶段评估》和《〈金融市场基础设施原则〉实施监测报告——对中央对手方恢复

---

[1] See U.S. CFTC, *Derivatives Clearing Organization General Provisions and Core Principles*, https://www.cftc.gov/sites/default/files/2020/01/2020-01065a.pdf, January 2020.

[2] See CPMI-IOSCO, *Central Counterparty Default Management Auctions—Issues for Consideration*, June 2020, p.22.

计划、金融资源覆盖和流动性压力测试的第三阶段后续评估》，一些清算机构将强制终止受影响清算服务及后续服务的所有未平仓合约作为最后一项恢复工具，有的清算机构则将强制终止合约作为唯一的强制平仓工具。[1]

《金融市场基础设施的恢复》规定中央对手方可强制终止全部或部分未平仓合约，其中强制终止全部未平仓合约是指强制终止中央对手方的所有未平仓合约而终止提供服务，强制终止部分未平仓合约包括中央对手方强制终止其提供服务的特定市场所有未平仓合约而终止对特定市场提供服务、终止受成员违约影响头寸组合的相关合约等方式。

完全终止合约在本质上可适用于所有成员及其客户的头寸，这由成员与其客户之间的协议和清算机构自律规则所决定，并应符合相关国家法律规定和监管要求。而部分终止合约可适用于成员头寸，在理论上可延伸适用于客户头寸。[2]实践中一些清算机构可强制终止部分未平仓合约。[3]

上海清算所在违约处置中若平仓拍卖失败，可采用合约多边净额终止方式。依据《银行间市场清算所股份有限公司集中清算业务指南（2024年版）》，上海清算所在合约多边净额终止时，将在资金结算日与合约终止方完成净额结算，并终止所有相关合

---

[1] CPMI-IOSCO, *Implementation Monitoring of PFMI Follow-up Level 3 Assessment of CCPs' Recovery Planning, Coverage of Financial Resources and Liquidity Stress Testing*, May 2018, p.18.

[2] CPMI-IOSCO, *Recovery of Financial Market Infrastructures*, October 2014 (Revised July 2017).

[3] CPMI-IOSCO, *Implementation Monitoring of PFMI Follow-up Level 3 Assessment of CCPs' Recovery Planning, Coverage of Financial Resources and Liquidity Stress Testing*, May 2018, p.18; CPMI-IOSCO, *Implementation Monitoring of PFMI Level 3 Assessment: Report on the Financial Risk Management and Recovery Practices of 10 Derivatives CCPs*, August 2016, p.89.

第四章 清算机构场外金融衍生品集中清算业务违约管理制度

约，这将不会导致因上海清算所在到期日或结算日之前终止合约且不对合约进行结算（不论是否平仓）而引发产品交易或上海清算所服务市场的中断，以及无法完全实现上海清算所持续提供关键服务的目标[1]。

然而，并不明确的是上海清算所终止所有相关合约，是指强制终止其提供服务的特定市场所有未平仓合约，还是终止受会员违约影响头寸组合的相关合约。更重要的是，上海清算所采用合约多边净额终止方式，是否涵盖终止上海清算所的所有未平仓合约而终止提供清算服务是不明确的。

上海清算所是我国银行间市场唯一的中央对手方清算机构，是我国金融市场中具有系统重要性的金融市场基础设施，目前中央对手方清算已日渐成为银行间衍生品的主流清算方式，[2]2022年上海清算所利率衍生品市场、外汇及汇率衍生品市场中央对手方清算量分别高达 21.03 万亿元和 126.06 万亿元人民币。[3]一旦上海清算所终止对某一特定场外金融衍生品市场提供集中清算服务，乃至终止提供所有场外金融衍生品集中清算服务，将可能引发系统性风险。

笔者建议将来制定银行间市场清算机构清算业务监管部门规章时明确规定银行间市场清算机构采取的平仓措施中终止合约为终止部分未平仓合约，并建议上海清算所在场外金融衍生品集中清算业务违约管理规则中将合约多边净额终止限定为终止受会员

---

〔1〕 CPMI-IOSCO, *Recovery of Financial Market Infrastructures*, October 2014 (Revised July 2017).

〔2〕 上海清算所研究统计部：《上海清算所中央对手清算业务运行分析报告（2018年）》，载上海清算所内部刊物《会员通讯》2019年第3期。

〔3〕 上海清算所：《上海清算所中央对手方清算业务金融市场基础设施原则信息披露（2023）》，载 https://www.shclearing.com.cn/cpyyw/pfmi/202002/t20200228_644520.html，最后访问日期：2024年7月30日。

违约影响头寸组合的相关合约,以使得上海清算所有权选择性关闭清算业务中违规部分,[1]同时避免在仅有一小部分交易可能引发风险时却终止所有或特定场外金融衍生品市场集中清算服务而可能引发系统性风险。

---

[1] LCH, *Recovery and Resolution: a Framework for CCPs*, May 2019, pp. 8, 12, 20.

结　论

课题组对清算机构场外金融衍生产品集中清算风险监管制度的主要研究结论如下：

一、场外金融衍生品清算法律规制变革与集中清算利弊

（一）国际金融危机后场外金融衍生品清算法律规制变革

场外金融衍生品是指在交易所等集中交易市场之外、交易双方直接成为交易对手方进行交易的原生金融产品或基础金融工具派生的新型金融工具。其中，原生金融产品主要包括货币、外汇、股票等金融资产以及这些金融资产的价格等。场外衍生产品的基本种类包括远期、掉期（互换）、期权等，还包括具有远期、掉期（互换）、期权中一种或多种特征的混合金融工具。[1]

在2008年国际金融危机中，场外金融衍生交易信息不透明，交易主体高度集中、交易相互关联而导致交易对手信用风险相互依存并可能引发系统性风险等特征加剧了金融市场不稳定。[2]

清算机构传统上为场内金融衍生品提供集中清算服务。2009年二十国集团匹兹堡峰会确立场外衍生品交易监管框架的基调是"从场外走向场内"，达成所有标准化的场外金融衍生品合约应当

---

[1] 参见中国银监会2011年发布的《银行业金融机构衍生产品交易业务管理暂行办法》第3条。

[2] See Robert Pickel, *Opening Remarks at the 25th Annual General Meeting of International Swaps and Derivatives*, April 2010, p.3.

至迟在2012年底之前通过中央对手方进行集中清算的共识。[1]

国际清算银行支付结算体系委员会和国际证监会组织技术委员会2012年4月共同发布的《金融市场基础设施原则》以及美国2010年《华尔街改革与消费者保护法案》、2012年《欧洲市场基础设施监管条例》等体现了匹兹堡峰会共识。

(二) 清算机构场外金融衍生品集中清算的优势与弊端

清算机构作为中央对手方对场外金融衍生品交易进行集中清算，将通过合约替代介入一个或多个金融市场的场外金融衍生品合约对手方之间，成为每一卖方的买方和每一买方的卖方，[2]并对场外金融衍生品交易进行多边净额清算。

清算机构作为中央对手方为场外金融衍生品提供集中清算服务，可通过成员资格制度和多边净额清算降低其所面临的成员违约而产生的信用风险，可通过多边净额清算和成员风险控制机制以降低成员所面临的风险，清算机构若具备有效的风险控制机制并持有充足金融资源，还可降低其所服务市场发生系统性风险的可能性，从而对于促进金融稳定发挥关键作用。[3]

但与此同时，清算机构为场外金融衍生品提供集中清算服务存在以下弊端：第一，在清算机构场外金融衍生品集中清算机制中，清算机构作为中央对手方将高度集中其提供集中清算服务的所有场外衍生品交易的信用风险、流动性风险、法律风险和操作风险等各种风险与风险管理功能。[4]系统重要性清算机构因发生

---

[1] 陈兰兰：《清算机构场外衍生品集中清算风险监管研究》，载《金融监管研究》2014年第1期。

[2] CPMI-IOSCO, *Principles for Financial Market Infrastructures*, April 2012.

[3] CPMI-IOSCO, *Principles for Financial Market Infrastructures*, April 2012.

[4] 陈兰兰：《清算机构场外衍生品集中清算风险监管研究》，载《金融监管研究》2014年第1期。

流动性危机暂停清算某一衍生品若造成该衍生品市场有效运作暂停，将可能引发严重系统性风险。[1]

具体而言，清算机构开展场外金融衍生品集中清算业务面临的主要风险是因成员违约而产生的信用风险与因成员以及其他实体违约而产生的流动性风险。其中，清算机构作为中央对手方面临的信用风险主要是纳入集中清算的所有场外衍生品合约的买方或卖方违约对其产生的信用暴露。

清算机构面临的流动性风险主要是因成员违约以及因流动性提供者、结算银行、托管银行等其他实体违约（如流动性提供者违约不提供流动性支持和信用额度、结算银行违约不提供资金结算的日间流动性支持、托管银行在成员违约时不提供清算机构向其托管的预缴金融资源）而清算机构持有的流动性金融资源不足以覆盖成员违约对清算机构造成的相关币种债务总额的风险。

清算机构在面临信用风险和流动性风险时可能会采取结算迟延、低价迅速变现违约成员提交的非现金抵押品、要求未违约成员补充缴纳违约基金份额[2]等措施，若清算机构采取上述措施后仍出现流动性短缺，且在极端市场条件下可能无法从流动性提供者获得信用额度和流动性支持而无法履行结算义务，将可能导致清算机构发生流动性危机甚至丧失清偿能力而暂停清算乃至无法清算场外金融衍生品。一旦作为某一衍生品主要清算机构的系统重要性清算机构暂停清算某一衍生品造成该衍生品市场有效运

---

[1] See CPMI-IOSCO, *Recovery of Financial Market Infrastructures*, October 2014 (Revised July 2017).

[2] European Securities and Markets Authority, *Report 3rd EU-wide CCP Stress Test*, July 2020, pp.78~80.

作暂停，将可能引发严重系统性风险。[1]

第二，相互关联而产生的风险。清算机构的场外衍生品集中清算业务成员可能同时是若干中央对手方的成员，不同中央对手方（包括清算机构）与各成员（特别是全球系统重要性银行成员）以及托管银行、结算银行、流动性提供者等关键服务提供者可能相互关联，清算机构在场外金融衍生品集中清算业务中可能与其他中央对手方、支付系统、中央证券存管、证券结算系统、交易数据存储库等其他金融市场基础设施彼此业务关联或相互依存。这些相互关联关系可能导致金融风险在一国或不同国家市场参与者或金融市场基础设施之间传递，甚至影响一国国内和国际金融市场乃至一国经济稳定。[2]

二、上海清算所场外金融衍生品集中清算实践与面临的风险

（一）上海清算所场外金融衍生品集中清算实践

目前我国场外金融衍生品交易主要包括人民币利率互换、标准利率互换、标准债券远期等利率衍生品交易，银行间市场人民币外汇远期、人民币外汇掉期、人民币外汇货币掉期、人民币外汇期权和外币对远期、掉期等外汇衍生品交易，信用违约互换、信用风险缓释合约、信用风险缓释凭证、信用联结票据等信用衍生品交易等。

---

[1] See CPMI-IOSCO, *Recovery of Financial Market Infrastructures*, October 2014 (Revised July 2017); 陈兰兰：《清算机构场外衍生品集中清算风险监管研究》，载《金融监管研究》2014年第1期。

[2] See CPMI-IOSCO, *Recovery of Financial Market Infrastructures*, October 2014 (Revised July 2017).

结 论

上海清算所作为我国银行间市场唯一的中央对手方清算机构，为银行间市场提供以中央对手方净额清算为主的衍生品交易集中清算服务，目前已开展人民币利率互换、标准利率互换和标准债券远期等利率衍生品集中清算业务、人民币外汇询价交易和外币对询价、撮合交易中央对手方清算业务、信用违约互换集中清算业务等场外金融衍生品集中清算业务。

对于利率衍生品，上海清算所自2014年7月1日起对参考利率为FR007、SHIBOR_O/N和SHIBOR_3M，期限在5年以下（含5年），且参与主体、合约要素符合上海清算所规定的人民币利率互换实行强制集中清算，自2021年11月8日起为以LPR1Y为参考利率的人民币利率互换提供集中清算服务；自2023年11月28日起为挂钩3个月期主要全国性银行同业存单发行利率指标PrimeNCD的标准利率互换提供集中清算服务，自2025年4月7日起为挂钩1年期主要全国性银行同业存单发行利率指标PrimeNCD的标准利率互换提供集中清算服务；自2015年4月7日起提供票面利率为3%的3年期、5年期和10年期虚拟国开债合约的标准债券远期集中清算服务，2020年10月推出农发债标准债券远期业务，将标的债券由国开债进一步拓展至农发债，2021年11月推出标准债券远期实物交割机制。[1]上海清算所目前有现金交割的票面利率为3%的3年期、5年期和10年期虚拟国开债合约和票面利率为3%的5年期和10年期虚拟农发债合约，以及实物交割的票面利率为3%的虚拟国开债合约和票面利率为3%的虚拟农发债合约、3年期和7年期国开标债实物交割合约等标

---

[1] 上海清算所：《上海清算所中央对手方清算业务金融市场基础设施原则信息披露（2023）》，载 https://www.shclearing.com.cn/cpyyw/ywgzl/detail_38.html?productDocClient/detail/4028528186849b5b0186969a017c22fc，最后访问日期：2025年3月12日。

准债券远期合约提供集中清算服务。

对于外汇衍生品,在人民币外汇衍生品交易集中清算方面,上海清算所自 2014 年 11 月 3 日起开展期限在 1 年以内、货币对为美元/人民币的人民币外汇远期和人民币外汇掉期询价交易中央对手方清算业务,自 2024 年 3 月起将人民币外汇远掉期的可清算期限由 1 年拓展至 5 年,自 2016 年 8 月 15 日起开展在 1 年以内的美元对人民币普通欧式期权询价交易中央对手方清算业务,自 2020 年 11 月起将 T+1 日交易以及外汇期权组合交易纳入中央对手清算。[1]在外币对衍生品交易集中清算方面,上海清算所自 2023 年 3 月 20 日起开展货币对为欧元对美元、美元对日元、美元对港币、澳元对美元、英镑对美元的外币对远期、掉期询价交易及撮合交易中央对手清算业务。

对于信用衍生品,上海清算所自 2018 年 1 月 30 日起提供信用违约互换集中清算服务。

(二)上海清算所集中清算场外金融衍生品面临的风险

上海清算所集中清算场外金融衍生品有利于更好地防范金融市场系统性风险。[2]但与此同时,上海清算所开展场外金融衍生品集中清算业务,将可能产生下列主要风险:

第一,上海清算所高度集中了纳入集中清算的所有场外衍生交易的信用风险、流动性风险等各种风险,且上海清算所作为国内系统重要性金融市场基础设施若暂停清算某一衍生品造成该衍生品市场中断,将可能引发系统性风险。

具体而言,上海清算所作为中央对手方对场外金融衍生品交

---

[1] 陈兰兰:《清算机构场外衍生品集中清算风险监管研究》,载《金融监管研究》2014 年第 1 期。

[2] 陈兰兰:《清算机构场外衍生品集中清算风险监管研究》,载《金融监管研究》2014 年第 1 期。

结 论

易进行集中清算,对于通过要素合规性检查、风控合规性检查,且完成代理清算确认的所有场外金融衍生品交易,清算系统将分别进行合约替代,通过合约替代上海清算所将介入一个或多个金融市场的场外金融衍生品合约对手方之间,成为每一卖方的买方和每一买方的卖方,买方与卖方之间的合约被上海清算所与买方之间、上海清算所与卖方之间两个新合约替代,[1]上海清算所将承继交易双方资金清算结算的权利义务,适用清算协议,并对成交数据进行净额轧差处理。[2]上海清算所作为中央对手方将高度集中所有已纳入集中清算、完成合约替代的场外金融衍生品交易的 信用风险、流动性风险等各种风险。

其中,上海清算所开展场外金融衍生品集中清算业务所面临的信用风险主要是可使用的全部金融资源(即清算会员缴纳的保证金、清算基金份额和上海清算所风险准备金等风险准备资源)可能不足以覆盖极端但可能的市场条件下,清算会员作为已完成合约替代的场外金融衍生品交易一方在结算时或之后却无法履行对清算所支付义务[3]而对清算所产生的最大信用暴露。

上海清算所提供场外金融衍生品集中清算服务面临的流动性风险主要是其持有的相关币种流动性金融资源可能不足以覆盖极端市场条件下清算会员无法履行支付义务对清算所产生的最大债务总额。

更为严重的是,上海清算所是我国银行间市场唯一的中央对手清算机构,中央对手方清算日渐成为银行间衍生品的主流清算

---

[1] See CPMI-IOSCO, *Principles for Financial Market Infrastructures*, April 2012.
[2] 参见《银行间市场清算所股份有限公司集中清算业务指南(2019年版)》。
[3] 上海清算所:《上海清算所中央对手方清算业务金融市场基础设施原则信息披露(2020)》,载 https://www.shclearing.com.cn/cpyyw/pfmi/202002/t20200228_644520.html,最后访问日期:2024年7月31日。

· 233 ·

方式，自2014年至2022年上海清算所利率衍生品市场、外汇及汇率衍生品市场中央对手方清算量基本上逐年上升，上海清算所作为国内系统重要性金融市场基础设施，一旦因发生流动性危机而暂停清算场外金融衍生品的集中清算，将可能造成该衍生品市场中断，可能因此引发系统性风险。

第二，相互关联产生的风险。上海清算所提供场外金融衍生品集中清算服务形成清算所与成员的关联并增强了成员之间的关联性，上海清算所部分中央对手方清算业务会员同时是其他中央对手方的成员，将可能产生上海清算所、上海清算所清算会员与其他中央对手方（特别是境外其他中央对手方）之间的金融风险传递问题。上海清算所在场外金融衍生品集中清算业务中还面临因与境内外其他金融市场基础设施连接而可能产生的潜在风险。

应当重视上海清算所中央对手清算业务会员同时参加境外其他中央对手方给上海清算所以及其他清算会员带来的风险问题。

一方面，目前国际主流清算机构成员与其他中央对手方关联度较高，[1]特别是全球系统重要性银行成员与中央对手方之间高度关联，[2]一些全球系统重要性银行的子行、分行已参与上海清算所一项、两项甚至全部中央对手方清算自营业务，而这些系统重要性银行同时参加了其他金融市场基础设施（主要是境外中央对手方），将可能发生其他金融市场基础设施、系统重要性银行、作为上海清算所会员的系统重要性银行子行、分行与上海清算所之间的风险传递问题。同时需关注上海清算所的境外清算会员（不论其是否为中资金融机构的境外分支机构）若参加境外中央

---

[1] 参见 Kimmo Soramäki:《系统性压力测试与中央对手方相互关联性》，载上海清算所内部刊物《会员通讯》2018年第7期。

[2] Umar Faruqui, Wenqian Huang, Elöd Takáts, *Clearing Risks in OTC Derivatives Markets: the CCP-bank Nexus*, BIS Quarterly Review, December 2018, pp. 77~79.

对手方及其他金融市场基础设施，而可能发生的境外其他金融市场基础设施、境外清算会员与上海清算所之间的风险传递问题。

另一方面，上海清算所综合清算会员中国银行已成为伦敦清算所清算成员，是首家获得国际主流清算机构场外衍生品中央对手清算资格的中资金融机构，应密切关注中资金融机构同时参加境外中央对手方给上海清算所、该金融机构以及其他会员可能带来的风险。

关于上海清算所与其他金融市场基础设施的关联，上海清算所已与香港场外结算公司建立中央对手方清算机构互联互通，开展北向互换通集中清算业务，而可能因此产生中央对手方之间互相关联风险；在场外金融衍生品集中清算业务中尚未与境内其他中央对手方建立连接，与境内其他类型金融市场基础设施的连接为与中国外汇交易中心、中国人民银行大额支付系统建立的连接。上海清算所目前实时监控外汇交易中心的交易数据传输情况，持续监测在结算处理阶段与人民银行大额支付系统连接相关风险，[1]应加强识别、监测和管理因与境内外金融市场基础设施连接而产生的潜在风险。

一旦上海清算所在场外金融衍生品集中清算业务中与境外系统重要性金融市场基础设施（如境外系统重要性中央对手方清算机构）建立连接，将可能存在其他国家金融市场基础设施与上海清算所之间的金融风险传递的隐患，将可能影响我国金融市场稳定。

---

〔1〕 参见上海清算所：《上海清算所中央对手方清算业务金融市场基础设施原则信息披露（2025）》，载 https://www.shclearing.com.cn/cpyyw/pfmi/202002/t20200228_644520.html，最后访问日期：2024年7月31日。

三、我国清算机构场外金融衍生品集中清算风险监管立法建议

《金融市场基础设施原则》规定,中央对手方是通过合约替代或其他具有法律约束力的安排介入一个或多个金融市场的合约对手方之间,成为每一卖方的买方和每一买方的卖方,并据此确保履行合约的金融市场基础设施。[1]为场外金融衍生品提供集中清算服务的清算机构是典型的中央对手方。

《金融市场基础设施原则》统一并适当提高了中央对手方的国际标准,要求各国监管机构确认为具有系统重要性的中央对手方应当遵循《金融市场基础设施原则》所确立的有关中央对手方监管的国际标准,国际清算银行支付结算体系委员会成员应在本国法律框架内尽最大可能对相关中央对手方适用《金融市场基础设施原则》。美国、欧盟、日本、新加坡分别主要通过 2013 年《衍生品清算组织和国际标准》、2012 年《欧洲市场基础设施条例》及 2012 年中央对手方监管技术标准、日本金融服务局 2013 年《金融市场基础设施监管全面指引》、新加坡金融管理局 2015 年《监管金融市场基础设施标准》和《关于金融市场基础设施标准的通知》,采纳了《金融市场基础设施原则》有关中央对手方成员资格、风险管理、违约管理等方面的具体监管要求。而澳大利亚、巴西、智利目前主要采取监管机构发布政策声明的方式采纳《金融市场基础设施原则》。

中国人民银行于 2009 年加入国际清算银行支付结算体系委员会成为其正式成员,依照《金融市场基础设施原则》的规定应

---

[1] See CPMI-IOSCO, *Principles for Financial Market Infrastructures*, April 2012;《金融市场基础设施原则》将金融市场基础设施分为支付系统、中央证券存管、证券结算系统、中央对手方、交易数据存储库等五大类。

结 论

在我国法律框架内尽最大可能对中央对手方适用《金融市场基础设施原则》。上海清算所是中国人民银行认定的合格中央对手方，自成立起即被中国人民银行确认为具有系统重要性的金融市场基础设施，[1] 依照《金融市场基础设施原则》的规定应遵循《金融市场基础设施原则》所确立的有关中央对手方监管的国际标准。

在法律监管方面，我国有关银行间市场清算机构场外衍生品清算业务风险监管的现行立法主要包括全国人大常委会 2022 年 4 月通过的《期货和衍生品法》、中国人民银行 2011 年发布的《银行间市场清算所股份有限公司业务监督管理规则》、中国人民银行 2014 年发布的《中国人民银行关于建立场外金融衍生产品集中清算机制及开展人民币利率互换集中清算业务有关事宜的通知》、中国人民银行办公厅 2013 年发布的《中国人民银行办公厅关于实施〈金融市场基础设施原则〉有关事项的通知》等。

其中，《中国人民银行办公厅关于实施〈金融市场基础设施原则〉有关事项的通知》要求中央对手方应遵循《金融市场基础设施原则》，中国人民银行《关于建立场外金融衍生产品集中清算机制及开展人民币利率互换集中清算业务有关事宜的通知》进一步明确中国人民银行按照《金融市场基础设施原则》等规定的合格中央对手方的标准对上海清算所进行监管。

对于具体风险监管要求，在成员资格制度方面，《中国人民银行关于建立场外金融衍生产品集中清算机制及开展人民币利率互换集中清算业务有关事宜的通知》规定上海清算所应制定集中清算业务参与者标准；在风险管理制度方面，《银行间市场清算

---

[1] 上海清算所：《上海清算所中央对手方清算业务金融市场基础设施原则信息披露（2019）》，载 https://www.shclearing.com.cn/cpyyw/pfmi/201902/t20190225_486418.html，最后访问日期：2024 年 7 月 30 日。

所股份有限公司业务监督管理规则》规定上海清算所应建立健全的内部控制机制和风险管理制度，内部控制制度和风险管理制度的制定和重大修改应当报中国人民银行批准；在违约管理制度方面，《中国人民银行关于建立场外金融衍生产品集中清算机制及开展人民币利率互换集中清算业务有关事宜的通知》规定上海清算所应建立保证金、清算基金、风险准备金制度和集中清算业务参与者违约处理机制等。可见我国现行立法有关清算机构场外衍生品清算业务风险监管要求主要为原则性规定，可操作性不强。

在自律监管方面，上海清算所分别于2013年12月、2015年4月、2014年10月发布人民币利率互换、标准债券远期集中清算业务规则和人民币外汇询价交易中央对手方清算业务规则[1]，于2014年12月发布《银行间市场清算所股份有限公司清算会员管理办法》《银行间市场清算所股份有限公司保证金管理办法》和《清算基金与风险准备金管理办法》，于2020年2月发布《银行间市场清算所股份有限公司集中清算业务规则》，并于2024年12月发布《银行间市场清算所股份有限公司集中清算业务指南（2024年版）》[2]已确立人民币利率互换、标准利率互换和标准债券远期、人民币外汇询价交易和外币对交易、信用违约互换集中清算业务会员资格制度、风险管理制度和违约管理制度等场外金融衍生品集中清算风险监管自律规则。

---

[1] 即《人民币利率互换集中清算业务规则》《标准债券远期集中清算业务规则》和《银行间外汇市场人民币外汇交易中央对手清算规则》。

[2] 自《银行间市场清算所股份有限公司集中清算业务规则》2020年2月13日发布之日起，《银行间市场清算所股份有限公司清算会员管理办法》《银行间市场清算所股份有限公司保证金管理办法》《清算基金和风险准备金管理办法》等管理办法，以及《银行间外汇市场人民币外汇交易中央对手清算规则》《人民币利率互换业务规则》《标准债券远期集中清算业务规则》等集中清算业务规则废止。

结　论

　　课题组经研究发现国际组织和各国中央对手方监管机构主要通过中央对手方成员资格制度、风险管理制度和违约管理制度等方面监管要求加强对清算机构场外金融衍生品集中清算的风险监管。此外，清算机构成员资格要求、风险管理和违约管理等方面的自律监管与监管机构对清算机构实施风险监管的实践性和技术性都很强。尤为值得关注的是，由中国人民银行起草、于2020年10月23日向社会公开征求意见的《中国人民银行法（修订草案征求意见稿）》规定，中国人民银行的职责包括牵头制定金融基础设施监督管理规则，旨在推进国内金融改革、建设现代中央银行制度。[1]

　　课题组提出以下立法建议：中国人民银行应当总结对中央对手方监管的实践经验，并将上海清算所实施其按照《金融市场基础设施原则》逐步全面制定的场外金融衍生品集中清算自律监管规则且经实践证明行之有效的成熟做法适当吸纳入法律规定，同时借鉴域外相关立法和实践经验教训，在时机成熟时，由中国人民银行牵头制定有关银行间市场清算机构清算业务监管的部门规章，对银行间市场清算机构集中清算业务（包括场外衍生品集中清算业务）风险监管作出明确规定，至少应包括成员资格制度、风险管理制度和违约管理制度等方面内容，从而通过完善法律监管和自律监管两方面来加强清算机构场外金融衍生品集中清算风险监管。

　　其中，清算机构场外金融衍生品集中清算业务成员资格制度旨在确保清算机构设定的成员资格要求既允许市场参与者参加清算机构并获得其提供的清算服务，又确保成员履行对清算机构的

---

〔1〕　参见《关于〈中华人民共和国中国人民银行法（修订草案征求意见稿）〉的说明》。

义务而控制成员给清算机构带来的信用风险和流动性风险,并持续监控成员是否符合成员资格要求,当市场参与者不再满足成员资格要求时终止其成员资格[1]。

清算机构场外金融衍生品集中清算业务风险管理制度的关键问题是如何通过制度设计,以识别、监测和管理清算机构开展场外金融衍生品集中清算业务所面临的因成员违约产生的信用风险和因成员及其他实体违约产生的流动性风险、清算机构与其他金融市场基础设施相互关联产生的风险,与清算机构因面临信用风险、流动性风险和相互关联风险而可能引发的系统性风险。

清算机构场外金融衍生品集中清算业务违约管理制度旨在确保成员违约时清算机构能及时履行对未违约成员的支付义务,在使用金融资源(成员缴纳的保证金和违约基金份额、清算机构自有资本等)弥补违约损失后补充金融资源,并避免清算机构终止提供清算服务而可能引发系统性风险。[2]

四、我国清算机构场外金融衍生品集中清算业务成员资格制度完善建议

课题组建议,为控制市场参与者参加清算机构可能带来的风险,我国清算机构场外金融衍生品集中清算业务成员资格制度应确保清算机构确立与风险有关的成员资格要求制度,并从成员头寸限额制度、头寸集中度监控制度两方面加强对成员头寸持续监控。

---

[1] See CPMI-IOSCO, *Principles for Financial Market Infrastructures*, April 2012.

[2] See CPMI-IOSCO, *Principles for Financial Market Infrastructures*, April 2012; CPMI-IOSCO, *Recovery of Financial Market Infrastructures*, October 2014 (Revised July 2017).

结　论

（一）确立与风险有关的成员资格要求制度

上海清算所将场外金融衍生品集中清算业务会员区分为普通清算会员（包括 A 类、B 类和 C 类普通清算会员）和综合清算会员（包括上海清算所综合清算会员、产品类综合清算会员），非清算会员（又称客户）通过综合清算会员间接参与场外金融衍生品集中清算业务，对普通清算会员、综合清算会员（包括上海清算所综合清算会员、产品类综合清算会员）分别设定资本、操作能力、风险管理能力和合法性要求等方面的准入条件。

由于清算机构清算的产品和所服务市场具有特定风险和特性，清算机构场外金融衍生品集中清算业务成员资格制度应确保清算机构所确立的成员资格要求与风险有关，以使得清算机构成员资格要求反映清算机构开展的不同清算业务的风险状况，并与清算机构所面临的特定风险相适应。[1]

但上海清算所清算会员资格自律规则目前未对参与不同场外金融衍生品集中清算业务的清算会员资格条件加以区分，其清算会员资格要求尚未与上海清算所允许其参与不同清算业务而面临的特定风险相适应。

比如，目前上海清算所对 A 类、B 类和 C 类普通清算会员的准入条件基本未作区分，仅规定 A 类、B 类和 C 类普通清算会员可参与所有、两项或两项以上、只能参与一项中央对手方清算自营业务，但未针对参与不同中央对手方清算业务的普通清算会员分别施加与风险相关的成员资格要求，将无法反映普通清算会员参与不同中央对手方清算业务的风险状况，以及上海清算所作为中央对手方所承担的不同程度的交易对手信用风险（如信用违约互换的突然违约风险）。

---

〔1〕 See CPMI-IOSCO, *Principles for Financial Market Infrastructures*, April 2012.

再如，产品类综合清算会员可参与所有中央对手方清算业务的自营清算和对应产品中央对手方清算业务的代理清算，上海清算所对参与不同场外金融衍生品集中清算业务代理清算的产品类综合清算会员统一设定成员资格要求（包括资本要求），而未区分其参与的具有不同风险特性的不同场外金融衍生品集中清算业务的代理清算分别设定不同的成员资格要求，从而无法反映产品类综合清算会员代理清算的不同场外金融衍生品集中清算业务的风险状况与清算所面临的特定风险。

建议在《中国人民银行关于建立场外金融衍生产品集中清算机制及开展人民币利率互换集中清算业务有关事宜的通知》要求上海清算所制定集中清算业务参与者标准的基础上，将来制定银行间市场清算机构清算业务监管部门规章时进一步明确银行间市场清算机构应确立与风险相关的成员资格要求制度。

同时，建议上海清算所在清算会员资格自律规则中，在现有清算会员资格要求的基础上，基于不同场外金融衍生品集中清算业务的不同风险特性，对参与不同场外金融衍生品集中清算业务的清算会员（如参与不同场外金融衍生品集中清算业务的代理清算的产品类综合清算会员）设定不同的清算会员资格要求。

上海清算所自2019年5月开始实施的对申请清算会员资格的机构进行会员准入资信评估，是从银行、证券公司、财务公司等不同类型的申请机构财务状况和经营结果两方面评估申请机构的信用风险，从其申请成为清算会员后可能给清算所带来的风险角度，探索与风险相关的清算会员资格要求。但在进行会员准入资信评估时未关注参与不同的场外金融衍生交易的申请机构成为清算会员后，上海清算所为这些场外金融衍生品交易提供集中清算服务将承担不同程度的交易对手信用风险问题。因此，从申请机构所参与的场外金融衍生品交易风险特性角度来看，上海清算所仍未建立起与风险相关的会员资格要求。

建议在清算会员准入定性和定量评估指标方面，从申请机构自身与其参与的场外金融衍生品交易可能给上海清算所带来的风险两个角度进行指标设定，以确立与风险相关的会员资格要求自律规则。

(二) 加强成员头寸持续监控

中国人民银行《关于建立场外金融衍生产品集中清算机制及开展人民币利率互换集中清算业务有关事宜的通知》要求上海清算所应建立参与者信用风险监测和评估体系。

建议将来制定银行间市场清算机构清算业务监管部门规章时进一步明确银行间市场清算机构应确立成员资格持续监控制度。

1. 成员头寸限额制度

为控制清算会员可能给上海清算所带来的风险，上海清算所对会员头寸进行持续监控，针对各项中央对手方清算业务设定每一会员的清算限额，在日间清算处理阶段风控合规性检查环节，对持有风险敞口头寸超出清算限额的会员追加超限保证金，或者拒绝承接其新增交易而限制纳入集中清算的该会员参与的交易。但上海清算所设定清算会员的清算限额时未考虑清算会员参与单笔大额交易、高风险交易的因素，上海清算所自律规则也未针对清算会员参与单笔大额交易、高风险交易的异常情况明确规定清算所可采取的措施。

建议上海清算所在清算会员自律规则中增加对会员参与单笔大额交易、高风险交易的头寸监控规则，明确规定上海清算所针对会员参与单笔大额交易可采取的措施，并在自律规则中规定设定会员清算限额应考虑会员参与单笔大额交易或高风险交易的风险因素，以控制会员给上海清算所带来的信用风险。

2. 成员头寸集中度监控制度

针对会员头寸集中度风险，上海清算所在标准债券远期集中清算业务中设置了单一清算会员单合约持仓限额和单合约全市场单边持仓限额,并有权向头寸过度集中的清算会员追加日间和日终特殊保证金,但上海清算所自律规则中未规定单一清算会员单合约持仓限额、单合约全市场单边持仓限额的计算方式与针对成员头寸集中度风险追加特殊保证金的计算方式。

建议上海清算所在清算会员自律规则中明确规定针对会员头寸集中度风险追加特殊保证金的计算方式,对各项场外金融衍生品集中清算业务每一会员设定集中度头寸限额,并规定标准利率互换、标准债券远期集中清算业务单一清算会员单合约持仓限额和单合约全市场单边持仓限额的计算方式。

同时,建议上海清算所在自律规则中规定设定会员清算限额还应考虑持有头寸集中的会员参与清算业务的风险因素,以降低因会员头寸过度集中而给上海清算所带来的风险。

五、我国清算机构场外金融衍生品集中清算业务风险管理制度完善建议

课题组建议,通过旨在识别和监测清算机构所面临信用风险、流动性风险及相互关联风险与可能引发的系统性风险的压力测试制度(包括清算机构压力测试制度和监管压力测试制度),与探索建立清算机构发生流动性危机时从中央银行获得流动性支持制度,以加强我国清算机构场外金融衍生品集中清算业务风险管理与相应监管。

(一)压力测试制度

压力测试是中央对手方一个核心的风险管理工具。[1]清算机

---

〔1〕 CPMI-IOSCO, *Framework for Supervisory Stress Testing of Central Counterparties*, April 2018; Fernando Cerezetti, Mark Manning.《中央对手方监管压力测试:宏观审慎的双层式方法》,国文、林嘉琪译,载上海清算所内部刊物《会员通讯》2018年第8期。

构作为中央对手方可进行信用压力测试、流动性压力测试分别监测其面临的信用风险、流动性风险，并可实施反向信用压力测试、反向流动性压力测试以识别信用压力测试和流动性压力测试模型的局限性，以确定分别可耗尽其金融资源、流动性金融资源的压力场景。

中央对手方监管机构主要通过实施对中央对手方清算机构的信用压力测试、流动性压力测试监测清算机构所面临的信用风险、流动性风险是否会引发系统性风险，还可通过对清算机构的反向压力测试确定可耗尽其金融资源的市场压力场景与成员违约场景的组合，旨在识别可引发系统性风险的市场压力场景与成员违约场景的组合。

通过压力测试，还可监测清算机构与成员、关键服务提供者以及其他金融市场基础设施相互关联而产生的风险。

基于清算机构实施压力测试将有助于其识别、监测和管理所面临的信用风险和流动性风险，建议在《银行间市场清算所股份有限公司业务监督管理规则》要求上海清算所建立内部控制机制和风险管理制度的基础上，将来制定银行间市场清算机构清算业务监管部门规章时规定银行间市场清算机构应定期开展压力测试。

基于中国人民银行是上海清算所中央对手方清算业务的监管机构，而上海清算所作为我国银行间市场唯一的中央对手方清算机构，高度集中了纳入集中清算的所有场外金融衍生品交易的信用风险和流动性风险，建议在中国人民银行起草的《中国人民银行法（修订草案征求意见稿）》关于中国人民银行可开展宏观审慎压力测试并组织金融基础设施检查评估的规定基础上，进一步明确中国人民银行可对银行间市场清算机构等金融市场基础设施进行监管压力测试。

1. 清算机构内部压力测试制度

（1）信用压力测试制度。

《金融市场基础设施原则》要求中央对手方每日进行信用压力测试，以监测其金融资源是否足以覆盖在极端压力情景下一家或两家成员违约对中央对手方产生的最大信用暴露，但对信用压力测试设置的极端压力场景未作具体规定。目前上海清算所中央对手清算业务自律规则未对信用压力测试作出规定，在风险管理实践中每日进行各项中央对手方清算业务的信用压力测试。[1]监测在极端压力情景下其金融资源是否足以覆盖最大两家清算会员因违约造成的损失。

对于极端压力情景，上海清算所在信用压力测试中设置了产生最大信用暴露的两家会员违约的信用风险场景与极端市场风险场景，在设置市场风险场景时综合考虑历史价格波动、会员头寸变化以及市场流动性变化等因素。

但上海清算所在信用压力测试中设置的极端压力情景存在下列缺陷：

第一，上海清算所在信用压力测试中设置的极端压力情景仅考虑到会员违约对其产生的信用暴露，却未考虑到在极端压力情景下因金融资源而产生的信用暴露，[2]如在极端但可能的市场条件下会员提交的非现金抵押品市场价值下跌风险、现金抵押品[3]的

---

[1] 上海清算所：《上海清算所中央对手方清算业务金融市场基础设施原则信息披露（2020）》，载 https://www.shclearing.com.cn/cpyyw/pfmi/202002/t20200228_644520.html，最后访问日期：2024年7月31日。

[2] See CPMI-IOSCO, *Implementation Monitoring of PFMI Level 3 Assessment: Report on the Financial Risk Management and Recovery Practices of 10 Derivatives CCPs*, August 2016, p.109.

[3] 上海清算所：《上海清算所中央对手方清算业务金融市场基础设施原则信息披露（2020）》，载 https://www.shclearing.com.cn/cpyyw/pfmi/202002/t20200228_644520.html，最后访问日期：2024年7月31日。

外汇风险等,将难以确保在极端压力情景下上海清算所金融资源的充足性。

建议上海清算所识别在极端但可能的市场条件下各种信用风险来源,包括因会员提交的担保品及清算所持有的其他金融资源市场价值下降而产生的信用暴露,并在信用压力测试设置的极端压力场景中涵盖这些风险因子。[1]

第二,上海清算所在信用压力测试中设置的极端市场风险场景是否考虑违约会员所持头寸集中度等因素不明确。

建议上海清算所在信用压力测试中设置的市场风险场景涵盖会员头寸集中度对上海清算所对违约会员头寸执行平仓时相关场外衍生品市场流动性和平仓成本的影响因素,特别对场外衍生品市场流动性较低的中央对手方清算业务更应密切监测会员头寸集中度风险,以减少因会员头寸集中度风险而加剧市场风险,进而引发上海清算所面临信用风险的概率。

第三,对于信用风险场景,上海清算所在信用压力测试中设置对其产生最大信用暴露的两家清算会员同时违约场景,但是否涵盖作为同一企业集团成员的若干清算会员(如作为同一金融企业集团成员的中信银行、中信证券公司均为产品类综合清算会员)同时违约的压力场景不明确。

为度量和监测作为同一企业集团成员的两家甚至两家以上清算会员同时违约对上海清算所产生的信用暴露,建议上海清算所在信用压力测试中设置的信用风险场景应涵盖作为同一企业集团成员的若干清算会员同时违约的压力场景。

---

[1] See CPMI-IOSCO, *Resilience of Central Counterparties (CCPs): Further Guidance on thePFMI (Final Report)*, July 2017.

(2) 流动性压力测试制度。

第一,清算机构面临的流动性风险。

清算机构的流动性风险敞口远高于信用风险敞口,可能出现清算机构的金融资源足以覆盖信用暴露但其持有的流动性金融资源不足以覆盖流动性暴露。清算机构作为中央对手方开展场外金融衍生品集中清算业务时,主要面临因清算成员违约产生的流动性风险,还可能因流动性资源而产生流动性暴露,包括因影响清算机构获取流动性资源能力、影响流动性资源价值而分别产生的流动性风险[1]。

其中,清算机构面临的因影响其获取流动性资源能力而产生的流动性风险,主要是因流动性提供者违约不提供流动性支持和信用额度、结算银行违约不提供日间流动性支持、托管银行违约不提供清算机构向其托管的预缴金融资源等其他实体违约而产生流动性暴露。

清算机构面临的因影响流动性资源价值而产生的流动性风险,包括在极端但可能的市场条件下其集中持有的特定担保资产日间或日终变现价值下降或折扣率上升、担保品发行人违约、各币种现金抵押品的外汇风险等[2]。

第二,清算机构流动性压力测试制度。

目前上海清算所中央对手方清算业务自律规则未对流动性压力测试作出规定,在风险管理实践中定期进行流动性压力测试,主要监测极端市场风险场景下会员违约对清算所产生的流动性风险。

对于因流动性资源而产生的流动性暴露,上海清算所虽在流动性压力测试中假设授信机构违约场景,但未考虑授信机构同时

---

[1] See CPMI-IOSCO, *Resilience of Central Counterparties (CCPs): Further Guidance on the PFMI (Final Report)*, July 2017.

[2] See CPMI-IOSCO, *Resilience of Central Counterparties (CCPs): Further Guidance on the PFMI (Final Report)*, July 2017.

结 论

是上海清算所清算会员的风险因素,建议在流动性压力测试中设置同时是清算会员的授信机构违约与其作为清算会员违约同时发生的压力场景。

但上海清算所在流动性压力测试中是否考虑来自结算银行的流动性风险不明确,建议上海清算所在流动性压力测试中假设外汇中央对手方清算业务的外币结算银行违约不向清算所及清算会员提供资金结算的日间流动性支持。

对于因影响流动性资源价值而产生的流动性风险,上海清算所在流动性压力测试中设置的极端压力场景未考虑在极端市场条件下担保资产变现价值下降或折扣率上升、担保品发行人违约、现金抵押品的外汇风险等风险因素。

建议上海清算所在流动性压力测试中设置在极端市场条件下因影响流动性资源价值而产生流动性风险的压力测试场景。

(3) 反向压力测试制度。

上海清算所目前尚未进行反向压力测试。

鉴于上海清算所在流动性压力测试中监测到偶尔会在连续多日清算参与者违约的场景中出现美元这一结算金额较大的币种流动性缺口,建议上海清算所开发与其提供集中清算服务的场外金融衍生品市场和产品的风险特性相匹配[1]的反向信用压力测试模型和反向流动性压力测试模型,以确定在场外金融衍生品集中清算业务中可能导致耗尽其金融资源或流动性资源的压力情景。

基于反向流动性压力测试模型、参数和假设更具复杂性,建议上海清算所现阶段对场外金融衍生品集中清算业务开展反向信

---

[1] See European Commission, *Commission Delegated Regulation (EU) No 153/2013 of 19 December 2012 Supplementing Regulation (EU) No 648/2012 of the European Parliament and of the Council with regard to Regulatory Technical Standards on Requirements for Central Counterparties*, December 2012.

用压力测试，测算可耗尽其金融资源的极端市场压力场景与成员违约场景的组合。

2. 监管压力测试制度

（1）监管压力测试中包括信用压力测试和流动性压力测试。

监管机构实施对多家清算机构监管压力测试的主要目标是监测多家清算机构在相同压力场景下所面临的信用风险和流动性风险，进而识别可能产生的潜在系统性风险，以实现宏观审慎监管目标。

第一，监测清算机构面临的信用风险和流动性风险。

中国人民银行起草的《中国人民银行法（修订草案征求意见稿）》规定，中国人民银行可运用宏观审慎压力测试等宏观审慎政策工具，并组织对金融基础设施进行检查评估。

实践中中国人民银行自2012年起每年对商业银行开展监管压力测试，主要包括信用压力测试、流动性压力测试和市场压力测试，[1]但目前尚未对金融市场基础设施实施监管压力测试。

基于中国人民银行是上海清算所中央对手方清算业务的监管机构，而上海清算所作为我国银行间市场唯一的中央对手方清算机构，高度集中了纳入集中清算的所有场外金融衍生品交易的信用风险和流动性风险，建议在《中国人民银行法（修订草案征求意见稿）》上述规定的基础上进一步明确中国人民银行可对银行间市场清算机构等金融市场基础设施进行监管压力测试，并建议在实践中中国人民银行对上海清算所实施监管压力测试以评估上海清算所在不利市场条件下的韧性。具体建议在实践中中国人民

---

[1] 中国人民银行金融稳定分析小组编：《中国金融稳定报告2021》，中国金融出版社2021年版，第38~44页；中国人民银行金融稳定分析小组编：《中国金融稳定报告2022》，中国金融出版社2022年版，第36~42页；中国人民银行金融稳定分析小组编：《中国金融稳定报告2023》，中国金融出版社2023年版，第22~24页；中国人民银行金融稳定分析小组编：《中国金融稳定报告2024》，中国金融出版社2024年版，第26~27页。

结 论

银行定期对上海清算所场外金融衍生品集中清算业务进行信用压力测试和流动性压力测试，监测在违约场景与极端市场冲击场景相结合的极端压力情景下上海清算所的金融资源是否足以覆盖两家会员违约产生的最大信用暴露、流动性资源是否足以覆盖两个实体违约（成员及流动性提供者、结算银行等关键服务提供者）对其产生的最大流动性暴露。

第二，监测清算机构面临信用风险和流动性风险引发的系统性风险。

基于上海清算所是国内系统重要性金融市场基础设施，一旦发生流动性危机暂停集中清算可能引发系统性风险，中国人民银行在监管压力测试中应重点监测在极端压力情景下上海清算所面临的信用风险、流动性风险是否会引发系统性风险。

但囿于目前各国中央对手方监管机构对金融系统内部交互产生的风险放大效应和传导机制的理解尚不完整，[1]中国人民银行可能难以准确识别和监测上海清算所面临的信用风险和流动性风险引发的系统性风险如何在金融体系中传递。

（2）监管压力测试中反向压力测试。

建议中国人民银行对上海清算所场外金融衍生品集中清算业务进行反向压力测试，以识别和监测在各项场外金融衍生品集中清算业务中将耗尽上海清算所金融资源的市场压力场景与会员违约场景的组合，并分析可能产生的系统性风险。由于反向流动性压力测试非常复杂，并需要获取大量数据，[2]建议中国人民银行

---

[1] 参见 Fernando Cerezetti, Mark Manning：《中央对手方监管压力测试：宏观审慎的双层式方法》，国文、林嘉琪译，载上海清算所内部刊物《会员通讯》2018 年第 8 期。

[2] See European Securities and Markets Authority, *Methodological Framework*：3rd *EU-wide Central Counterparty（CCP）Stress Test Exercise*, April 2019, p. 29.

· 251 ·

首先开展反向信用压力测试。

第一，设置市场压力场景。

中国人民银行在进行反向压力测试时，可基于历史市场波动峰值，或者采用历史场景与理论场景的组合设置基本市场压力场景，并按基本市场压力场景的市场波动振幅一定倍数设置其他市场压力场景，在设置每一市场压力场景时应按照同一市场波动振幅倍数相应调整各种风险因子冲击[1]。

建议中国人民银行根据上海清算所提供集中清算服务的不同市场和产品的风险特性，[2]针对各项场外金融衍生品集中清算业务分别设置不同的市场压力场景。

第二，设置成员违约场景。

建议中国人民银行重点关注大型清算会员（特别是集团会员）违约可能耗尽上海清算所金融资源的信用暴露，在分别确定在各项场外金融衍生品集中清算业务中将耗尽上海清算所金融资源的市场压力场景与成员违约场景的组合时，应针对不同的市场压力场景，分别选择在该特定市场压力场景下其违约将对上海清算所产生最大信用暴露的清算会员进行反向压力测试。

第三，监测系统性风险。

基于上海清算所一旦耗尽金融资源将可能引发金融体系的系统性风险，中国人民银行在进行反向压力测试时应分析在极端市场压力场景与会员违约场景共同作用下耗尽上海清算所金融资源将可能引发的系统性风险。

---

[1] See European Securities and Markets Authority, *Report 3rd EU-wide CCP Stress Test*, July 2020, p. 82.

[2] See European Commission, *Commission Delegated Regulation (EU) No 153/2013 of 19 December 2012 Supplementing Regulation (EU) No 648/2012 of the European Parliament and of the Council with regard to Regulatory Technical Standards on Requirements for Central Counterparties*, December 2012.

结　论

但由于目前监管机构对金融系统内部交互产生的风险放大效应和传导机制的理解尚不完整,[1]将反向压力测试作为系统性风险分析工具对耗尽清算机构金融资源对金融系统所产生影响的分析可能不够全面和准确。

3. 监测关联风险压力测试制度

(1) 监测清算机构因共同成员相互关联风险。

目前一些全球系统重要性银行子行、分行已参与上海清算所中央对手方清算自营业务,并同时参加境外中央对手方,上海清算所的境外清算成员可能参加境外中央对手方,同时上海清算所综合清算会员中国银行已成为伦敦清算所清算成员,上海清算所因共同成员与这些境外中央对手方相互关联。但从上海清算所在信用压力测试和流动性压力测试中设置的压力场景来看,并未监测上海清算所与境外中央对手方共同成员一旦在境外一家或多家中央对手方违约对上海清算所造成损失的风险。

针对上海清算所因共同成员与境外中央对手方关联而产生的风险,上海清算所在实施信用压力测试和流动性压力测试时,应设置中央对手方清算业务会员同时参加境外中央对手方给上海清算所带来信用风险和流动性风险的压力测试。

但实践中上海清算所难以获得该违约共同成员在境外中央对手方缴纳的初始保证金、违约基金份额等相关数据,将难以通过压力测试度量因共同成员与境外中央对手方关联而产生的风险,建议通过两国金融市场基础设施监管机构进行跨境监管合作以及上海清算所与境外关联金融市场基础设施之间合作予以解决。

首先,建议在《中国人民银行法(修订草案征求意见稿)》

---

[1] Fernando Cerezetti、Mark Manning:《中央对手方监管压力测试:宏观审慎的双层式方法》,国文、林嘉琪译,载上海清算所内部刊物《会员通讯》2018年第8期。

关于中国人民银行与境外监管部门共享监管信息、实施跨境监管的规定基础上增加一款规定，即中国人民银行与其他国家和地区金融市场基础设施监管机构通过签署双边或多边谅解备忘录、协议、意向书等方式进行跨境监管合作。中国人民银行与境外中央对手方监管机构签署监管合作谅解备忘录时，应在谅解备忘录中明确规定清算机构参与者违约时进行信息共享。

其次，建议上海清算所与境外关联中央对手方签署谅解备忘录或合作备忘录并明确信息共享的具体内容，包括共同成员对境外中央对手方违约、违约共同成员在境外中央对手方缴纳的初始保证金和违约基金份额、被追缴的初始保证金和变动保证金等数据，以利于上海清算所及时识别和监测因共同成员与境外中央对手方相互关联而产生的风险。

（2）监测与其他金融市场基础设施关联风险。

上海清算所在流动性压力测试中设置的压力场景未考虑与境内外金融市场基础设施相互关联的风险因素。

建议上海清算所在流动性压力测试中设置与香港场外结算公司相互关联而发生金融风险传递，以及外汇交易中心无法或迟延传输外汇衍生品交易数据、人民银行大额支付系统无法或迟延运行的压力场景，以加强识别和监测上海清算所与境内外金融市场基础设施连接而产生的潜在风险。

一旦上海清算所在场外金融衍生品集中清算业务中与境外金融市场基础设施（特别是境外系统重要性中央对手方）建立连接，将可能发生与境外系统重要性金融市场基础设施风险传递问题。

建议中国人民银行在与境外中央对手方监管机构签署监管合作谅解备忘录时，在谅解备忘录中明确规定就中央对手方日常风险状况和发生危机情况进行信息共享。上海清算所与境外中央对手方建立连接应签署谅解备忘录或合作备忘录，并明确规定对连接的境外中央对手方所面临的风险和风险管理等方面信息进行共享。

(二)探索建立中央银行流动性支持制度

目前上海清算所中央对手方清算业务自律规则未规定流动性资源类型和投资方式。实践中上海清算所中央对手方清算业务流动性资源包括存放在托管银行的保证金和清算基金、存放在商业银行的上海清算所风险准备金与授信银行根据授信协议应提供的授信额度,在外汇中央对手清算业务中还获得外币结算银行提供的外币资金结算的日间流动性支持。

清算机构作为中央对手方在发生流动性危机时能否及时获得流动性资源,特别在极端市场条件下能否获得流动性,对于清算机构能否持续提供关键服务往往是至关重要的。

1. 从清算会员中获得流动性探讨

对于在极端压力情景下中央对手方从成员获得流动性,《金融市场基础设施的恢复》规定中央对手方从成员获得流动性的形式包括仅从没有履行缴纳违约基金份额义务的成员获得流动性、从所有成员获得流动性。

由于上海清算所自律规则要求清算会员在参与中央对手方清算业务之前应以现金形式缴纳清算基金,通常不会出现清算会员未缴纳清算基金即参与中央对手方清算业务的情形,依据《金融市场基础设施的恢复》可采取从所有会员获得流动性的形式。但若上海清算所在中央对手方清算业务自律规则中规定其发生流动性短缺时可从相关清算业务所有会员中获得流动性,在极端市场条件下可能导致向其提供流动性的清算会员产生流动性暴露,可能加剧上海清算所面临的信用风险和流动性风险,因此不建议上海清算所从清算会员中获得流动性。

2. 构建中央银行流动性支持制度

对于清算机构从中央银行获得流动性支持,由于一国金融市场中通常只有一家或少数几家清算机构为某一特定市场提供清算服务,清算机构在一国金融体系中很可能具有系统重要性。2008年金融危机爆发后各国普遍强化中央银行在加强宏观审慎监管、维护金融稳定中的职能,[1]中央银行作为金融系统最后贷款人,具有处理系统性流动性危机的必要工具。[2]为避免流动性危机加剧甚至发生金融体系的系统性风险,应允许中央银行从宏观审慎监管的角度,在特定情形下对发生流动性危机的清算机构,特别是系统重要性清算机构提供流动性支持,但应在一国立法中明确规定中央银行对清算机构提供流动性支持的法定情形、适用主体(如清算机构被监管部门认可为合格中央对手方,或者已被本国中央银行确认为具有系统重要性的金融市场基础设施)、中央银行提供流动性支持的方式等。

《中国人民银行法(修订草案征求意见稿)》规定,中国人民银行可采取的系统性金融风险处置措施包括提供流动性支持。上海清算所作为我国银行间市场唯一的中央对手方清算机构,是我国金融市场具有系统重要性的金融市场基础设施,[3]一旦发生流动性危机甚至丧失清偿能力将可能引发系统性风险,且上海清算所作为中国人民银行大额支付系统的特许参与者已获得日常中央银行账户服务,具备从中国人民银行获取流动性的技术系统支持。[4]

---

[1] 参见《关于〈中华人民共和国中国人民银行法(修订草案征求意见稿)〉的说明》。

[2] Rebecca Lewis:《芝加哥联储通讯专刊(2017~385号)——场外衍生品研讨会观点综述》,贾凡等译,载上海清算所内部刊物《会员通讯》2017年第9期。

[3] 上海清算所:《上海清算所中央对手方清算业务金融市场基础设施原则信息披露(2025)》,载 https://www.shclearing.com.cn/cpyyw/pfmi/201902/t20190225_486418.html,最后访问日期:2024年7月30日。

[4] 上海清算所:《上海清算所中央对手方清算业务金融市场基础设施原则信息披露(2020)》,载 https://www.shclearing.com.cn/cpyyw/pfmi/202002/t20200228_644520.html,最后访问日期:2024年7月31日。

结 论

鉴于此，笔者建议在《中国人民银行法（修订草案征求意见稿）》关于中国人民银行处置系统性金融风险时可提供流动性支持的规定基础上，进一步明确规定中国人民银行在法定情形下可向银行间市场清算机构提供流动性支持。

对于是否要求清算机构获批商业银行经营许可证才能从中央银行获取流动性，由于上海清算所获批商业银行经营许可证须同时遵循商业银行监管的相关规定，而上海清算所的核心职能是为银行间市场提供中央对手方清算服务，清算机构与商业银行所面临的风险和风险管理存在本质区别，清算机构是风险管理者，而商业银行是风险承担者，[1]因此在将来制定《中国人民银行法》修正案配套规章时不应规定清算机构获得中央银行流动性支持的前提条件包括获批商业银行经营许可证。

关于中央银行提供流动性支持的方式，清算机构从中央银行获得常规信用将有利于清算机构进行风险管理和违约管理，也即清算机构将成员保证金存放在中央银行以快速获取现金流动性，将可利用中央银行流动性额度以满足紧急追加保证金要求。[2]建议在将来制定的《中国人民银行法》修正案配套规章中明确中国人民银行向银行间市场清算机构提供流动性支持主要采取清算机构提供担保的常规信用方式。

同时，为抑制清算机构在压力情景下从中央银行获得紧急信贷引发道德风险问题，建议在将来制定的《中国人民银行法》修正案配套规章中对清算机构从中央银行获得紧急信贷的法定情形

---

[1] Fernando Cerezetti, Mark Manning：《中央对手方监管压力测试：宏观审慎的双层式方法》，国文，林嘉琪译，载上海清算所内部刊物《会员通讯》2018 年第 8 期。

[2] See CPMI-IOSCO, *Implementation Monitoring of PFMI Level 3 Assessment*：*Report on the Financial Risk Management and Recovery Practices of 10 Derivatives CCPs*, August 2016, pp. 56, 61；李鑫杰、陈思薇：《全球中央对手清算监管动态（2020 年 2 月）》，载上海清算所内部刊物《会员通讯》2020 年第 3 期。

予以严格限制，比如规定在清算机构面临可耗尽金融资源或流动性资源的严重信用风险或流动性风险并可能引发系统性风险的情形下人民银行可提供紧急信贷。

六、我国清算机构场外金融衍生品集中清算业务违约管理制度完善建议

在成员违约时，清算机构将按照违约处理规则和程序进行违约处理，并以其金融资源（包括成员缴纳的保证金和违约基金份额、清算机构自有资本等）弥补违约损失，旨在确保成员违约时清算机构能及时完成结算，并解决成员违约后的金融资源补充问题，避免清算机构终止提供服务。[1]

在违约管理制度方面，《中国人民银行关于建立场外金融衍生产品集中清算机制及开展人民币利率互换集中清算业务有关事宜的通知》原则性规定上海清算所应建立保证金、清算基金、风险准备金制度和集中清算业务参与者违约处理机制。

上海清算所在中央对手方清算业务会员发生资金结算违约或保证金结算违约时，有权判定该会员运营性违约，采取启动授信机制融入资金完成对未违约会员的资金结算等措施进行违约处理。

若违约会员在违约处置关键时点前未能补足违约资金、保证金、清算基金份额或违约金，上海清算所有权判定该会员永久性违约，将首先使用违约会员预缴金融资源（包括使用违约会员保证金、变现违约会员提交的初始保证金中非现金抵押品等）弥补违约损失，当违约会员预缴金融资源不足以覆盖违约损失时，将

---

[1] CPMI-IOSCO, *Principles for Financial Market Infrastructures*, April 2012; CPMI-IOSCO, *Recovery of Financial Market Infrastructures*, October 2014 (Revised July 2017).

采取对违约会员未平仓头寸执行平仓拍卖,乃至终止合约等强行平仓措施,在执行强行平仓后将动用自有资金风险准备金,并启动所有成员损失分摊机制以弥补强行平仓造成的损失。

课题组建议,通过旨在限制保证金(初始保证金、初始保证金中非现金抵押品、变动保证金)顺周期效应的逆周期调节制度,与清算机构违约处置强制平仓制度(确立强制平仓风险控制制度、明确强制终止合约的范围),以加强我国清算机构场外金融衍生品集中清算业务违约管理与相应监管。

(一) 场外金融衍生品集中清算业务保证金的逆周期调节制度

清算机构的保证金制度旨在覆盖清算机构对成员的信用暴露。[1]清算机构作为中央对手方通常收取初始保证金和变动保证金,其中收取初始保证金是场外衍生品纳入中央对手方集中清算后增加的要求,[2]旨在覆盖成员未来一定时期因违约而产生的潜在未来信用暴露。

1. 初始保证金逆周期调节制度

清算机构向成员收取和追加初始保证金具有顺周期效应,即在价格波动加剧或清算成员信用风险较高时因向其追加初始保证金而加剧了市场压力和波动率,可能造成或加剧金融市场的不稳定。[3]

初始保证金的顺周期效应是由外部金融经济波动的周期性特征与保证金模型缺陷两方面原因所导致,[4]即:清算机构一般基

---

[1] CPMI-IOSCO, *Principles for Financial Market Infrastructures*, April 2012.

[2] David Murphy, Michalis Vasios, Nicholas Vause, *A Comparative Analysis of Tools to Limit the Procyclicality of Initial Margin Requirement*, Bank of England Staff Working Paper, No. 597, April 2016, pp. 1~24.

[3] CPMI-IOSCO, *Principles for Financial Market Infrastructures*, April 2012.

[4] 王翔宇、陈湛宇、肇沫:《中央对手方顺周期性风险研究及保证金逆周期调节方案——基于谱分析对银行间市场利率周期性波动风险研究》,载上海清算所内部刊物《会员通讯》2020年第3期。

于历史数据和概率模型计算成员预缴的初始保证金金额,但实践中清算机构初始保证金模型通常回溯期较短,往往是基于市场平静时期的数据,而无法完全覆盖压力时期陡然上升的成员违约产生的信用风险,由此导致在压力时期清算机构可能被迫提高初始保证金要求。

上海清算所的中央对手方清算业务初始保证金模型主要考虑会员清算限额、信用风险状况等要素,虽重点监测清算会员的信用风险,但未涵盖其集中清算的场外金融衍生品价格波动因素,包括历史价格波动,将难以限制初始保证金的顺周期效应。

建议上海清算所确立初始保证金逆周期调节的自律规则,通过采取调整或校准初始保证金模型(包括在初始保证金模型使用较长回溯期以涵盖历史价格波动峰值、通过敏感性分析校准初始保证金模型)、设置保证金缓冲等措施,以限制初始保证金的顺周期效应。

第一,初始保证金模型使用较长回溯期。

清算机构在初始保证金模型中使用较长的回溯期,将会涵盖较长时期的历史波动率,可能包括历史价格波动峰值,将可能减少在压力时期市场波动超出预期成员预缴的初始保证金不足以覆盖潜在违约损失而向其追加初始保证金的概率,从而有利于减轻基于产品价格波动频繁调整初始保证金而产生的顺周期效应。

建议上海清算所在各项中央对手方清算业务的保证金模型中涵盖其集中清算的每一场外金融衍生品的潜在价格波动因素和与产品相关的其他风险因子。

针对上海清算所的中央对手方清算业务初始保证金模型未涵盖场外金融衍生品的历史波动率,建议上海清算所在计算各项中央对手方清算业务初始保证金时使用较长的回溯期以涵盖各相关产品的历史价格波动峰值,以预期包括压力时期的未来潜在价格波动及其对会员违约产生信用风险的影响，以抑制因场外金融衍生产品价格[1]波动频繁调整初始保证金而产生的顺周期效应。

第二，通过敏感性分析校准初始保证金模型。

建议上海清算所通过敏感性分析校准初始保证金模型以限制初始保证金的顺周期效应。

清算机构通常每月进行一次敏感性分析以监测保证金模型的表现和保证金覆盖总体情况。[2]清算机构可通过敏感性分析检验使用初始保证金模型计算出的初始保证金金额是否足以覆盖极端市场条件下成员的潜在未来信用暴露，并根据敏感性分析结果对初始保证金模型和参数、假设进行校验。

建议上海清算所将保证金模型敏感性分析视作限制初始保证金顺周期效应的一个工具，根据敏感性分析结果校准各项中央对手方清算业务的初始保证金模型以使其涵盖相关市场历史极端波动，这将有利于上海清算所预期压力时期会员违约对其产生的潜在信用暴露，从而减轻中央对手方清算业务初始保证金的顺周期效应。

第三，设置保证金缓冲。

建议上海清算所设置保证金缓冲以限制初始保证金的顺周期效应。

由于期权具有非线性价格特征，这一产品风险特征决定了清算机构的期权清算业务初始保证金模型通常回溯期较短，[3]难以

---

[1] Wenqian Huang, Elöd Takáts, *The CCP-Bank Nexus in the Time of Covid*-19, BIS Bulletin, No. 13, 11 May 2020, pp. 1, 3~5；李鑫杰、陈思薇：《全球中央对手清算监管动态（2020年5月）》，载上海清算所内部刊物《会员通讯》2020年第5期。

[2] See CPMI-IOSCO, *Principles for Financial Market Infrastructures*, April 2012；CPMI-IOSCO, *Implementation Monitoring of PFMI Level 3 Assessment*：*Report on the Financial Risk Management and Recovery Practices of 10 Derivatives CCPs*, August 2016, pp. 5, 71.

[3] See Wenqian Huang, Elöd Takáts, *The CCP-Bank Nexus in the Time of Covid*-19, BIS Bulletin, No. 13, 11 May 2020, p. 5.

通过在初始保证金模型中使用较长回溯期来限制顺周期效应。清算机构可对其清算的期权设置逆周期保证金缓冲，以限制初始保证金的顺周期效应。

建议上海清算所在自律规则中规定对人民币外汇期权中央对手方清算业务设置占保证金要求一定比例的逆周期保证金缓冲，并在压力时期使用缓冲保证金，以减少在极端压力时期向会员追加预期外的高额初始保证金[1]。

2. 初始保证金中非现金抵押品的逆周期调节制度

清算机构成员交纳的场外衍生品清算业务初始保证金包括现金抵押品和非现金抵押品。[2]

因非现金抵押品的折扣率问题可能产生顺周期效应，即在危机市场时期清算机构可能因资产价格下降和非现金抵押品折扣率上升而向成员追加保证金，但向成员追加保证金可能会加剧市场危机，与其他因素一道导致资产价格进一步下降，将会造成清算机构进一步向成员追加保证金，可能进一步增加资产价格下降的压力，[3]从而产生非现金抵押品的顺周期效应。如果清算机构的非现金抵押品自律规则是市场危机较低时期调低抵押品的折扣率，市场危机较高时期调高抵押品的折扣率，将会强化非现金抵押品的顺周期效应。

目前上海清算所在人民币利率互换集中清算业务中接受成员提交债券、基金份额等合格保证券[4]作为非现金抵押品充抵其

---

〔1〕 See European Securities and Markets Authority, *Guidelines on EMIR Anti-Procyclicality Margin Measures for Central Counterparties*, May 2018.

〔2〕 CPMI-IOSCO, *Implementation Monitoring of PFMI Level 3 Assessment：Report on the Financial Risk Management and Recovery Practices of 10 Derivatives CCPs*, August 2016, p.79.

〔3〕 CPMI-IOSCO, *Principles for Financial Market Infrastructures*, April 2012.

〔4〕 目前已纳入上海清算所人民币利率互换集中清算业务合格保证券范围的非现金抵押品包括短期融资券、超短期融资券、中期票据、同业存单、金融企业短期融资券和非公开定向债务融资工具。

结 论

最低保证金要求。

为确保非现金抵押品的变现价值，同时限制顺周期效应，上海清算所在人民币利率互换集中清算业务中对债券、基金份额等合格保证券分别设定审慎的折扣率，在设定保证券折扣率时综合考虑保证券的市场风险、流动性风险和发行人信用风险等因素。

但上海清算所中央对手方清算业务保证券管理规则未考虑极端市场条件下非现金抵押品的市场风险上升因素，且未考虑清算会员信用风险对抵押品市场风险和流动性风险的影响因素，将不利于抑制非现金抵押品的顺周期效应。

第一，针对抵押品的市场风险，上海清算所中央对手方清算业务保证券管理规则未要求上海清算所在设定保证券折扣率时考虑极端市场条件下保证券价格波动和市场价值下降风险，而清算机构是在成员违约时，且往往在压力市场条件下变现抵押品。[1] 这将不利于确保在极端市场条件下实现保证券的变现价值，将可能造成上海清算所向违约会员追加保证金，从而可能产生顺周期效应。

建议上海清算所在设定保证券折扣率时使用较长的回溯期以涵盖极端历史价格波动，并考虑在极端但可能的市场条件下抵押品价格波动因素，以减少在压力时期进行抵押品顺周期调整的概率。

第二，上海清算所中央对手方清算业务保证券管理规则未要求上海清算所在设定保证券折扣率时考虑会员信用风险对抵押品的市场风险和流动性风险的影响因素，而会员违约或信用状况恶化时其提交的保证券市场价值可能随之下降，并可能产生保证券

---

[1] See European Commission, *Commission Delegated Regulation (EU) No 153/2013 of 19 December 2012 Supplementing Regulation (EU) No 648/2012 of the European Parliament and of the Council with regard to Regulatory Technical Standards on Requirements for Central Counterparties*, December 2012.

的流动性风险，[1]上海清算所将可能无法以折扣价值变现保证券，可能引发上海清算所向违约会员追加保证金，从而可能产生顺周期效应。

建议上海清算所将抵押品市场价值波动和流动性管理与成员头寸风险管理相结合，并在场外金融衍生品集中清算业务违约管理规则中增加规定上海清算所评估和监测会员信用风险与抵押品的市场风险和流动性风险之间的相关性，在设定保证券折扣率时考虑会员信用风险对其提交的抵押品市场价值和流动性的影响因素，以限制非现金抵押品的顺周期效应。

3. 变动保证金逆周期调节制度

清算机构通常收取变动保证金以覆盖因市场波动、成员持有头寸集中等因素而产生的对成员当前信用暴露。

上海清算所中央对手方清算业务变动保证金包括盯市保证金和特殊保证金，即向发生盯市亏损的会员追加日间、日终盯市保证金用于弥补盯市亏损，向会员追加日间、日终特殊保证金用于弥补市场价格异常波动、会员持有头寸过度集中等异常情况下会员违约造成的损失。

但清算机构的变动保证金机制，尤其是因市场波动追加变动保证金机制具有顺周期性。譬如，疫情期间清算机构向头寸亏损的清算成员发出了大量的变动保证金追缴通知，而在价格剧烈波动时清算成员一方面因头寸亏损而导致资产减值、自有资本降低，另一方面还需使用现金支付追缴的变动保证金，只得抛售持有的头寸，这将进一步加剧价格下跌。[2]

---

〔1〕 See CPMI-IOSCO, *Principles for Financial Market Infrastructures*, April 2012.

〔2〕 Wenqian Huang, Elöd Takáts, *The CCP-Bank Nexus in the Time of Covid-19*, BIS Bulletin, No.13, 11 May 2020, pp.1~2；李鑫杰、陈思薇：《全球中央对手清算监管动态（2020年5月）》，载上海清算所内部刊物《成员通讯》2020年第5期。

针对变动保证金的顺周期效应，可采取《金融市场基础设施原则》所建议的在未发生市场危机时增加违约基金（即清算机构建立的用以弥补违约损失中保证金不足以覆盖部分的成员预缴金融资源）规模的措施，以减少在市场危机时期向成员追加预期外的高额变动保证金。但将会更多由所有成员通过违约基金分摊违约损失。对此清算机构场外金融衍生品集中清算业务违约管理规则应确保清算机构首先使用违约成员交纳的保证金和违约基金份额、其后使用未违约成员交纳的违约基金份额和其他金融资源弥补违约损失，以在限制变动保证金的顺周期效应，与抑制违约成员因更多通过违约基金在所有成员中分摊违约损失而缺乏动机管理其给清算机构带来风险[1]之间寻求平衡。

（二）场外金融衍生品集中清算业务违约处置强制平仓制度

《金融市场基础设施的恢复》建议中央对手方在成员违约后进行违约处置时尽可能运用自愿工具平仓，并确立规则在运用自愿工具无法平仓时进行强制平仓，强制平仓工具主要包括强制拍卖、强制分割合约、强制终止合约等。

《银行间市场清算所股份有限公司集中清算业务规则》《银行间市场清算所股份有限公司集中清算业务指南（2024年版）》和《银行间市场清算所股份有限公司集中清算业务违约处置指引（2024年版）》规定上海清算所可运用的强制平仓工具包括平仓拍卖、终止合约两种方式，优先采用平仓拍卖方式，若平仓拍卖失败可采用合约多边净额终止方式。上海清算所按照以下流程执行平仓拍卖：头寸分割、风险对冲、拍卖激励池、头寸拍卖。

强制拍卖和强制分割合约制度的关键问题是如何限制参加违约会员头寸拍卖或分割的主体因承担过高风险而给上海清算所带

---

[1] See CPMI-IOSCO, *Principles for Financial Market Infrastructures*, April 2012.

来信用风险。

1. 确立强制拍卖和强制分割合约风险控制制度

（1）客户参加平仓拍卖风险控制。

对于平仓拍卖参与者的范围，《银行间市场清算所股份有限公司集中清算业务违约处置指引（2024年版）》规定人民币利率互换集中清算业务、外汇交易中央对手清算业务的所有未违约清算会员有义务参与平仓拍卖，但未明确可参加平仓拍卖的主体是否包括客户，且未明确规定其他场外金融衍生品集中清算业务中可参加强制拍卖的主体。

建议上海清算所在场外金融衍生品集中清算业务违约管理规则中明确规定符合条件的未违约会员和客户可参加违约会员头寸拍卖，其中客户通过综合清算会员间接参加平仓拍卖，以增加平仓拍卖的成功概率。

允许客户参加平仓拍卖，由于客户无须缴纳清算基金份额以分摊违约会员造成的损失，可能进行与其自有资本、风险管理能力或信用状况不相匹配的竞拍或竞拍成功后不履行义务而给上海清算所带来信用风险。

对此，建议上海清算所在场外金融衍生品集中清算业务违约管理规则中规定综合清算会员应对其客户参加平仓拍卖设定头寸限额，[1]并由综合清算会员根据其客户的自有资本、风险管理能力和信用状况等因素对客户间接参加平仓拍卖施加限制。

（2）未违约会员参加强制平仓风险控制。

未违约会员竞拍成功或参加违约会员头寸分割后可能无法履行义务，或者履行义务后可能承担与自身风险管理能力、自有资

---

[1] See CPMI-IOSCO, *Central Counterparty Default Management Auctions—Issues for Consideration*, June 2020, p. 22.

本和信用状况不相匹配的风险，从而给上海清算所带来较高信用风险。

建议上海清算所在场外金融衍生品集中清算业务违约管理规则中明确规定在对每一会员设定的各项清算业务头寸限制和头寸集中度限制的基础上，综合考虑会员风险管理能力、自有资本和信用状况等因素，对会员参加平仓拍卖或头寸分割施加限制，以控制因会员参加强制平仓而给上海清算所带来的信用风险。

2. 明确强制终止合约的范围

《金融市场基础设施的恢复》规定中央对手方可强制终止全部或部分未平仓合约，其中强制终止全部未平仓合约是指强制终止中央对手方的所有未平仓合约而终止提供服务，强制终止部分未平仓合约包括中央对手方强制终止其提供服务的特定市场所有未平仓合约而终止对特定市场提供服务、终止受成员违约影响头寸组合的相关合约等方式。

上海清算所在违约处置中若平仓拍卖失败，可采用合约多边净额终止方式。从《银行间市场清算所股份有限公司集中清算业务指南（2024年版）》的规定来看，上海清算所在合约多边净额终止时将终止所有相关合约，即可终止部分未平仓合约。

但《银行间市场清算所股份有限公司集中清算业务指南（2019年版）》所规定的上海清算所终止所有相关合约，是指强制终止其提供服务的特定市场所有未平仓合约，还是终止受会员违约影响头寸组合的相关合约，是否涵盖终止上海清算所的所有未平仓合约而终止提供清算服务，是不明确的。

建议将来制定银行间市场清算机构清算业务监管部门规章时明确规定银行间市场清算机构采取的平仓措施中终止合约为终止部分未平仓合约，并建议上海清算所在场外金融衍生品集中清算业务违约管理规则中将合约多边净额终止限定为终止受会员违约影响头寸组合的相关合约，以使得上海清算所有权选择性关闭清算业务中违规部分，[1]同时避免在仅有一小部分交易可能引发风险时却终止所有或特定场外金融衍生品市场集中清算服务而可能引发系统性风险。

---

〔1〕 See LCH, *Recovery and Resolution: a Framework for CCPs*, May 2019, pp. 8, 12, 20.

主要参考文献

一、英文文献

(一) 国际立法和各国国内立法

[1] CPMI-IOSCO, *Framework for Supervisory Stress Testing of Central Counterparties*, April 2018.

[2] CPMI-IOSCO, *Resilience of Central Counterparties (CCPs): Further Guidance on the PFMI (Final Report)*, July 2017.

[3] CPMI-IOSCO, *Recovery of Financial Market Infrastructures*, October 2014 (Revised July 2017).

[4] CPMI-IOSCO, *Clearing of Deliverable FX Instruments*, February 2016.

[5] CPMI-IOSCO, *Assessment Methodology for the Oversight Expectations Applicable to Critical Service Providers*, December 2014.

[6] CPMI-IOSCO, *Principles for Financial Market Infrastructures*, April 2012.

[7] CPMI-IOSCO, *Principles for Financial Market Infrastructures: Disclosure Framework and Assessment Methodology*, December 2012.

[8] CPSS-IOSCO, *Guidance on the Application of the 2004 CPSS-IOSCO Recommendations for Central Counterparties to OTC Derivatives CCPs (Consultative Report)*, May 2010.

[9] CPMI-IOSCO, *Recommendations for Central Counterparties*, March 2004.

[10] U. S. CFTC, *Derivatives Clearing Organization General Provisionsand Core Principles*, See https://www.cftc.gov/sites/default/files/2020/01/2020-01065a.pdf, January 2020.

[11] European Securities and Markets Authority, *Guidelines on EMIR Anti-Procyclicality Margin Measures for Central Counterparties*, May 2018.

[12] European Parliament and the Council of the E.U., *Regulation (EU) No 648/2012 of the European Parliament and of the Council of 4 July 2012 on OTC Derivatives, Central Counterparties and Trade Repositories*, July 2012.

[13] European Commission, *Commission Delegated Regulation (EU) No 153/2013 of 19 December 2012 Supplementing Regulation (EU) No 648/2012 of the European Parliament and of the Council with regard to Regulatory Technical Standards on Requirements for Central Counterparties*, December 2012.

[14] European Securities and Markets Authority, *Guidelines and Recommendations regarding the Implementation of the CPSS-IOSCO Principles for Financial Market Infrastructures in respect of CentralCounterparties* (ESMA/2014/1009), August 2014.

[15] European Commission, *Commission Delegated Regulation (EU) 2015/2205 of 6 August 2015 Supplementing Regulation (EU) No 648/2012 of the European Parliament and of the Council with regard to Regulatory Technical Standards on the Clearing Obligation*, August 2015.

[16] European Commission, *Commission Delegated Regulation (EU) 2016/822 of 21 April 2016 Amending Delegated Regulation (EU) No 153/2013 as regards the Time Horizons for the Liquidation Period to be Considered for the Different Classes of Financial Instruments*, April 2016.

[17] European Commission, *Commission Delegated Regulation (EU) 2016/592 of 1 March 2016 Supplementing Regulation (EU) No 648/2012 of the European Parliament and of the Council with regard to Regulatory Technical Standards on the Clearing Obligation*, March 2016.

[18] U.S. CFTC, *Derivatives Clearing Organization General Provisions and Core Principles*, December 2011.

[19] U.S. CFTC, *Derivatives Clearing Organizations and International Standards*, December 2013.

[20] U. S. SEC, *Clearing Agency Standards*, November 2012.

[21] U. S. CFTC, *Enhanced Risk Management Standards for Systemically Important Derivatives Clearing Organizations*, October 2013.

[22] U. S. CFTC, U. K. Financial Services Authority, *Cooperation and the Exchange of Information related to the Supervision of Cross-Border Clearing Organizations*, September 2009.

[23] U. S. CFTC, ReserveBankofAustralia, AustralianSecuritiesandInvestments Commission, *Cooperation and the Exchange of Information related to the Supervision of Cross- Border Clearing Organizations*, June 2014.

[24] U. S. CFTC, Korean Financial Services Commission, Korean Financial Supervisory Service, *Cooperation and the Exchange of Information related to the Supervision of Cross-Border Clearing Organizations*, September 2015.

[25] U. S. CFTC, BaFin, Deutsche Bundesbank, *Cooperation and the Exchange of Information related to the Supervision of Cross-Border Clearing Organizations*, January 2016.

[26] U. S. CFTC, National Bankingand Securities Commission of Mexico, Bank of Mexico, *Cooperation and the Exchange of Information related to the Supervision of Cross-Border Clearing Organizations*, August 2016.

[27] ISDA, *Response to the CFTC's Proposed Financial Resources Requirements for Derivatives Clearing Organizations*, 2010.

[28] ISDA, *Response to the SEC's Proposed Clearing Agency Standards for Operation and Governance*, 2011.

[29] *Amendment of Financial Instruments and Exchange Act of Japan* (Act No. 28 of 2019).

[30] Financial Services Agency of Japan, *Policy Statement on Supervision of FMIs*, December 2012.

[31] Bank of Japan, *The Bank of Japan Policy on Oversight of Financial Market Infrastructures*, March 2013.

[32] Financial Services Agency of Japan, *Comprehensive Guidelines for Supervision*

of Financial Market Infrastructures, December 2013.

[33] *The Corporations Act* 2001 *of Australia.*

[34] Reserve Bank of Australia, Australian Securities and Investments Commission, *Implementing the CPSS-IOSCO Principles for Financial Market Infrastructures in Australia*, February 2013.

[35] *The Payment Services Act* 2019 *of Singapore.*

[36] *The Securities and Futures Act of Singapore* (Revised April 2006).

[37] Monetary Authority of Singapore, *Supervision of Financial Market Infrastructures in Singapore*, January 2013 (Revised September 2020).

[38] Monetary Authority of Singapore, *Standards for MAS-Operated Financial Market Infrastructures*, January 2015.

[39] Monetary Authority of Singapore, *Notice on Financial Market Infrastructure Standards*, August 2015 (Revised June 2016).

[40] The Central Bank of Brazil, *Communiqué on the Adoption of the Principles for Financial Market Infrastructures for the Oversight Activities of the Brazilian Payments System*, Communiqué No. 25, 097, January 2014.

[41] The Central Bank of Brazil, *Policy Statement on Systems Operating in the Brazilian Payments System*, Policy Statement No. 30, 516, March 2017.

[42] The Ministry of Finance, the Central Bank, the Superintendence of Banks and Financial Institutions, the Superintendence of Securities and Insurance Companies of Chile, *Joint Statement of Authorities on PFMI Adoption*, January 2017.

（二）国际组织关于各国立法和清算实践报告

[1] FSB, *OTC Derivatives Market Reforms*: 2020 *Note on Implementation Progress*, November 2020.

[2] FSB, *OTC Derivatives Market Reforms*: 2019 *Progress Report on Implementation*, https://www.fsb.org/2019/10/otc-derivatives-market-reforms-2019-progress-report-on- implementation/, October 2019.

[3] FSB, *OTC Derivatives Market Reforms*: *Thirteenth Progress Reporton Imple-*

mentation, See https://www.fsb.org/2018/11/otc-derivatives-market-reforms-thirteenth-progress-report-on-implementation/, November 2018.

[4] FSB, *Implementing OTC Derivatives Market Reform*, October 2010.

[5] CPMI-IOSCO, *Implementation Monitoring of PFMIs: Assessment Report for the United States- Payment Systems, Central Securities Depositories and Securities Settlement Systems*, May 2019.

[6] CPMI-IOSCO, *Implementation Monitoring of PFMI: Update to Level 1 Assessment Report for United States*, January 2020.

[7] CPMI-IOSCO, *Implementation Monitoring of PFMI: Update to Level 1 Assessment Report for Chile*, January 2020.

[8] CPMI-IOSCO, *Implementation Monitoring of PFMI: Update to Level 1 Assessment Report for Argentina*, January 2020.

[9] CPMI-IOSCO, *Implementation Monitoring of PFMI: Level 1 Assessment Report for Indonesia*, January 2020.

[10] CPMI-IOSCO, *Implementation Monitoring of PFMI: Fifth Update to Level 1 Assessment Report*, July 2018.

[11] CPMI-IOSCO, *Implementation Monitoring of PFMIs: Second Update to Level 1 Assessment Report for Japan*, June 2015.

[12] CPMI-IOSCO, *Implementation Monitoring of PFMI: Level 2 Assessment Report for Brazil*, November 2020.

[13] CPMI-IOSCO, *Implementation Monitoring of PFMI: Assessment Report for Switzerland*, January 2019.

[14] CPMI-IOSCO, *Implementation Monitoring of PFMI: Level 2 Assessment Report for Canada*, August 2018.

[15] CPMI-IOSCO, *Implementation Monitoring of PFMI: Level 2 Assessment Report for Singapore*, July 2017.

[16] CPMI-IOSCO, *Implementation Monitoring of PFMIs: Level 2 Assessment Report for Central Counterparties and Trade Repositories for Japan*, February 2015.

［17］ IMF, *Euro Area Policies: Financial Sector Assessment Program–Technical Note on Supervision and Oversight of Central Counterparties and Central Securities Depositories*, June 2018.

［18］ IMF, *United States: Financial Sector Assessment Program–Technical Note on Supervision of Financial Market Infrastructures, Resilience of Central Counterparties and Innovative Technologies*, August 2020.

［19］ IMF, *Australia: Financial Sector Assessment Program–Technical Note on Supervision, Oversight and Resolution Planning of Financial Market Infrastructures*, February 2019.

［20］ IMF, *Singapore: Financial Sector Assessment Program–Detailed Assessment of Observance– CPSS-IOSCO Principles for Financial Market Infrastructures*, July 2019.

［21］ IMF, *Brazil: Financial Sector Assessment Program–Technical Note on Supervision and Oversight of Financial Market Infrastructures*, November 2018.

［22］ BIS, *Statistical Release: OTC Derivatives Statistics at End–June 2020*, November 2020.

［23］ BIS, *Statistical Release: OTC Derivatives Statistics at End–June 2018*, October 2018.

［24］ CCP12, *Public Quantitative Disclosure: Newsletter Q2/2019*, October 2019.

（三）国际组织和各国监管机构对中央对手方清算机构自律监管的评估

［1］ CPMI-IOSCO, *Implementation Monitoring of PFMI Follow-up Level 3 Assessment of CCPs' Recovery Planning, Coverage of Financial Resources and Liquidity Stress Testing*, May 2018.

［2］ CPMI-IOSCO, *Implementation Monitoring of PFMI Level 3 Assessment: Report on the Financial Risk Management and Recovery Practices of 10 Derivatives CCPs*, August 2016.

［3］ European Securities and Markets Authority, *Report 3rd EU-wide CCP Stress Test*, July 2020.

［4］ European Securities and Markets Authority, *Methodological Framework: 3rd*

EU-wide Central Counterparty (CCP) Stress Test Exercise, April 2019.

[5] U.S. CFTC, Supervisory *Stress Test of Clearinghouses, a Report by Staff of the U.S. Commodity Futures Trading Commission*, November 2016.

[6] U.S. CFTC, *Evaluation of Clearinghouse Liquidity, a Report by Staff of the U.S. Commodity Futures Trading Commission*, October 2017.

[7] U.S. CFTC, *CCP Supervisory Stress Tests: Reverse Stress Test and Liquidation Stress Test, a Report by Staff of the U.S. Commodity Futures Trading Commission*, April 2019.

(四) 国际组织研究报告和其他研究报告、学术论文

[1] CPMI-IOSCO, *Central Counterparty Default Management Auctions—Issues for Consideration*, June 2020.

[2] CPMI-IOSCO, *Responsibility E: A Compilation of Authorities' Experience with Cooperation*, December 2019.

[3] BCBS, CPMI, FSB, IOSCO, *Analysis of Central Clearing Interdependencies*, August 2018.

[4] BCBS, CPMI, FSB, IOSCO, *Incentives to Centrally Clear Over-the-Counter (OTC) Derivatives: a Post Implementation Evaluation of the Effects of the G20 Financial Regulatory Reforms*, August 2018.

[5] CGFS, *The Role of Margin Requirements and Haircuts in Procyclicality*, CGFS Papers, No. 36, 2010.

[6] ISDA, *CCP Best Practices*, January 2019.

[7] ISDA, *ISDA Legal Guidelines for Smart Derivatives Contracts: Introduction*, January 2019.

[8] ISDA, *ISDA Legal Guidelines for Smart Derivatives Contracts: Interest Rate Derivatives*, February 2020.

[9] ISDA, *ISDA Legal Guidelines for Smart Derivatives Contracts: Credit Derivatives*, November 2020.

[10] ISDA, *ISDA Legal Guidelines for Smart Derivatives Contracts: Foreign Exchange Derivatives*, November 2020.

[11] CCP12, *Progress and Initiatives in OTC Derivatives*: *a CCP12 Report*, February 2020.

[12] CCP12, *CCPs again Demonstrate Strong Resilience in Times of Crisis*: *a CCP12 Report*, July 2020.

[13] CCP12, *Incentives for Central Clearing and the Evolution of OTC Derivatives*, February 2019.

[14] U. S. Financial Crisis Inquiry Commission, *Financial Crisis Inquiry Report*, January 2011.

[15] Umar Faruqui, Wenqian Huang, Elöd Takáts, *Clearing Risks in OTC Derivatives Markets*: *the CCP-bank Nexus*, BIS Quarterly Review, December 2018.

[16] Dietrich Domanski, Leonardo Gambacorta, Cristina Picillo, *Central Clearing*: *Trends and Current Issues*, BIS Quarterly Review, December 2015.

[17] WenqianHuang, Elöd Takáts, *The CCP-Bank Nexus in the Time of Covid-19*, BIS Bulletin, No. 13, 11 May 2020.

[18] DavidMurphy, Michalis Vasios, Nicholas Vause, *A Comparative Analysis of Tools to Limit the Procyclicality of Initial Margin Requirement*, Bank of England Staff Working Paper, No. 597, April 2016.

[19] David Hughes, Mark Manning, *CCPs and Banks*: *Different Risks*, *Different Regulations*, Reserve Bank of Australia Bulletin, December 2015.

[20] Evan A. Johnson, *VIII. Revisions to the Federal Reserve's Emergency Lending Rules*, Review of Banking and Financial Law, spring 2016.

[21] LCH, *Recovery and Resolution*: *a Framework for CCPs*, May 2019.

二、中文文献

[1] [英] 大卫·墨菲:《场外衍生品：双边交易与集中清算——监管政策、市场影响及系统性风险导论》，银行间市场清算所股份有限公司译，中国金融出版社 2019 年版。

[2] [英] 李儒斌:《运转全球市场——金融基础设施的机构治理》，银行间

市场清算所股份有限公司译,中国金融出版社 2019 年版。
[3] [英]乔恩·格雷戈里:《中央对手方场外衍生品强制集中清算和双边保证金要求》,银行间市场清算所股份有限公司译,中国金融出版社 2017 年版。
[4] 中国银行间市场交易商协会教材编写组编:《信用衍生产品理论与实务》,北京大学出版社 2017 年版。
[5] 顾功耘主编:《金融衍生工具的法律规制》,北京大学出版社 2007 年版。
[6] 徐孟洲主编:《美国金融危机对中国金融法治的启示》,载李林主编:《中国法治发展报告》,社会科学文献出版社 2009 年版。
[7] 郭锋等:《金融危机后美国金融监管体制与法律的改革》,载郭锋主编:《金融服务法评论》(第4卷),法律出版社 2013 年版。
[8] 唐波等:《金融衍生品市场监管的法律规制——以场外交易为研究重点》,北京大学出版社 2013 年版。
[9] 陈安主编:《国际经济法学刊》,北京大学出版社 2010 年版。
[10] 吴敬琏:《比较》,中信出版社 2011 年版。
[11] 廖岷:《危机后我国金融衍生产品发展路径选择》,中国金融出版社 2016 年版。
[12] 王旸:《金融衍生工具法律制度研究——以场外金融衍生工具为中心》,群众出版社 2010 年版。
[13] 熊玉莲《场外金融衍生产品法律监管研究》,复旦大学出版社 2014 年版。
[14] 赵国富:《衍生品市场清算所风险的法律规制》,法律出版社 2018 年版。
[15] 马其家:《我国场外金融衍生品交易风险监管制度的构建》,知识产权出版社 2016 年版。
[16] 姜宇:《衍生品市场中央对手方机制矛盾论:问题剖释与法律纾解》,上海人民出版社 2018 年版。
[17] 阳建勋:《后危机时代衍生金融监管变革的法律问题研究——以〈多德-

弗兰克法案〉为中心》，法律出版社 2014 版。

［18］何晓楠：《金融衍生品交易担保法律问题研究》，法律出版社 2017 版。

［19］刘燕、楼建波：《金融衍生交易的法律解释——以合同为中心》，载《法学研究》2012 年第 1 期。

［20］陈兰兰：《清算机构场外衍生品集中清算风险监管研究》，载《金融监管研究》2014 年第 1 期。

［21］《信用违约互换集中清算机制研究——以美国〈华尔街改革和消费者保护法案〉为研究中心》，载 http://www.110.com/ziliao/article-299081.html。

［22］郭锋、周友苏主编：《国际化视野下的金融创新、金融监管与西部金融中心建设》，法律出版社 2013 年版。

［23］陈兰兰：《我国场外金融衍生交易监管三论》，载《金融服务法评论》2013 年第 1 期。

［24］郭锋主编：《金融服务法评论》（第 4 卷），法律出版社 2013 年版。

［25］陈兰兰：《衍生品交易平台交易机制研究》，载《北方工业大学学报》2013 年第 2 期。

［26］Edwin Budding、David Murphy：《危机中的 CCP：国际商品清算所、新西兰期货与期权交易所及斯蒂芬·弗朗西斯事件》，朱桦超、林嘉琪译，载上海清算所内部刊物《会员通讯》2020 年第 5 期。

［27］蹇芮等：《首家清算参与者风险处置事件有关情况简介——芝加哥商品交易所拍卖浪人资本投资组合头寸》，载上海清算所内部刊物《会员通讯》2020 年第 4 期。

［28］王翔宇、陈湛宇、肇沫：《中央对手方顺周期性风险研究及保证金逆周期调节方案——基于谱分析对银行间市场利率周期性波动风险研究》，载上海清算所内部刊物《会员通讯》2020 年第 3 期。

［29］Costas Mourselas：《欧洲中央银行考虑扩大清算所对账户设施的访问范围，将 CCP 纳入欧元系统可能会消除其对银行牌照的需求》，李鑫杰、陈思薇译，载上海清算所内部刊物《会员通讯》2020 年第 3 期。

［30］李鑫杰、陈思薇：《中央对手方量化评估规定、方法的初步梳理（美

国、欧盟、日本和国际组织）》，载上海清算所内部刊物《会员通讯》2020年第1期。

[31] 贾凡、林嘉琪、朱桦超：《中央对手方违约处置拍卖监管白皮书（讨论稿）》，载上海清算所内部刊物《会员通讯》2019年第8期。

[32] 上海清算所风险管理部：《中央对手清算机制的监管规则及对商业银行的影响研究》，载上海清算所内部刊物《会员通讯》2019年第8期。

[33] 张颂、陈宗涵、孙欣欣：《影响CCP客户风险资源成本相关因素的分析》，载上海清算所内部刊物《会员通讯》2019第7期。

[34] 李鑫杰：《关于芝加哥联储跨境监管合作、恢复处置和英国退欧专题研讨会情况的报告》，载上海清算所内部刊物《会员通讯》2019年第5期。

[35] 唐燕华等：《金融市场基础设施恢复与处置的理论基础与国际实践》，载上海清算所内部刊物《会员通讯》2018年第11期。

[36] Fernando Cerezetti，Mark Manning：《中央对手方监管压力测试：宏观审慎的双层式方法》，国文、林嘉琪译，载上海清算所内部刊物《会员通讯》2018年第8期。

[37] David Hiscocks：《场外衍生品市场监管最新进展》，吴韵译，载上海清算所内部刊物《会员通讯》2018年第8期。

[38] Kimmo Soramäki：《系统性压力测试与中央对手方相互关联性》，载上海清算所内部刊物《会员通讯》2018年第7期。

[39] Rebecca Lewis：《芝加哥联储通讯专刊（2017~385号）——场外衍生品研讨会观点综述》，贾凡等译，载上海清算所内部刊物《会员通讯》2017年第9期。

[40] 朱小川：《近年欧盟场外衍生品市场的规范发展历程及对我国的启示》，载上海清算所内部刊物《会员通讯》2017年第6期。

[41] 郭渝、陈湛宇：《芝加哥联邦储备银行中央对手方（CCP）风险管理第三届年会及美国期货业协会（FIA）2016年博览会综述》，载上海清算所内部刊物《会员通讯》2017年第1期。

[42] 申自洁：《中央对手清算机制在防范系统性风险中的重要作用》，载上

海清算所内部刊物《会员通讯》2014年第6期。

[43] 中国人民银行上海总部课题组：《金融市场创新产品运行效应评估报告》，载《中国货币市场》2012年第5期。

[44] 中国人民银行上海总部课题组：《2010年金融市场创新产品运行效应评估报告》，载《中国货币市场》2011年第3期。

[45] 纪慧松：《2014年银行间市场金融创新产品运行效应评估报告》，载《中国货币市场》2015年第4期。

[46] 纪慧松：《2013年银行间市场金融创新产品运行效应评估报告》，载《中国货币市场》2014年第4期。

[47] 郑玉玲：《2012年银行间市场金融创新产品运行效应评估报告》，载《中国货币市场》2013年第4期。

[48] 中国银行间市场交易商协会：《中国场外金融衍生产品市场发展报告（2017年度）》，中国金融出版社2018年版。

[49] 中国银行间市场交易商协会：《中国场外金融衍生产品市场发展报告（2020年度）》，中国金融出版社2021年版。

[50] 中国银行间市场交易商协会：《中国场外金融衍生产品市场发展报告（2021年度）》，中国金融出版社2022年版。

[51] 中国银行间市场交易商协会：《中国场外金融衍生产品市场发展报告（2022年度）》，中国金融出版社2023年版。

[52] 中国银行间市场交易商协会：《中国场外金融衍生产品市场发展报告（2023年度）》，中国金融出版社2024年版。

[53] 庞有明：《信用风险缓释工具产品简介与自律管理》，载《中国银行间市场交易商协会》2016年版。

[54] 《信用风险缓释工具（CRM）资本缓释功能相关问题研究》，中国银行间市场交易商协会2012年研究报告。

[55] 《中国信用衍生品创新与发展问题研究》，中国银行间市场交易商协会2010年研究报告。

[56] 中国人民银行金融稳定分析小组编：《中国金融稳定报告2011》，中国金融出版社2011年版。

［57］中国人民银行金融稳定分析小组编：《中国金融稳定报告2012》，中国金融出版社2012年版。

［58］中国人民银行金融稳定分析小组编：《中国金融稳定报告2013》，中国金融出版社2013年版。

［59］中国人民银行金融稳定分析小组编：《中国金融稳定报告2014》，中国金融出版社2014年版。

［60］中国人民银行金融稳定分析小组编：《中国金融稳定报告2015》，中国金融出版社2015年版。

［61］中国人民银行金融稳定分析小组编：《中国金融稳定报告2016》，中国金融出版社2016年版。

［62］中国人民银行金融稳定分析小组编：《中国金融稳定报告2017》，中国金融出版社2017年版。

［63］中国人民银行金融稳定分析小组编：《中国金融稳定报告2018》，中国金融出版社2018年版。

［64］中国人民银行金融稳定分析小组编：《中国金融稳定报告2019》，中国金融出版社2019年版。

［65］中国人民银行金融稳定分析小组编：《中国金融稳定报告2020》，中国金融出版社2020年版。

［66］中国人民银行金融稳定分析小组编：《中国金融稳定报告2021》，中国金融出版社2021年版。

［67］中国人民银行金融稳定分析小组编：《中国金融稳定报告2022》，中国金融出版社2021年版。

［68］中国人民银行金融稳定分析小组编：《中国金融稳定报告2023》，中国金融出版社2023年版。

［69］中国人民银行金融稳定分析小组编：《中国金融稳定报告2024》，中国金融出版社2024年版。

［70］上海清算所：《上海清算所中央对手方清算业务量化信息披露报告2019Q1》，载 https：//www.shclearing.com.cn/cpyyw/pfmi/lhxxpl/detail_38.html？productDocClient/detail/402852816b7b3804016b9c21846c10e6。

[71] 上海清算所:《上海清算所中央对手方清算业务量化信息披露报告 2019Q2》,载 https://www.shclearing.com.cn/cpyyw/pfmi/lhxxpl/detail_38.html?productDocClient/detail/402852816d73e740016d7bb35b8c0440。

[72] 上海清算所:《上海清算所中央对手方清算业务量化信息披露报告 2019Q3》,载 https://www.shclearing.com.cn/cpyyw/pfmi/lhxxpl/detail_38.html?productDocClient/detail/402852816f4889fd016f5aa14e8d0d99。

[73] 上海清算所:《上海清算所中央对手方清算业务量化信息披露报告 2019Q4》,载 https://www.shclearing.com.cn/cpyyw/pfmi/lhxxpl/detail_38.html?productDocClient/detail/4028528171ad5ec40171cac0e2ea0345。

[74] 上海清算所:《上海清算所中央对手方清算业务量化信息披露报告 2020Q1》,载 https://www.shclearing.com.cn/cpyyw/pfmi/lhxxpl/detail_38.html?productDocClient/detail/4028528172f1cf690173043a98ee11cd。

[75] 上海清算所:《上海清算所中央对手方清算业务量化信息披露报告 2020Q2》,载 https://www.shclearing.com.cn/cpyyw/pfmi/lhxxpl/detail_38.html?productDocClient/detail/4028528174c6722b0174dc937879326b。

[76] 上海清算所:《上海清算所中央对手方清算业务金融市场基础设施原则信息披露(2016)》,载 https://www.shclearing.com.cn/cpyyw/pfmi/detail_38.html?productDocClient/detail/40285281688bb7ba01688d2357660cc3,2016-08-26。

[77] 上海清算所:《上海清算所中央对手方清算业务金融市场基础设施原则信息披露》(2017),载 https://www.shclearing.com.cn/cpyyw/pfmi/detail_38.html?productDocClient/detail/40285281688bb7ba01688d13679b0280,2017-02-28。

[78] 上海清算所:《上海清算所中央对手方清算业务金融市场基础设施原则信息披露(2018)》,载 https://www.shclearing.com.cn/cpyyw/pfmi/detail_38.html?productDocClient/detail/40285281688bb7ba01688d2d42fb0ccf,2018-01-31。

[79] 上海清算所:《上海清算所中央对手方清算业务金融市场基础设施原则信息披露(2019)》,载 https://www.shclearing.com.cn/cpyyw/pf-

mi/detail_38. html？productDocClient/detail/4028528169184205016922f0 8b680245，2019-02-25。

[80] 上海清算所：《上海清算所中央对手方清算业务金融市场基础设施原则信息披露（2020）》，载 https：//www.shclearing.com.cn/cpyyw/pf-mi/detail_38. html？productDocClient/detail/402852817068ee1101708b2b093d1f88，2020-02-28。

[81] 上海清算所：《上海清算所中央对手方清算业务金融市场基础设施原则信息披露（2021）》，载 https：//www.shclearing.com.cn/cpyyw/ywgz/detail_38. html？productDocClient/detail/4028528177bb78f80177dda81f1915b5，2021-02-26。

[82] 上海清算所：《上海清算所中央对手方清算业务金融市场基础设施原则信息披露（2022）》，载 https：//www.shclearing.com.cn/cpyyw/ywgz/detail_38. html？productDocClient/detail/402852817f321050017f44e2020872d3，2022-03-01。

[83] 上海清算所：《上海清算所中央对手方清算业务金融市场基础设施原则信息披露（2023）》，载 https：//www.shclearing.com.cn/cpyyw/ywgz/detail_38. html？productDocClient/detail/4028528186849b5b018696 9a017c22fc，2023-02-28。

[84] 上海清算所：《上海清算所中央对手方清算业务金融市场基础设施原则信息披露（2024）》，载 https：//www.shclearing.com.cn/cpyyw/ywgz/detail_38. html？productDocClient/detail/40285281930c9f4301932e9150f7447d，2024-11-15.

[85] 上海清算所：《上海清算所中央对手方清算业务金融市场基础设施原则信息披露（2025）》，载 https：//www.shclearing.com.cn/cpyyw/ywgz/detail_38. html？productDocClient/detail/4028528195295b0101954a38556845c0，2025-02-28。

三、国内立法和征求意见稿

[1]《中华人民共和国期货和衍生品法》。

[2]《中华人民共和国民法典》。
[3] 2014 年《中国人民银行关于建立场外金融衍生产品集中清算机制及开展人民币利率互换集中清算业务有关事宜的通知》。
[4] 2013 年中国人民银行办公厅《关于实施〈金融市场基础设施原则〉有关事项的通知》。
[5] 2011 年《银行间市场清算所股份有限公司业务监督管理规则》。
[6] 2008 年中国人民银行《关于开展人民币利率互换业务有关事宜的通知》。
[7] 2006 年中国人民银行《关于开展人民币利率互换交易试点有关事宜的通知》。
[8] 2007 年中国人民银行《关于在银行间外汇市场开办人民币外汇货币掉期业务有关问题的通知》。
[9] 2005 年中国人民银行《关于加快发展外汇市场有关问题的通知》。
[10] 1996 年《银行间外汇市场管理暂行规定》。
[11] 2011 年国家外汇管理局《关于人民币对外汇期权交易有关问题的通知》。
[12] 2012 年《商业银行资本管理办法（试行）》。
[13]《中国人民银行法（修订草案征求意见稿）》。

四、自律规则

（一）上海清算所自律规则

[1] 2020 年《银行间市场清算所股份有限公司集中清算业务规则》。
[2] 2014 年《银行间市场清算所股份有限公司清算会员管理办法》。
[3] 2021 年《银行间市场清算所股份有限公司集中清算业务清算会员管理办法》。
[4] 2019 年《银行间市场清算所股份有限公司清算会员资信评估办法》。
[5] 2023 年《银行间市场清算所股份有限公司清算会员资信评估业务指引》。

[6] 2014年《银行间市场清算所股份有限公司保证金管理办法》。
[7] 2014年《银行间市场清算所股份有限公司清算基金与风险准备金管理办法》。
[8] 《银行间市场清算所股份有限公司集中清算业务违约处置指引(2024年版)》。
[9] 《银行间市场清算所股份有限公司集中清算业务保证券管理规程(2021年修订)》。
[10] 《银行间市场清算所股份有限公司集中清算业务保证券业务指引(2024年修订)》。
[11] 2016年《银行间外汇市场人民币外汇交易中央对手清算规则》。
[12] 2014年《银行间外汇市场人民币外汇交易中央对手清算规则》。
[13] 2016年《银行间外汇市场人民币外汇交易中央对手清算风险管理规则》(修订)。
[14] 2014年《银行间外汇市场人民币外汇交易中央对手清算风险管理规则》。
[15] 2015年《标准债券远期集中清算业务规则》。
[16] 2013年《人民币利率互换集中清算业务规则》。
[17] 2010年《信用风险缓释凭证登记结算业务规则(试行)》。
[18] 《银行间市场清算所股份有限公司集中清算业务指南(2024年版)》。
[19] 2018年《信用违约互换集中清算业务操作指南》。
[20] 2018年《信用违约互换逐笔清算业务操作指南》。
[21] 《标准债券远期集中清算业务指南(2015年6月修订版)》。
[22] 2014年《人民币利率互换集中清算业务指南》。
[23] 2019年《中央对手清算业务保证券管理规程》。
[24] 2018年《银行间市场清算所股份有限公司关于开展信用违约互换集中清算业务的通知》。
[25] 2015年《关于近期人民币利率互换集中清算业务相关风控措施的通知》。

(二) 中国外汇交易中心暨全国银行间同业拆借中心自律规则

[1] 2017年《全国银行间同业拆借中心信用风险缓释工具交易规则》。

[2] 2015年《全国银行间债券市场标准债券远期交易规则（试行）》。
[3] 2007年《全国银行间外汇市场人民币外汇货币掉期交易规则》。
[4] 2006年《全国银行间外汇市场人民币外汇掉期交易规则》。
[5] 2005年《全国银行间外汇市场人民币外汇远期交易规则》。
[6] 《全国银行间同业拆借中心信用风险缓释工具交易指引》（2018年1月版）。
[7] 2020年《中国外汇交易中心产品指引（外汇市场）》（V3.4）。

(三) 中国银行间市场交易商协会行业自律规则

[1] 2016年《银行间市场信用风险缓释工具试点业务规则》。
[2] 2016年《关于信用风险缓释工具试点业务相关备案事项的通知》。
[3] 2010年《银行间市场信用风险缓释工具试点业务指引》。
[4] 《中国场外信用衍生产品交易基本术语与适用规则》（2016年版）。